Die 66 schönsten WELLNESS-RADTOUREN in Deutschland

Die 66 schönsten WELLNESS-RADTOUREN in Deutschland

BikeMedia

Impressum

1. Auflage 2023

Touren/Texte: Oliver Kockskämper, Köln

Titelfoto: © CARASANA Bäderbetriebe GmbH, RossHelen/iStock, Mediterana GmbH & Co. KG (klein, oben), Therme Erding (klein, Mitte), Bodensee Therme Überlingen (klein, unten)

Fotos: Oliver Kockskämper (S. 14, 29, 74, 75, 79, 81 oben, 91, 97, 112, 119, 150, 151, 153, 154, 155, 159, 174, 179 unten, 181 oben, 181 unten, 183, 197, 199, 212 links) sowie
© CARASANA Bäderbetriebe GmbH (S. 8/9, 179 oben), © Bodensee Therme Überlingen (S. 13, 192, 193 unten), © Demiahl/Pixabay (S. 19 oben), © TZ SPO (S. 19 unten), © unserekleinemaus/Pixabay (S. 20), © Iris Hamelmann/Pixabay (S. 21), © Marco Leiter/wikimedia (S. 23), © Pe-sa/wikimedia (S. 25 oben), © Monika Schroeder/pixabay (S. 25 unten), © Wikieliuser/wikimedia (S. 26 links), © Gerhard Haeusler Pixabay (S. 26 rechts), © Jan-Herm Janßen/wikimedia (S. 27), © Gerd Fahrenhorst/wikimedia (S. 28), © Niteshift/wikimedia (S. 31), © FrankBothe/wikimedia (S. 33 oben), © Tom/Pixabay (S. 33), © skuter56/Pixabay (S. 34), © Schakalmonteur/wikimedia (S. 37 oben), © Pelz/wikimedia (S. 37 unten), © Julian Nyča/wikimedia (S. 39), © W Bulach/wikimedia (S. 40), © JohnMiller88/wikimedia (S. 41 oben), © Chpagenkopf/wikimedia (S. 41 unten), © Bäderland Hamburg (S. 42, 43 unten), © guentherlig /Pixabay (S. 43 oben), © Lukas/wikimedia (S. 44), © gheeke/wikimedia (S. 45), © Salztherme Lüneburg (S. 46, 47 unten), © Frank Vincentz/wikimedia (S. 47 oben, 85), © Sami The Jaguar/wikimedia (S. 48), © DerHexer/wikimedia (S. 49), © Grafik-Sektor/wikimedia (S. 51 links), © Drc4891/wikimedia (S. 51 rechts), © Bad2 Bremerhaven (S. 52), © Hendrik/Pixabay (S. 53), © Nicole Klesy/Pixabay (S. 54), © Gabriele Manhold /wikimedia (S. 55), © Friesentherme Emden (S. 56, 57 unten), © Matthias Süßen/wikimedia (S. 57 oben), © Ronald Spiegelberg/wikimedia (S. 58), © Erich Westendarp/Pixabay (S. 59), © Ein Dahmer/wikimedia (S. 61), © Bali Therme Bad Oeynhausen (S. 62), © Peter H/Pixabay (S. 63), © experimentMR/Pixabay (S. 65), © Grugerio/wikimedia (S. 66), © Björn Leisten/wikimedia (S. 67), © Börde-Therme Bad Sassendorf/ Volker Beushausen (S. 68), © Klaus Paeth/Pixabay (S. 69), © Sauerland-Tourismus eV / Klaus-Peter Kappest (S. 70), © Achim Raschka/ wikimedia (S. 73), © Friedhelm Droege/wikimedia (S. 76), © Helmlechner/wikimedia (S. 77), © Mediterana (S. 80, 81 unten), © Maksym Kozlenko/wikimedia (S. 82 oben), © Thomas Wolf/wikimedia (S. 82 unten, 211), © Thomas/Pixabay (S. 83), © De Caesius/wikimedia (S. 84), © Kurhessen Therme (S. 86, 87 unten), © Dirk Schmidt/wikimedia (S. 87 oben), © Baummapper/wikimedia (S. 88), © Tsungam/ wikimedia (S. 89), © Sieben Welten Therme & Spa Resort (S. 90, 94), © hoch2wo/wikimedia (S. 92), © UuMUfQ/wikimedia (S. 95), © R Raab/ wikimedia (S. 96), © Radler59/wikimedia (S. 99, 101 oben, 103, 129 oben), © Peter Seifert/wikimedia (S. 101 unten), © SAMAG GmbH-SAUNARIVM (S. 104), © A_Savin/wikimedia (S. 105, 111), © Peter Kuley/wikimedia (S. 106), © Diplodocus474747/wikimedia (S. 106/107), © Tischbeinahe/wikimedia (S. 109), © Havel-Therme GmbH (S. 110 oben, 110 unten), © neufal54/Pixabay (S. 113), © Tropical Islands Resort/wikimedia (S. 114), © Assenmacher/wikimedia (S. 115 oben), © Muck/wikimedia (S. 115, unten 147), © J-H Janßen/wikimedia (S. 117), © Olaf Meister/wikimedia (S. 118), © Steintherme BadBelzig/Uwe Tölle (S. 120), © Ermell/wikimedia (S. 121), © Sebaso/wikimedia (S. 122), © Lienhard Schulz wikimedia (S. 125 oben, 125 unten), © Dguendel/wikimedia (S. 126), © Till Voigt /Pixabay (S. 127), © Oliver Brauns/Pixabay (S. 128), © Dr Bernd Gross/wikimedia (S. 129, 136), © FrankBothe/wikimedia (S. 131 oben), © Meleagros/wikimedia (S. 131 unten), © Erlebniswelt Krauschwitz (S. 132), © PaulT/wikimedia (S. 133), © Jochen Sievert/wikimedia (S. 135), © Kora27/wikimedia (S. 137), © J Beikirch/Sachsen-Therme (S. 139), © Wikibrandis/wikimedia (S. 139), © Ansgar Koreng/wikimedia (S. 141), © scholacantorum/ Pixabay (S. 142), © Appaloosa/wikimedia (S. 143), © Joerg Blobelt/wikimedia (S. 144), © Makalu/Pixabay (S. 145), © Dr Horst-Dieter Donat/ Pixabay (S. 148 oben), © Rene Schwietzke/wikimedia (S. 148 unten), © Jwaller/wikimedia (S. 149), © Emser Therme (S. 156), © Rolf Kranz/ wikimedia (S. 157), © Gary Bembridge/wikimedia (S. 160), © W Bulach/wikimedia (S. 161 oben), © Holger Weinandt/wikimedia (S. 161), © Stadtwerke Kreuznach (S. 162, 163), © Arcalino/wikimedia (S. 164), © Gerda Arendt/wikimedia (S. 165), © Beba48/wikimedia (S. 167), © Saarland Therme (S. 169 links, 169 rechts), © LoKiLeCh/wikimedia (S. 170), © OFFICE DE TOURISME SARREGUEMINES CONFLUENCES (S. 170/171), © David Rasp/wikimedia (S. 173), © Roman Eisele/wikimedia (S. 175), © Marcin Wichary/wikimedia (S. 176), © Bildtechnik Braendle/wikimedia (S. 177), © Tobias/Pixabay (S. 180), © Stadtwerke Aalen (S. 182 oben, 182 unten), © Holger Uwe Schmitt/wikimedia (S. 184), © Jens/Pixabay (S. 185), © Badeparadies Schwarzwald (S. 186 rechts, 186 links), © avishai teicher/wikimedia (S. 187), © PantaRhei/ wikimedia (S. 188), © joergens mi/wikimedia (S. 189), © Chondriammos/wikimedia (S. 191), © Michael Schwarzenberger/Pixabay (S. 193 oben), © Achim/wikimedia (S. 194), © RitaE/Pixabay (S. 195), © Altmühltherme (S. 198, 202), © Rensi/wikimedia (S. 200), © DALIBRI/ wikimedia (S. 201), © HaSe/wikimedia (S. 203), © Herr Reiter (S. 205), © Ermell/wikimedia (S. 207), © Richard Huber/wikimedia (S. 208), © Flodur63/wikimedia (S. 209, 219), © Therme Erding (S. 210), © Guido Radig/wikimedia (S. 212 rechts), © Burkhard Muecke/wikimedia (S. 213), © Bayreuth2009/wikimedia (S. 215 oben), © Violatan/wikimedia (S. 215 unten), © Europa Therme Bad Füssing (S. 216, 217 unten), © Edelmauswaldgeist/wikimedia (S. 217 oben), © Georg Karl Ell/wikimedia (S. 218), © Aconcagua/wikimedia (S. 221), © Liberaler Humanist/wikimedia (S. 222), © Bwag/wikimedia (S. 223).

Buch- und Umschlaggestaltung: Horst Krückemeier, Bielefeld, www.hokrue.de

Kartografie: BVA BikeMedia

ISBN: 978-3-96990-136-6

Inhalt

Impressum 4

Inhaltsverzeichnis 5

Radeln und Wellness – eine perfekte Kombination: Einleitung 8

Tourenübersichtskarte 11

Die 66 schönsten Wellness-Radtouren in Deutschland

Schleswig-Holstein

1 **„Die ungekürte Hauptstadt Nordfrieslands“**
Streckentour St. Peter-Ording - Husum, **DünenTherme**, *59 km* 18

2 **„Der vielleicht bekannteste Leuchtturm Deutschlands“**,
Rundtour St. Peter-Ording - Westerhever, **DünenTherme**, *55 km* 22

3 **„Marzipan-Kalorien für die „Bergtour““**,
Rundtour Scharbeutz - Bad Schwartau, **Ostsee-Therme**, *45 km* 24

4 **„Beste Luft an der Lübecker Bucht“**,
Rundtour Scharbeutz - Neustadt, **Ostsee-Therme**, *55 km* 28

Mecklenburg-Vorpommern

5 **„Raketentechnik mit dunkler Vergangenheit“**,
Rundtour Zinnowitz - Peenemünde, **Bernsteintherme**, *44 km* 30

6 **„Ein traumhaftes Seebad neben dem anderen“**,
Rundtour Zinnowitz - Ahlbeck, **Bernsteintherme**, *68 km* 32

7 **„Spuren der Eiszeit“**, Rundtour Röbel - Vipperow, **Müritz Therme**, *57 km* 36

8 **„Tour de Müritz“**, Rundtour Röbel - Waren, **Müritz Therme**, *65 km* 38

Niedersachsen mit Hamburg u. Bremerhaven

9 **„Alster, Planten und Blomen“**,
Rundtour Hamburg-Eimsbüttel - HH-Innenstadt, **Bäderland Kaifu-Sole**, *13 km* 42

10 **„Trans-Heide“**, Rundtour Soltau - Lüneburg, **SaLü-Salztherme**, *56 km* 46

11 **„Immer geradeaus“**, Rundtour Lüneburg - Uelzen, **SaLü-Salztherme**, *40 km* 50

12 **„Naturschutz, Fischerei und Großindustrie auf engstem Raum“**,
Rundtour Bremerhaven - Nordenham, **BAD2 Bremerhaven**, *58 km* 52

13 **„Immer am Watt entlang“**, Rundtour Emden - Greetsiel, **Friesentherme**, *60 km* 56

14 **„Das Große Meer ist ja ein großer See!“**,
Rundtour Emden - Westerende-Kirchloog, **Friesentherme**, *56 km* 60

Nordrhein-Westfalen

15 **„An Werre und Weser“**, Rundtour Bad Oeynhausen - Rinteln, **Bali-Therme**, *64 km* 62

16 **„Die Mühlenroute – der Name ist Programm!“**,
Rundtour Bad Oeynhausen - Porta Westfalica, **Bali-Therme**, *41 km* 64

17 **„Westfälische Traditionen und westfälisches Meer“**,
Rundtour Bad Sassendorf - Körbecke, **Börde Therme**, *46 km* 68

18 **„Wunderschöne Ortskerne im Lipperland“**,
Rundtour Bad Sassendorf - Lippstadt, **Börde Therme**, *62 km* 72

19 **„Der jungen Ruhr auf der Spur“**,
Streckentour Winterberg - Meschede, **Winterberg Oversum Vital Resort**, *42 km* 74

20 „Höhepunkte im Hochsauerland“,
Rundtour Winterberg - Züschen, **Winterberg Oversum Vital Resort**, *25 km* ... **78**
21 „Zwei Wellness-Paläste in einer Tour“,
Rundtour Bergisch Gladbach - Köln, **Mediterana**, *40 km* ... **80**
22 „Weitläufige Natur im Königsforst“,
Rundtour Bergisch Gladbach - Rösrath, **Mediterana**, *24 km* ... **84**

Hessen

23 „Wo Fulda und Werra sich küssen“, Streckentour Kassel-Wilhelmshöhe - Hannoversch Münden, **Kurhessen Therme in Kassel**, *35 km* ... **86**
24 „Ausflug ins Barock“, Rundtour Künzell - Fulda, **Sieben Welten Therme & Spa Resort**, *19 km* ... **90**
25 „Fulda, Haune und Hügel“,
Rundtour Künzell über Schlitz, **Sieben Welten Therme & Spa Resort**, *62 km* ... **94**
26 „Märchenhaftes Radeln über den Hessischen Bahnradweg“,
Streckentour Bad Orb - Hanau, **Toskana Therme Bad Orb**, *46 + 9 km* ... **96**

Berlin, Brandenburg

27 „Preußen-Blau und blaue Seen“,
Rundtour Neuruppin - Kremmen, **Fontane Therme**, *66 km* ... **98**
28 „Vorbild für Sanssouci“, Rundtour Neuruppin - Rheinsberg, **Fontane Therme**, *56 km* ... **100**
29 „Klimafreundliches Radeln im klimafreundlichen Landkreis“,
Streckentour Berlin-Pankow - Eberswalde, **SAUNARIVM - Ihr Wellnesstempel**, *56 km* ... **104**
30 „Berliner Thementouren“,
Rundtour Berlin - Hennigsdorf, **SAUNARIVM - Ihr Wellnesstempel**, *60 km* ... **108**
31 „Ganz viele Seen und eine Havel“, Rundtour Werder - Ketzin, **Havel-Therme**, *47 km* ... **110**
32 „In den Krausnicker Bergen“, Rundtour Krausnick - Köthen, **Tropical Islands**, *44 km* ... **114**
33 „Gurken, Fließe und viel Grün“, Rundtour Krausnick - Lübben, **Tropical Islands**, *49 km* ... **116**

Sachsen-Anhalt

34 „Die Falken von Rabenstein“, Rundtour Bad Belzig - Rabenstein, **Stein Therme**, *47 km* ... **120**
35 „Hier lag der Mittelpunkt der DDR“,
Rundtour Bad Belzig - Schmerwitz, **Stein Therme** , *35 km* ... **124**
36 „Ein Hotel als Kunstwerk“,
Rundtour Schönebeck - Magdeburg, **Solequell Bad Salzelmen**, *42 km* ... **126**
37 „Im Elbe-Saale-Winkel“, Rundtour Schönebeck - Barby, **Solequell Bad Salzelmen**, *51 km* ... **130**

Sachsen

38 „Idylle an der Lausitzer Neiße“,
Rundtour Krauschwitz - Rietschen, **Erlebniswelt Krauschwitz**, *62 km* ... **132**
39 „Den Fröschen hinterher“,
Rundtour Krauschwitz - Bad Muskau, **Erlebniswelt Krauschwitz**, *40 km* ... **134**
40 „Was hat die Turmuhr geschlagen?“, Rundtour Leipzig - Naunhof, **Sachsen-Therme**, *33 km* ... **138**
41 „Badeurlaub in Leipzig“, Rundtour Leipzig - Markkleeberg, **Sachsen-Therme**, *47 km* ... **140**

Thüringen

42 „Sektempfang an der Unstrut“, Rundtour Bad Sulza - Freyburg, **Toskana Therme**, *57 km* ... **144**
43 „Ein (er-) leuchtendes Ziel“, Rundtour Bad Sulza - Jena, **Toskana Therme**, *62 km* ... **146**
44 „Ein Schloss in Hufeisenform“,
Rundtour Bad Rodach - Hildburghausen, **ThermeNatur**, *52 km* ... **150**
45 „Stippvisite in der Schlösserstadt“,
Rundtour Bad Rodach - Coburg, **ThermeNatur**, *60 km* ... **152**

Rheinland-Pfalz

46 „Die unzähligen Schleifen der Lahn“,
Streckentour Bad Ems - Limburg, **Emser-Therme**, *51 km* 156

47 „Kaiser Wilhelm hoch zu Ross“,
Rundtour Bad Ems - Koblenz, **Emser-Therme**, *40/20 km* 158

48 „Hier ist gut Kirschen essen!“,
Streckentour Bad Kreuznach - Ingelheim, **Crucenia-Thermen**, *36 + 1,5 km* 162

49 „Wein, Berg und Gesang“,
Rundtour Bad Kreuznach - Waldböckelheim, **Crucenia-Thermen**, *29 km* 166

Saarland

50 „Deutsch-Französische Freundschaft“,
Rundtour Kleinblittersdorf - Bliesbruck, **Saarland Therme**, *33 km* 168

51 „Gute Aussichten!“,
Rundtour Kleinblittersdorf - Güdingen, **Saarland Therme**, *31 km* 172

Baden-Württemberg

52 „Anstrengend, aber sehr unterhaltsam: Der Burgen-Radweg“,
Rundtour Sinsheim – Bad Rappenau, **Thermen & Badewelt Sinsheim**, *49 km* 174

53 „Tour de Murg und Bäderviertel“,
Rundtour Baden-Baden - Rastatt, **Caracalla Therme**, *37 km* 178

54 „Über den Kraterrand“,
Streckentour Aalen - Nördlingen, **Limes-Thermen**, *48 + 3 km* 182

55 „Mit flotter Fahrt in die Hauptstadt des Breisgaus“,
Streckentour Titisee - Freiburg, **Badeparadies Schwarzwald**, *37 km* 186

56 „Anstrengender Hochschwarzwald“,
Rundtour Titisee - Löffingen, **Badeparadies Schwarzwald**, *46 km* 190

57 „Die Höhen des Bodanrück“,
Rundtour Überlingen - Bodman-Ludwigshafen, **Bodensee-Therme**, *61 km* 192

58 „Affengeile Tour“, Rundtour Überlingen - Salem, **Bodensee-Therme**, *57 km* 196

Bayern

59 „Im Reich der Urvögel“, Rundtour Treuchtlingen - Solnhofen, **Altmühltherme**, *47 km* 198

60 „Mittelalterliche Impressionen“,
Rundtour Treuchtlingen - Weißenburg, **Altmühltherme**, *31 km* 202

61 „Was ist denn ein Fünfknopfturm?“,
Rundtour Bad Wörishofen - Kaufbeuren, **Südsee-Therme**, *41 km* 204

62 „Kneipp-Tour“, Streckentour Bad Wörishofen - Memmingen, **Südsee-Therme**, *46 km* 206

63 „Surferparadies München?“, Streckentour Erding - München, **Therme Erding**, *44 km* 210

64 „Alt und neu an der Isar“, Rundtour Erding - Freising, **Therme Erding**, *57 km* 214

65 „Thermentour im Bäderdreieck“,
Rundtour Bad Füssing - Bad Birnbach, **Europa Therme**, *56 km* 216

66 „Entlang des Inn zur Dreiflüssestadt“,
Streckentour Bad Füssing - Passau, **Europa Therme**, *39 + 8/14/23 km* 220

Gesund sein und gesund bleiben – das ist unser höchstes Gut!

Radeln und Wellness – eine perfekte Kombination

Wohlig-warmes Thermalwasser umschmeichelt unseren Körper, wissende Hände kneten unsere Muskeln, die Haut freut sich über ein Peeling und zum Abschluss des Tages geht es zum Schwitzen in die Sauna. Schon die Vorstellung reicht, damit sich eine Tiefenentspannung in unserem hektischen Alltag einstellt. Ja, Wellness ist aus gutem Grund einer der Mega-Trends der letzten Jahre!

Ein weiterer Mega-Trend, der aktueller ist denn je: Radfahren! Allein oder mit Familie oder mit Freunden. Kleine Rundtour oder längere Tagestour? Mit reiner Muskelkraft oder mit Elektro-Unterstützung? Ganz egal: Radfahren macht einfach immer Spaß!

Könnten wir uns als Radler eine schönere Kombination vorstellen, als ein Wellness-Programm nach einer interessanten und vielleicht sogar etwas anstrengenden Radtour? Wohl kaum – deshalb stellen wir Ihnen in diesem Buch die 66 schönsten Fahrradtouren vor, die rund um die deutschen Wellness-Paläste zu finden sind.

Ein neuer Begriff könnte entstehen bei unserer Kombination in diesem Buch: „Wellness-Radeln". Auch wenn es dieser Begriff vermutlich nie in den Duden schaffen wird: Wenn wir die Touren in diesem Buch „abgeradelt" haben und die einzigartigen Angebote der Wellness-Oasen am Ende einer Radtour genossen haben, werden wir feststellen: Der Begriff passt schon irgendwie.

Es ist einfach unglaublich, welches Angebot in den Wellness-Palästen auf uns wartet: An Nord- oder Ostsee blicken wir von unseren Liegestühlen direkt auf die teils raue See, während andere Häuser mit speziellen kosmetischen Behandlungen aufwarten können. In der Nähe der Großstädte wie Hamburg, Bremen, Köln, Berlin oder München können wir die Entspannungsangebote bestens mit einem Städtetrip verbinden – das beschert uns Sehenswertes im Überfluss.

Besonders interessant sind Thermalbäder mit außergewöhnlichen Themenlandschaften. Hier ruhen wir uns aus und die Gedanken

fliegen mit uns in die Karibik, in südeuropäische, fernöstliche und arabische Welten oder sie kommen ganz „bodenständig" im Landhausstil daher. Mal schwimmen ein paar Fische „durch" die Sauna, mal gibt es ein so reichhaltiges Angebot an Pools, Saunen und Whirlpools, dass wir gleich eine ganze Woche hier bleiben könnten. Und auch der Nachwuchs kommt meist nicht zu kurz, denn viele Einrichtungen bieten rasante Rutschen, Wasserspielflächen und viele weitere Angebote für Kinder.

Wellness, ausgerechnet jetzt?

Corona-Krise, Ukraine-Krise, Umwelt-Krise, Energiekrise, … wir leben in schwierigen Zeiten, in denen es keine positiven Meldungen mehr in den Nachrichten zu geben scheint.

Umso wichtiger ist es, zumindest für ein paar Stunden aus diesem tristen Alltag auszubrechen und uns etwas Gutes zu gönnen. Ein Tag oder ein Abend in einer Wellness-Einrichtung bietet die idealen Bedingungen, um abzuschalten, zu entschleunigen und sich gedankenverloren dem reichhaltigen Angebot der Wellness-Einrichtung zu widmen.

In Zeiten wie diesen kann es aber sein, dass wir nicht alle Abteilungen unserer Wellness-Oase uneingeschränkt nutzen können. Teils sind es politisch angeordnete (Teil-) Schließungen, teils lassen die hohen Energiekosten einen wirtschaftlichen Betrieb nicht zu.

Daher der wohlgemeinte Tipp: Ein Blick auf die Homepage der jeweiligen Wellness-Einrichtung gibt tagesaktuell Auskunft darüber, ob alle Angebote verfügbar oder ob Einschränkungen zu erwarten sind. Das hilft, unliebsame Überraschungen bei unserem Besuch zu vermeiden – schließlich wollen wir uns ja erholen und uns ganz und gar dem Wellness-Feeling hingeben.

Die Auswahl der Radtouren und Wellness-Einrichtungen

Die Auswahl der Radtouren fiel sehr schwer, denn das Wellness-Angebot ist in Deutschland in den letzten Jahren riesig geworden. Schon mehr als 350 Heilbäder und Kurorte wurden durch den Deutschen Heilbäderverband gemäß fester Qualitätsstandards ausgezeichnet. Hinzu kommt eine große Anzahl an Thermalbädern, Wellnessoasen, Hotels und andere Einrichtungen, die sich auf die Fahne geschrieben haben, sich voll und ganz unserer Entspannung zu widmen.

Also haben wir bei der Auswahl gleich mehrere Kriterien angelegt: Unsere Radtouren sollten so gut wie möglich über die ganze Republik verteilt sein, so dass Radtouren in jedem Bundesland möglich sind. Zudem haben wir jene Wellness-Paläste berücksichtigt, die aufgrund ihres Angebots besonders herausstechen. Weiterhin war es von großer Bedeutung, dass die Streckenführung so einfach und so wenig anstrengend wie möglich verläuft. In gebirgigen Regionen lassen sich Steigungen natürlich nicht immer vermeiden, dennoch ist der überwiegende Teil der Radtouren in diesem Buch auch ohne große Ansprüche an die Kondition und E-Bike zu meistern. Im Infoblock bzw. in der Einleitung zur Tour wird unter Umständen auf Besonderheiten der Streckenführung hingewiesen.

Unsere Tourenvorschläge starten im ganz hohen Norden: Sankt-Peter-Ording ist nicht nur einer der mondänsten Urlaubsorte von Schleswig-Holstein, sondern bietet uns auch unendliche Weiten am Strand. Da ist der Name **„Dünen-Therme"** absolut passend! Von hier aus geht es hinüber zur Ostseeküste, wo wir an der Steilküste entlang ins hügelige Hinterland radeln, um uns anschließend in der Holstein-Therme zu erholen.

Weiter gen Osten ziehen wir zwei spannende und sehenswerte Kreise über die Insel Usedom, wo wir ein malerisches Seebad nach dem nächsten kennenlernen. Vielleicht finden wir am Strand auch **Bernstein**, bevor wir die **gleichnamige Therme** besuchen?

Nur wenige Kilometer südlich wartet ein weiterer „Klassiker" auf uns – die **Müritz-Therme** erfrischt uns, nachdem wir den herrlichen Radweg rund um das „kleine Meer" genossen haben.

Von der **SaLü-Therme** von Lüneburg geht es schnurgerade am Kanal entlang oder einmal quer durch die Heide. Großstadtfans freuen sich über eine kurze Runde durch Hamburg und über eine schiffsreiche Tour von Bremen nach Bremerhaven an der Wesermündung entlang.

Einen Pott Tee gibt es natürlich in der **Friesentherme**, die als Basis für unsere Touren zum „Kutter-Gucken" und zum „Großen Meer" dient.

Der berühmte Theodor Fontane war Namensgeber für die **Therme von Neuruppin** – von hier geht es vorbei an herrlichen Seen und durch weite Wälder. **„Saunarium – Ihr Wellnesstempel"**: In Berlin tritt man immer gerne selbstbewusst auf und nach unseren Ausflügen ins Umland stellen wir gerne fest: Es wird hier nicht zu viel versprochen!

Nach einer fast schon „privaten" Atmosphäre der **Havel-Therme** wird es richtig quirlig, denn wir besuchen das **Tropical Island**, das schon von außen durch den ehemaligen Luftschiff-Hangar beeindruckt und im Innern unglaublich viele Attraktionen für Groß und Klein bereithält. Bei diesem Trubel sind entspannte Radtouren in den Spreewald der beste Ausgleich.

Von der **Stein-Therme** von Bad Belzig aus entdecken wir den Mittelpunkt der ehemaligen DDR sowie alte Burgen, bevor uns die Elbe vom **Solepark Schönebeck** nach Magdeburg und zur Saale geleitet.

Auch Nordrhein-Westfalen ist gesegnet mit zahlreichen Wellness-Einrichtungen. In Ostwestfalen führen unsere Rundtouren rund um die **Bali-Therme** von Bad Oeynhausen und um die **Börde-Therme** von Bad Sassendorf. Vor den Toren Kölns starten wir am überregional bekannten **Mediterana** und können sowohl Großstadt-Feeling, als auch ruhige Natur genießen.

Das „Ei im Universum" – so würden wir ganz frei den Begriff vom **„Oversum Vital Resort"** von Winterberg übersetzen. Wer nach der Tour auf dem Ruhrtal-Radweg oder der Tour über den Kahlen Asten vor dem Hotel steht, erkennt sofort, was damit gemeint ist.

Vom zweithöchsten Berg Nordrhein-Westfalens ist es nicht weit hinüber nach Hessen: Dort statten wir dem Herkules einen Besuch ab, bevor wie die **Kurhessen-Therme** kennenlernen. Hügelige Landschaften und barocke Fassaden prägen die Region rund um Fulda – trotz diesen Glanzes funkelt ein anderer Stern noch heller: Die **Sieben Welten Therme & Spa Resort** nimmt uns mit auf eine Weltreise. Deutlich ruhiger geht es in der **Toskana-Therme** von Bad Orb zu, von der wir direkt auf das Gradierwerk blicken und gute Luft schnuppern.

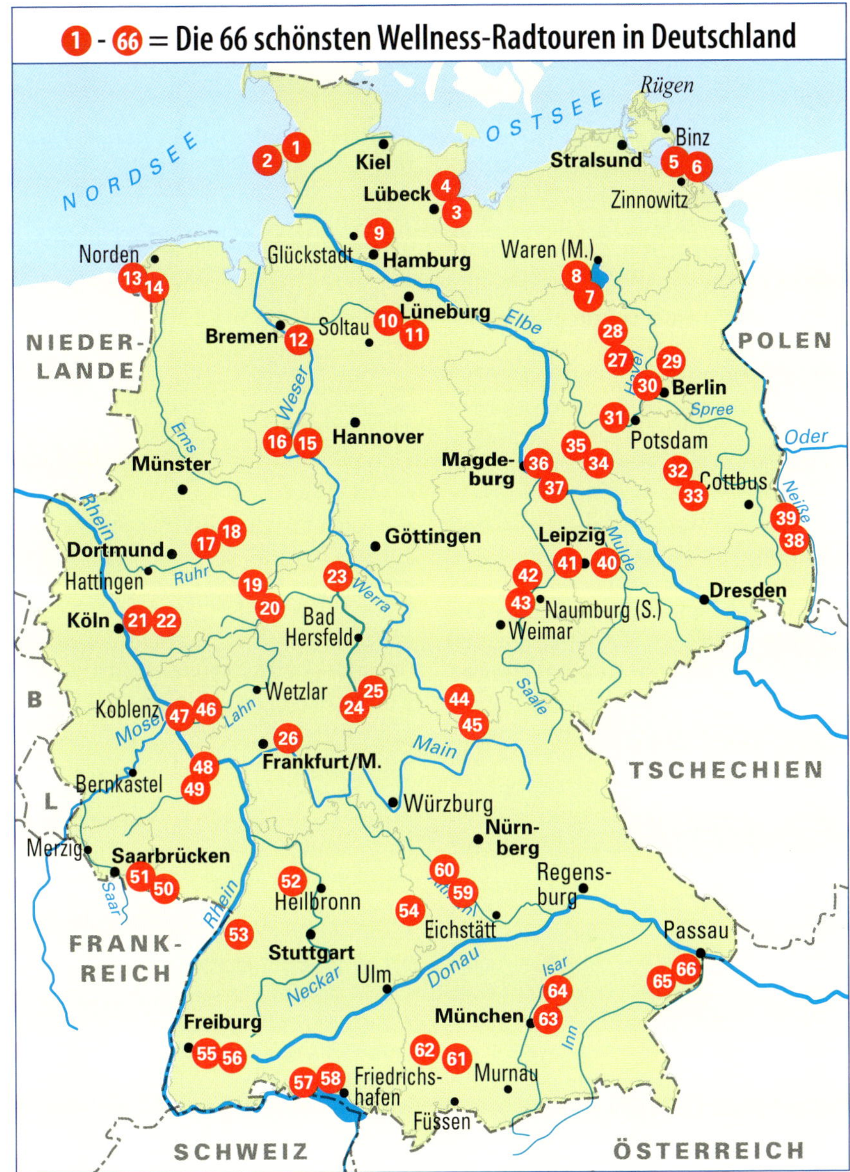

Auch in Thüringen entdecken wir eine **Toskana-Therme**, die wie ihr hessisches Pendent mit „Liquid Sound", einer speziellen Unterwassermusik, neue Wege der Entspannung beschreitet.

In einem stetigen Wechsel zwischen Thüringen und Bayern begeben wir uns, wenn wir die sanft modellierte Region rund um die **Therme Natur** von Bad Rodach kennenlernen – die Schlösserstadt Coburg steht hier genauso auf dem Programm wie Eisfeld mit seinem hufeisenförmigen Schloss und Bad Colberg mit der Heldburg. Schließlich sind wir auf dem Burgenweg unterwegs! Der Themenradweg „Iron Curtain Trail" erinnert uns daran, dass hier einst die gestrenge Teilung Deutschlands verlief!

Weiter nach Osten als bei den Radtouren, die uns abends in die **Erlebniswelt Krauschwitz** geleiten, können wir in Deutschland kaum kommen. Schließlich radeln wir an der Neiße entlang und damit direkt an der Grenze zu Polen. Das **Saunadorf** mit seinen Schrotholzhäusern wird nicht nur unsere Poren öffnen, sondern auch unsere Augen staunen lassen.

„Badeurlaub in Leipzig" heißt es, wenn wir der **Sachsen-Therme** einen oder mehrere Besuche abstatten. Sie bietet uns Erholung nach den Radtouren zum Turmuhrenmuseum oder zu einer weiteren Sensation: Das Leipziger Neuseenland hat sich in Windeseile zu einer Top-Destination für Bade- und Wassersportfreunde entwickelt.

Vom Osten der Republik richten wir unsere Aufmerksamkeit dann gen Westen und starten in Bad Ems zu spannenden Radtouren im Lahntal. Bad Ems war ohne Frage als Startort in diesem Buch „gesetzt" – nicht nur wegen der „Flusssauna" der **Emsertherme**, die wir mitten im Fluss entdecken. Vielmehr ist Bad Ems eines der ältesten Kurbäder Europas – Kaiser, Könige, Adelige, Schriftsteller und viele weitere Prominente gaben sich hier einst die Klinke in die Hand.

Ähnlich weit reicht die Geschichte der Solenutzung in Bad Kreuznach zurück, denn auch hier „kurten" schon die Römer. Daran erinnert schon der Name der **Crucenia-Therme** von der aus wir zum größten Freiluft-Inhalatorium Europas starten. Eingerahmt von Weinreben geht es Richtung Rhein, wo wir uns dem Genuss der Kirschen hingeben können.

Die **Saarland-Therme** lässt uns wieder zu „Grenzgängern" („-fahrern") werden, denn im ständigen Wechsel radeln wir auf französischem und deutschem Territorium, bevor es zu guten Aussichten ins Hinterland der Saar geht.

„Hochschwarzwald"? Das klingt nicht unbedingt nach einfachem Terrain für uns Radler, doch auch die Rundtour ins Gebirge hat ihren eigenen Charme und ist mit etwas Kondition oder mit E-Bikes gut zu meistern. Für Jedermann perfekt ist die Streckentour ins malerische Freiburg, denn dorthin geht es ständig bergab und zurück lassen wir uns mit der Höllentalbahn auf der steilsten Bahnstrecke Deutschlands fahren. Zur Belohnung besuchen wir nach den Touren das **Badeparadies Schwarzwald**, bei dem wir nicht nur in einer Lagune baden, sondern auch mit Blick auf den Schwarzwald saunieren können.

Noch ein Ziel war für dieses Buch klar gesetzt: Baden-Baden ist für viele der Inbegriff von Wellness und mondänem Kurbetrieb. Beim Besuch der legendären **Caracalla-Therme** bzw. des **Friedrichsbades** erkennen wir schnell: Dieses Image lebt heute mehr denn je – und zwar auch außerhalb der Bäder in den Straßen und Gassen der Stadt. Ganz besonders natürlich im Casino und rund um die historischen Kurgebäude.

Einfach herrlich: Relaxen in der Bodensee-Therme mit bester Aussicht auf See und Berge

Bei Sinsheim legen wir wieder einige Kilometer auf dem Burgenradweg zurück, was uns nicht nur beste Ausblicke auf Burgen, sondern auch Fachwerk-Impressionen beschert. Nachdem wir das ungemein spannende Technik-Museum von Sinsheim besucht haben, entspannen wir uns in der **Thermen- und Badewelt Sinsheim**.

Ein erneuter Ausflug in die römische Vergangenheit erwartet uns bei der **Limes-Therme** von Aalen. Schon der Name lässt vermuten: Hier verlief einst der Limes, mit dem die Römer versuchten, ihr Reich nach Norden abzusichern.

In unserem Buch darf natürlich auch das „Schwäbische Meer" nicht fehlen, denn der Bodensee ist seit Jahrzehnten eines der wichtigsten Urlausziele des Landes. Der Bodensee-Radweg begleitet uns bei beiden Touren ein Stück weit, bevor es etwas anstrengender wird. Doch die Mühen lohnen sich, denn in einem Fall warten die possierlichen Affen von Salem und im anderen Falle das herrliche Konstanz und eine erfrischende Bootstour auf uns. Und in jedem Falle sind wir uns gewiss: Die **Bodensee-Therme** sorgt am Ende des Tages mit Sicherheit für Entspannung bei besten Blicken über den See.

Vom Bodensee geht's nur wenige Kilometer ins nordöstlich gelegene Allgäu, wo wir uns auf die Spuren des legendären Pfarrers Sebastian Anton Kneipp begeben. Die **Therme Bad Wörishofen** bedient sich natürlich der Erkenntnisse dieses genialen Naturheilkundlers. Das sorgt für perfekte Regeneration nach unseren Touren, die uns bis Memmingen und Kaufbeuren führen.

Weißenburg in Bayern sorgt dafür, dass wir wieder einmal daran erinnert werden, dass der Süden der Republik einst von den Römern

Radeln ist der erste Teil unseres Wellness-Programms

dominiert wurde – hier wurde der größte Römerschatz nördlich der Alpen gefunden. Zudem begeistert uns Weißenburg mit einer perfekt erhaltenen Stadtmauer. Noch viel weiter in die Historie geht es auf der Tour nach Solnhofen, denn in den umliegenden Steinbrüchen werden immer wieder Fossilien gefunden, darunter schon mehrere Urvögel. Die noch recht junge **Altmühl-Therme** von Treuchtlingen verwöhnt uns am Ende des Tages mit einer Saunalandschaft und umfassendem Wellness-Angebot.

Nördlich der bayerischen Landeshauptstadt München wird es dann richtig „extrem", denn die riesige **Therme Erding** ist mit einer Gesamtfläche von mehr als 430.000 qm die größte Therme der Welt. Das Angebot ist so vielfältig, dass wir hier mehrere Tage im Hotel übernachten und die Anlage jeden Tag besuchen können, ohne etwas zweimal zu testen. Die Radtouren führen uns über den genialen Isar-Radweg in die Münchner City, wo wir uns die „Surfer-Welle" ansehen, und in die andere Richtung ins historische Freising.

„Last but not least" zieht es uns in den äußersten Südosten Deutschlands – hier liegt das niederbayerische Bäderdreieck, das wir in einem Wellness-Buch keinesfalls außer Acht lassen dürfen. Drei Thermen in Bad Füssing, jeweils eine Therme in Bad Griesbach und Bad Birnbach – da wissen wir gar nicht, wo wir anfangen sollen. Unsere Radtouren jedenfalls starten und enden an der **Europatherme**, wo sage und schreibe 17 Becken darauf warten, unsere vom Radeln ermüdeten Körper wieder zu erfrischen. Das ist „Wellness-Radeln"!

Dieses Buch

Dieses Buch soll Ihnen „Appetit" machen! Und zwar darauf, den einen oder anderen der vielen erstklassigen Wellness-Paläste zu besuchen, die es überall in Deutschland verteilt gibt. Und darauf, sich vorher sportlich beim Radeln zu betätigen. Bei beidem wird es mit Bestimmtheit nicht langweilig, denn das Angebot der Thermen, Bäder, Hotels und anderen Wellness-Destinationen ist schier unfassbar groß. Und die Abwechslung der hier im Buch beschriebenen Radtouren bietet beste Unterhaltung für Jung und Alt.

Wir haben versucht, die schönsten Wellness-Touren Deutschlands ausfindig zu machen und sie anhand einer Kurzbeschreibung darzustellen.

Alle Touren beginnen und enden an einer bekannten Wellness-Einrichtung. Die meisten der Einrichtungen sind mit Bus bzw. Bahn gut erreichbar. Alle Einrichtungen verfügen über große Parkplätze, so dass die Anfahrt und das Parken mit dem Auto immer gewährleitet ist.

Meist ist es möglich, direkt auf Radwegen zu starten, oftmals sind es auch gleich beschilderte Themen- oder Fernradwege, die an den Thermen vorbeiführen. Falls das nicht der Fall ist, sind die Beschreibungen etwas ausführlicher ausgefallen, damit Sie den rechten Weg finden.

In dem Buch präsentieren wir Ihnen Rund- und Streckentouren. Bei den Rundtouren kommen Sie dort wieder an, wo Sie vorher gestartet sind. Bei den Streckentouren endet die Route immer am öffentlichen Nahverkehr wie Bahn, Bus oder Bus-Shuttle.

Haben Ihnen die Beschreibungen Appetit auf mehr gemacht? Sehr schön – der BVA BikeMedia hält zu allen in diesem Buch beschriebenen Touren umfangreiches Material bereit. Mit ADFC Regional- und Radtourenkarten oder mit Radwanderkarten in denen ausführliche touristische Informationen enthalten sind, dürfte die Streckenfindung kein Problem sein. Die ADFC-Regionalkarten gibt es übrigens auch in digitaler Form in der „ADFC Karten" App zu erwerben – inklusive GPS-Positionsanzeige und der Möglichkeit, GPX-Tracks zu importieren und aufzuzeichnen. Zu finden ist dies unter www.fahrradbuecher-karten.de/kartenapp.

Weiteres Überblickswissen zu unserem Pedal-Hobby liefern die Sammelwerke „Die 50 schönsten Radfernwege in Deutschland", „Die 33 schönsten Flussradwege in Deutschland", Die 99 schönsten Radtouren für Camper in Deutschland" und „Die 111 schönsten Radtouren in Deutschland", „Die 55 schönsten E-Bike-Touren in Deutschlands Norden/Mitte/Süden" uvm.

Die Routen wurden in diesem Buch nach Bundesländern und „in etwa" von Nord nach Süd sortiert. Einen guten Gesamtüberblick über die Touren vermittelt unsere Deutschlandkarte, in der die abgedeckten Regionen verzeichnet sind.

Für eine schnelle Orientierung und Einstufung dienen die Infokästen zu Beginn jeder Beschreibung – wir haben sie „WellnessTourenInfo" getauft. Hier finden Sie die wesentlichen Eckpunkte zu jeder Tour, wie z.B. Distanz, Wegbeschaffenheit, Hinweise auf Steigungen, Beschilderungen, Start- und Zielpunkt sowie die Internetadressen der Wellness-Oasen. Weiterhin geben wir Ihnen Hinweise, wo es sinnvoll ist, eine Unterkunft zu beziehen.

Wer einmal auf einer vorgeschlagenen Route unterwegs ist, wird nur wenige Probleme haben, den rechten Weg zu finden. Denn oftmals folgen wir bestens beschilderten Themen-Radwegen, wie z.B. Radwegen entlang von Flüssen, etc. Zudem gibt es in Deutschland eine flächendeckende, gute Regionalbeschilderung, die das Auffinden des rechten Weges zum nächsten Ort sicherstellt. Daher wurde auf eine detaillierte Streckenbeschreibung verzichtet. Wir nennen Ihnen aber auf jeden Fall die größeren Orte entlang der Strecke, die dann auf den Regional-Radschildern wiederzufinden sind. Eine gute Radkarte im Maßstab 1:75.000 (z.B. die ADFC-Regionalkarte des BVA) gehört immer ins Reisegepäck.

Ein Hinweis ist noch wichtig: Bei den Distanz-Angaben im Buch handelt es sich um die offiziellen Angaben. Bitte betrachten Sie diese Angaben als grobe Orientierung für Ihre Tour!

Ein paar „Schlenker" zu Sehenswürdigkeiten, ein Abstecher in Innenstädte, einmal „verfahren" oder andere Kleinigkeiten führen schnell zu einer Abweichung der eigenen gefahrenen Kilometer.

Zu Gunsten der Vielfalt ist jede Tour auf zwei bzw. auf vier Seiten reduziert. Die abgebildete Karte kann Ihnen im Zusammenspiel mit der in Blau gedruckten Streckenbeschreibung helfen, sich vor Ort zurecht zu finden.

Ausführlicher werden die Sehenswürdigkeiten beschrieben – denn wir radeln ja nicht (nur) des Radelns wegen, sondern um die Gegend kennen zu lernen. Die Tipps weisen den Weg zu ausgefalleneren Attraktionen, die wir eventuell verpassen würden, weil sie etwas abseits liegen, nicht beschildert oder einfach wenig bekannt sind.

Wellness und Radeln mit Kindern

Die meisten der beschriebenen Wellness-Oasen haben auch reichlich Abwechslung für Kinder zu bieten. Sanfte Lagunen, Wellenbäder, Kinderpools und -rutschen, Strömungskanäle, rasante Rutschenanlagen und vieles mehr lassen beim Nachwuchs schon beim Radeln Vorfreude für das aufkommen, was nach der Tour wartet.

Bei Thermalbädern müssen wir immer genau die Anweisungen beachten, denn manche Thermalwässer sind für Kinder nicht geeignet und in fast allen Fällen gibt es für Erwachsene und Kinder maximale Aufenthaltsdauern.

Die meisten der beschriebenen Radwege sind wie geschaffen für Familien mit Kindern. Im Infoblock wird darauf hingewiesen, wenn viele Steigungen oder Straßen dagegen sprechen würden. Meist rollen wir auf breit ausgebauten Radwegen mit besten Fahrbahnuntergründen und nahezu keinem Straßenverkehr. Wenn der Nachwuchs selbst radelt, ist zu beachten, dass kleinere Kinder nicht auf Straßen, sondern auf dem Bürgersteig fahren müssen. Zwar sind die Touren mühelos auch mit kleineren Kindern zu bewältigen, doch verlangt der Nachwuchs auch nach anderen Beschäftigungsmöglichkeiten. Dies gilt vor allem dann, wenn Kleinkinder in entsprechenden Sitzen oder in einem Anhänger transportiert werden. Vergessen Sie niemals, die Kinder auf diesen Mitfahrgelegenheiten entsprechend zu sichern – der Helm dürfte ebenso selbstverständlich sein wie die Gurte. Vor allem in den Mitfahrgelegenheiten können sich die Kleinen nicht ausreichend bewegen, was bei niedrigen Temperaturen auch zu Unterkühlung führen kann – häufigere Pausen sind also angesagt!

In vielen Orten liegen gut ausgestattete Spielplätze direkt am Wegesrand. Pausen werden ohnehin eingelegt, warum also nicht gleich hier? Aber es gibt noch viel mehr zu entdecken: Interessante alte Orte, die Spuren unserer Vorfahren, historische Technik und regionale Lebensarten in Museen, Tiere in Parks und Zoos der Region. Auf viele dieser Aktivitäten wird im Buch hingewiesen.

Die menschlichen Grundbedürfnisse: Essen, Trinken, Schlafen

Alle der beschriebenen Wellness-Paläste kümmern sich um diese Bedürfnisse, die wir mitbringen – auch um das leibliche Wohl. Genau genommen gehört das Essen ja auch zu einem gesamtheitlichen Wellness-Erlebnis dazu!

Es gibt immer mindestens eine, meist aber mehrere Möglichkeiten, köstliche Speisen zu sich zu nehmen. Die Auswahl ist dabei ab und an genauso spektakulär wie das Angebot im Wellness-Bereich.

Die meisten in diesem Buch vorgestellten Touren verlaufen in touristisch beliebten Regionen. Die Verpflegung entlang fast aller aufgeführten Touren ist somit kein Problem – in jedem größeren Ort gibt es Einkehr- und Einkaufsmöglichkeiten. Ein Blick auf unsere Übersichtskarten verrät bereits im Vorfeld, wo die Möglichkeiten etwas eingeschränkter sein könnten. Das Angebot reicht von Hausmannskost in rustikalem Ambiente bis zum Nobelrestaurant.

Nicht versäumen sollten Sie den Besuch der für die Region typischen Gaststätten, um die kulinarischen Genüsse der Gegend kennen zu lernen – schließlich wollen wir immer wieder etwas Neues erleben!

Eines ist ganz wichtig: Eine rechtzeitige Reservierung der Unterkunft! In vielen der Wellness-Einrichtungen ist eine Übernachtung möglich, bei den anderen können wir meist in fußläufiger Umgebung nächtigen.

In den Anlagen gibt es oftmals sehr ausgefallene Zimmer und Arrangements, von denen aus man direkt in die Wellness-Bereiche gelangen kann.

Die Wellness-Paläste, die wir hier vorstellen, erfreuen sich das ganze Jahr hindurch sehr großer Beliebtheit, so dass die Zimmer im Haus oder im nahgelegenen Ort schnell knapp werden. Verschärft wird das Thema selbstverständlich an „langen Wochenenden", Feiertagen und während der Schulferien.

Daher der Tipp: Schauen Sie im Internet auf der Homepage der jeweiligen Wellness-Einrichtung oder auf der Seite Ihres Wunsch-Übernachtungsortes rechtzeitig nach einer Unterkunft!

Der Rat zum Rad

Für längere Strecken, mit Gepäck oder bei gelegentlichen Steigungen ist es angenehm, ein paar mehr Gänge zur Verfügung zu haben. Wichtiger noch als die Anzahl der Gänge ist die Robustheit des Rades – was nützen die Gänge, wenn alle paar Kilometer Reparaturen vorgenommen werden müssen?

In den meisten größeren Städten, die wir tangieren, gibt es zwar Rad-Werkstätten, doch eine Panne tritt „bestimmt" während deren Mittagspause, nach Geschäftsschluss oder am Sonntag auf. Dass sich das Fahrrad in verkehrssicherem Zustand befindet, sollte Voraussetzung für jede Radeltour sein. Dazu gehören z.B. intakte Bremsen und Reifen, geschmierte Kette, Beleuchtung, Reflektoren, Schutzbleche, etc.

Lassen Sie sich doch einfach von der Werkstatt Ihres Vertrauens mit den wichtigsten Handgriffen vertraut machen. Vor dem Fahrtantritt sollten Sie Ihr Fahrrad kurz durchchecken – es kostet Sie vor der Fahrt gerade einmal 5 Minuten, eine Panne kann den ganzen Tag kaputt machen.

Und ein ganz wichtiger Hinweis noch: Hoffen wir, dass Sie es niemals brauchen, aber ein kleines Erste-Hilfe-Täschchen gehört IMMER ins Gepäck, auch bei jedem noch so kleinen Ausflug.

GPS

Immer mehr Freizeitradler nutzen die Vorteile der elektronischen Medien. Internet und GPS-Geräte gehören bei vielen schon zum Standard, wenn es darum geht, eine Fahrradtour vorzubereiten. So können die Touren präzise am PC, Notebook, Smartphone oder Tablet geplant und jeder Weg gefunden werden. Böse Überraschungen können so deutlich minimiert werden.

Auch für dieses Buch möchten wir Ihnen als zusätzliche Hilfestellung die Nutzung auf Ihrem GPS-Gerät anbieten: Für jede der im Buch aufgeführten Touren finden Sie auf unserer Internetseite entsprechende GPX-Tracks incl. Höhendaten für Ihr Mobilgerät. Mit Hilfe des Zugangscodes **WELL-01-136-591-RF** stehen Ihnen die Tracks auf der Seite www.fahrrad-buecher-karten.de/gps-tracks kostenlos zum Download zur Verfügung. Alternativ können Sie die Tracks auch direkt in unserer „ADFC Karten" App freischalten:
www.fahrrad-buecher-karten.de/kartenapp

Helfen Sie mit!

Die in diesem Buch enthaltenen Informationen wurden sorgfältig nach bestem Wissen und Gewissen zusammengetragen. Dennoch gibt es in unserer schnelllebigen Zeit ständig Veränderungen: Straßennamen und Wegführungen werden ebenso verändert wie Anschriften. Helfen Sie uns mit, dieses Buch ständig aktuell zu halten, indem Sie uns etwaige Änderungen unter buecher@bva-bikemedia.de, BVA BikeMedia GmbH, Niederwall 53, 33602 Bielefeld mitteilen. Unser Dank ist Ihnen so gewiss wie der Dank der anderen Leser!

Zum Abschluss bleibt nur noch eines:
VIEL SPASS BEIM RADELN!

1 Die ungekürte Hauptstadt Nordfrieslands

Von St. Peter-Ording nach Husum

Wellness-Touren Info

ca. 59 km ohne Abstecher. Regionale Radweg-Beschilderung sowie teils Beschilderung als Nordseeküsten-Radweg und Wikinger-Friesen-Weg. Keine größeren Steigungen. Die Route führt meist über separate Radwege, einige Passagen auf losem Untergrund.

Start: Dünen-Therme, St. Peter-Ording, www.st-peter-ording.de/duenentherme

Ziel: Husum, Bahnhof

Nachdem wir einige Zeit auf dem perfekt ausgebauten und beschilderten Nordseeküsten-Radweg gerollt sind, verlassen wir beim wuchtigen Eider-Sperrwerk die raue See und folgen ein Stück dem Flüsschen Eider. Dann geht es durch weite Natur durch große und sehr kleine Ortschaften gen Norden. Als Ziel präsentiert sich Husum keineswegs als „graue Stadt am Meer", sondern als einladende Kleinstadt mit sehenswerten und durchaus farbenfrohen Häusern.

Ist das herrlich: Von unseren Liegestühlen im wohlig-warmen Ambiente der „**Dünen-Therme**" blicken wir durch große Glasfronten über die Salzwiesen auf die raue See. Diesen Blick genießen wir ebenso aus den Ruhe-Liegestühle, als auch aus der Pfahlbau-Sauna. Wenn auch nach dem Spaziergang im Bademantel noch nicht genug frische Nordseeluft in den Lungen ist, besuchen wir das **Meerwasserdampfbad**. Um den Blutdruck etwas in Wallung zu bringen, sorgen das Meer-

Auf hölzernen Füßen speisen wir mit bestem Blick auf´s Meer

...von der Sauna direkt zum Strand

wasser-Wellenbad und verschiedene Rutschen, darunter eine Turbo-Rutsche, für Abwechslung.

Los geht's an der Dünen-Therme, die wir an der Küste auf dem Nordseeküsten-Radweg Richtung Süden verlassen. Nachdem wir die Vororte von St. Peter-Ording hinter uns gelassen haben, rollen wir immer in Küstennähe ganz entspannt auf bester Trasse bis zum mächtigen Eidersperrwerk. Hier verlassen wir die Nordsee, folgen auf dem Wikinger-Friesen-Weg ein Stück der Eider an ihrem Nordufer und zweigen bei Tönning links ab.

St. Peter-Ording zählt ohne Frage zu den beliebten Urlaubs-Destinationen Deutschlands. Verwunderlich ist das nicht, denn die Gäste finden hier einen endlosen **Sandstrand**: Rund 12 km lang und bis zu 1,5 km breit – hier ist auch in der Hochsaison Platz für alle! Auch die **Pfahlbauten** am Strand finden wir in dieser Form nicht allzu oft: Oben laden Einkehrmöglichkeiten mit leckerem Essen bei perfekter Sicht auf See und Strand ein. Ebenfalls ein Alleinstellungsmerkmal von St. Peter-Ording ist, dass wir nicht nur mit unseren Fahrrädern bis an den Strand radeln können, sondern auch Autos und Wohnmobile im Ortsteil Ording an ausgewiesenen Stellen parken dürfen.

Direkt hinter den Dünen hat sich eine perfekte touristische Infrastruktur entwickelt: Die vier Ortsteile sind inzwischen fest zusammengewachsen und sorgen mit zahllosen Restaurants, Cafés und Unterkünften für ungetrübte Urlaubsfreuden. Und auch für die Abendunterhaltung ist in den vielen Bars und Kneipen gesorgt. Wenn wir durch die Straßen von St. Peter-Ording flanieren, entdecken wir wunderschöne, reetgedeckte Häuser, aber auch

Rund um Tönnings Hafen geht es eher ruhig zu

teure Autos und „wohlsituierte Menschen" - ja, St. Peter Ording, das gerne nur „SPO" genannt wird, hat sich auch zu einem Hotspot der Reichen und Schönen entwickelt.

Das mag uns als Radler nur wenig beeindrucken, wenn wir durch die Straßen rollen, die idealen Radbedingungen genießen und uns die **Kirche St. Petri** in St. Peter-Dorf und den 23 m hohen **Böhler Leuchtturm** ansehen.

Tipp: Mehr über die Geschichte von St. Peter-Ording und die Region erfahren wir im Eiderstadt-Museum, das in einem alten **Bauernhaus** aus dem 18. Jh. untergebracht ist. Auch interessant ist der Besuch des **Westküstenparks**, einem zoologischen Garten.

Wir rollen direkt an der Küstenlinie des **Holsteinischen Wattenmeeres** entlang. Es breitet sich über eine Fläche von rund 10.000 ha aus und ist damit nur ein kleiner Teil des gesamten Wattenmeers. Auf dem Festland beginnt dieser besondere Küstenstreifen an der Insel Texel in den Niederlanden und zieht sich komplett an der deutschen und der dänischen Nordseeküste entlang.

Die Radtour führt uns über die Halbinsel namens **Eiderstedt**, die gleich auf drei Seiten vom Wasser umspült wird. Das hatte zur Folge, dass Eiderstedt das Gesicht im Verlaufe der Jahrhunderte immer wieder durch das Meer veränderte.

Um Menschen, Tiere und Gebäude gegen die Elemente zu schützen, wurden schon früh sogenannte **Kooge** angelegt, von denen es hier 55 gibt. Deiche und Entwässerungsgräben sorgen für trockenes und fruchtbares Land. Auch die **Warften** wurden künstlich angelegt. Auf diesen aufgeschütteten Hügeln, finden Mensch und Tier Schutz vor Sturmfluten. Auf einer Warft stehen kleine Siedlungen oder auch nur einzelne Bauernhöfe. Damit es erst gar nicht zu verheerenden Sturmfluten kommt, wurde Eiderstedt mit rund 100 km **See**- und 300 km **Binnendeiche** geschützt. Wir können also ganz beruhigt durch diese flache und doch wunderschöne Natur radeln!

Das **Eidersperrwerk** ist ein Meisterwerk der Wasserbau-Ingenieure. Der viele Beton sieht nicht besonders schön aus, dient aber dazu, die Region vor Sturmfluten zu schützen. Seit 1973 leistet das Sperrwerk gute Dienste.

Das Wattenmeer und die Eider sind an dieser Stelle zu einer biologischen Einheit verwoben. Um diese einzigartige Natur zu erhalten, wurde die Eidermündung komplett unter Naturschutz gestellt.

Die Kleinstadt Tönning liegt etwas abseits der großen Touristenrouten. Und das ist auch gut so, denn auf diese Weise konnte rund um das **Hafenbecken** ein Ensemble mit vielen historischen Gebäuden erhalten werden. Auch die **Altstadt** mit schmucken Giebelhäusern aus dem 17./18. Jh. liegt gleich nebenan und mittendrin ragt die **St. Laurentius-Kirche** empor. Da wir noch einige Kilometer auf dieser Tour vor uns haben, sollten wie die Gelegenheit nutzen, um in den einladenden Lokalen rund um den Marktplatz einzukehren.

Weiter geht´s von Tönning auf dem Wikinger-Friesen-Weg. Hier rollen wir mit mehrfachem Abbiegen ganz entspannt durch die weite Landschaft. Oldenswort, Witzwort (Achtung, hier folgen wir nicht weiter dem Wikinger-Friesen-Weg sondern fahren geradeaus), Simonsberg, und Rödemis liegen auf unserem Weg nach Husum. Hier steuern wir den Bahnhof an, steigen in den Zug und lassen uns in etwas mehr als 50 Minuten ganz bequem wieder nach St. Peter-Ording zurückfahren.

Im Jahre 1852 schrieb der Schriftsteller Theodor Storm ein Gedicht über seine Heimatstadt Husum – und das war so gar kein Loblied: „Am grauen Strand, am grauen Meer, seitab liegt die Stadt; Der Nebel drückt die Dächer schwer, und durch die Stille braust das Meer eintönig um die Stadt".

Also rollen wir am Ende der Tour so schnell wie möglich zum Bahnhof und fahren zurück? Auf keinen Fall! Denn so entgeht uns der einzigartige Charme dieser Stadt, die sich in der Realität gar nicht so grau zeigt, wie in den Versen beschrieben. Das erkennen wir schon, wenn wir am Husumer **Binnenhafen** die Blicke schweifen lassen, denn sehr **farbenfroh** zeigen sich die teils historischen Häuser und in der Straße namens „**Wasserreihe**" ist es ganz genauso. Zu dieser bezaubernden Innenstadt gehören auch das Schifffahrtsmuseum

Das Schloss vor Husum lag bei der Erbauung vor den Toren Husums

und das Ludwig-Niessen-Haus, in dem heute das **Nordfriesische Museum** untergebracht ist und uns in eine Reise in die Vergangenheit der Region entführt. Nicht zu übersehen ist auch das **Schloss vor Husum**. Seinen eigentümlichen Namen erhielt es, weil es bei seiner Errichtung vor den Toren der Stadt lag und bis heute in einem herrlichen Park eingebettet ist. Im Schlossmuseum erfahren wir auch, dass wir hier im einzigen noch erhaltenen Schlossbau sind, der an der kompletten schleswig-holsteinischen Westküste ist.

Auf dem Husumer Marktplatz vor der St. Marien-Kirche finden wir das Asmussen-Woldsen-Denkmal. Hier in Husum ist es aber nur bekannt als „**Tine-Brunnen**": Die Bronzeskulptur zeigt eine junge Fischersfrau in Holzschuhen und mit Ruder und Kopftuch. Dieses Wahrzeichen von Husum müssen wir unbedingt gesehen haben vor unserer Abreise.

Kartentipp:

ADFC-Regionalkarte Schleswig-Holsteinische Nordseeküste mit Inseln, 1:75.000, ISBN 978-3-96990-019-2, € 9,95

Digital für Smartphones und Tablets:
www.fahrrad-buecher-karten.de/rk-digital

2 Der vielleicht bekannteste Leuchtturm Deutschlands

Von St. Peter-Ording über Westerhever

Wellness-Touren Info

ca. 55 km ohne Abstecher, Verkürzung möglich. Regionale Radweg-Beschilderung sowie teils Beschilderung als Nordseeküsten-Radweg. Keine größeren Steigungen. Die Route führt meist über separate Radwege, einige Passagen auf losem Untergrund.

Start / Ziel: Dünen-Therme, St. Peter-Ording, www.st-peter-ording.de/duenentherme

Los geht's an der Dünen-Therme, die wir mit dreimal links Abbiegen Richtung Ording zum Nordseeküsten-Radweg verlassen. An der Küste entlang geht es auf besten Wegen nach Westerhever. Der Leuchtturm liegt etwas außerhalb des Ortes.

Die gewohnt guten Radwege Norddeutschlands geleiten uns entlang des Wattenmeeres nach Westerhever. Nachdem wir uns die friedlichen Schafe auf den Salzwiesen angesehen haben, widmen wir uns dem wunderbaren Bild des Leuchtturmes. Danach geht es im Zick-Zack durch die flache Landschaft wieder zurück.

Das **Gesundheits- und Wellnesszentrum** in der Dünen-Therme ist wie geschaffen für einen Kurzurlaub der Seele: Das umfassende Wellness-Angebot reicht von medizinischen über Entspannungsmassagen bis zu Beauty- und Kosmetik-Anwendungen.

Unser Weg führt uns vorbei an weitläufigen **Salzwiesen**, auf denen gemütlich die Schafe grasen – ein tolles Motiv, das sofort zur Entschleunigung beiträgt. Und die possierlichen Tiere zaubern jedem vorbeiradelndem Menschen sofort ein Lächeln auf die Lippen.

Die Salzwiesen erhielten ihren Namen, weil sie regelmäßig oder auch unregelmäßig vom Meer überspült werden. Neben den Schafen bieten sie einen Lebensraum für unzählige Insekten- und Vogelarten. Auch Zugvögel machen gerne hier Rast.

Von der stürmischen Nordsee kommt aber nicht immer nur gutes Wetter – für die Schafe wurde hier in Westerhever ganz besonders gesorgt: Sie können sich in der sogenannten „Schafsburg" vor den Naturgewalten in Sicherheit bringen. Wir haben als Radler natürlich immer Glück mit dem Wetter (…) und können uns daher auf dem Lehrpfad über die Zusammenhänge der Natur informieren.

Tipp: Wer die Tour um rund 15 km **verkürzen** möchte, fährt einfach von Westerhever auf derselben Strecke wieder zurück zur Therme, auf der wir herkamen.

Ein schöneres Fotomotiv finden wir weit und breit nicht

Ewas außerhalb von Westerhever steht es, das einzigartige und unzählige Male fotografierte Ensemble: Der rot-weiße **Leuchtturm**, der zu beiden Seiten von zwei **Wärterhäuschen** eingerahmt wird. Der stählerne Leuchtturm selbst wurde 1907 erbaut. Damit er nicht absackt, wurden 127 Eichenpfähle und eine 11 m große Bodenplatte als solides Fundament vorgesehen. Der Leuchtturm wird seit 1979 von Tönning aus ferngesteuert, daher werden die Wärterhäuschen als Forschungsstelle der Uni Kiel genutzt.

Weiter geht´s von Westerhever, das wir nach Steinhütten verlassen. Via Mühlendeich, Klerenbüll und Osterdeich gelangen wir nach Garding. Ab hier folgen wir wieder den Schildern des Nordseeküsten-Radwegs, die uns den Weg durch Tating und Nord-Ording wieder zurück zur Dünen-Therme weisen.

Gut zu erkennen sind vom Fahrrad aus die vielen Warften in dieser Region. **Warften** sind künstlich aufgeschüttete Hügel, die hoch aus der Umgebung empor ragen Bei schlimmen Sturmfluten sollten sie Menschen und Tieren Schutz bieten.

Bollingwarft (hinter Klerenbüll) trägt dieses rettende Eiland schon im Namen. Ganz in der Nähe steht ein **Haubarg**, ein Bauernhaus, wie es für diese Gegend ganz typisch ist. Dazu gehört der 4 ha große **Hochdorfer Garten**, einer von nur drei Gärten in Nordfriesland, die unter Denkmalschutz stehen.

Und auch in Garding haben wir eine „herausragende" Sehenswürdigkeit, denn die **Kirche St. Christian** wurde 1109 an der höchsten Stelle des Ortes errichtet. Ebenfalls nicht zu übersehen ist die 1857 fertiggestellte **Korn- und Graupenmühle**. Etwas genauer hinsehen müssen wir, um das Geburtshaus von Theodor Mommsen zu finden, der als erster Deutscher den Literatur-Nobelpreis erhielt.

Kartentipp:
ADFC-Regionalkarte Schleswig-Holsteinische Nordseeküste mit Inseln, 1:75.000, ISBN 978-3-96990-019-2, € 9,95
Digital für Smartphones und Tablets:
www.fahrrad-buecher-karten.de/rk-digital

3 Marzipan-Kalorien für die „Bergtour"

Von Scharbeutz über Bad Schwartau

Wellness-Touren Info

ca. 45 km ohne Abstecher, Verkürzung möglich. Regionale Radweg-Beschilderung sowie teils Beschilderung als Ostseeküsten-Radweg. Hügelige, etwas anstrengende Tour, aber keine größeren Steigungen. Die Route führt meist über separate Radwege, einige Passagen auf losem Untergrund.

Start / Ziel: Ostsee-Therme, Scharbeutz, www.ostsee-therme.de

Aus gutem Grund gehört der Ostseeküsten-Radweg zu den beliebtesten Fernradwegen des Landes. Hier haben wir ein ganz besonderes Teilstück unter den Pneus: Wir rollen durch mondäne Seebäder wie Timmendorfer Strand, Niendorf oder Travemünde und erreichen mit Lübeck eine der schönsten Städte Norddeutschlands. Unterwegs genießen wir den schwindelerregenden Fernblick von der Steilküste über das Meer.

In der Ostsee-Therme finden wir auch den „**Garten Eden**". Er gehört zum Sauna-Paradies und ermöglicht uns einen direkten Zugang zum Strand der Ostsee – herrlich! Zwischendurch genießen wir Action in den bis zu 145 m langen Rutschen, lassen uns im Strömungskanal treiben oder genießen das Salzwasser in den Becken. Im Dampfbad gibt es darüber hinaus besondere **Wellness-Angebote** wie Kleopatra-, Kaffeesatz- oder Honig-Peeling. Gegen Aufpreis können wir uns ein ganz individuelles Wellnessprogramm zusammenstellen lassen.

Los geht's an der Ostsee-Therme, die wir auf dem Ostseeküsten-Radweg gen Süden verlassen. Die Schilder leiten uns präzise durch Timmendorfer Strand und Niendorf auf die Steilküste. Von hier sind wir rasch in Travemünde und dann an der Bahnlinie entlang in Bad Schwartau.

Der Kurort Timmendorfer Strand gehört ohne Frage zu den mondänsten Urlaubszielen der ganzen Ostsee. Das unübersehbare Maritim-Hotel direkt am Strand blickt weit über das

Bis zu 26 m fällt das Steilufer zum Meer ab

Meer und hinunter auf den quirligen Ortskern. Kleine Spazierwege führen durch das Grün der Parks und ergänzen die kilometerlange **Strandpromenade**, auf der Radfahren im Übrigen aus gutem Grund verboten ist! Vom **Sandstrand** ist es nur ein Katzensprung durch die **Dünen** zur kleinen, aber feinen **Fußgängerzone**. Die Gäste genießen beste Shopping-, Einkehr- und Übernachtungsmöglichkeiten, nachdem sie vielleicht tagsüber auf einem der Golfplätze ein paar Bälle geschlagen haben.

Japanische Impressionen am Timmendorfer Strand

Auch das **Sea-Life Timmendorfer Strand** ist einen Besuch wert. Seit 1996 ziehen hier teils seltene Fischarten ihre Bahnen in den weiten Becken auf dem 4.000 qm großen Areal.

Nahtlos geht Timmendorfer Strand über in den Ort Niendorf, das aus einem Bauern- und Fischerdorf heraus entstand, bis Johann Johannsen 1855 Badekarren aufstellte. Im schmucken **Hafen** dümpeln die Fischerboote und kleine Buden bieten Leckereien mit fangfrischem Fisch an. So können wir uns gut gestärkt ein paar Meter vom Meer entfernen und den 70.000 qm großen **Vogelpark** besuchen. Flamingos, Pelikane und Schwäne genießen die naturbelassene **Schilflandschaft**, in den Freiflugvolieren schweben Reiher und Löffler und in anderen Gehegen entdecken wir teils seltene Eulen – wir haben eines der größten Eulengehege der Welt entdeckt.

Hinter Niendorf geht es kurz, aber „knackig" und recht eng nach oben. Doch die Mühen werden mehrfach belohnt, denn wir radeln am **Brodtener Steilufer** entlang, das bis zu 26 m zum Meer abfällt und grandiose Aussichten bereithält. In etwa auf halber

3 Strecke der Passage liegt die **Hermannshöhe** mit dem Erlebniscafé. Hier gehört die Einkehr schon zum Pflichtprogramm – wenn wir denn einen freien Platz dort finden!

Einkehr bei bestem Ausblick

Der 1539 erbaute **Leuchtturm** von Travemünde ist das älteste Seezeichen der Ostseeküste. Gleich nebenan ragt das 125 m hohe **Maritim-Hotel** in den Himmel. Wer noch hungrig ist, findet am Hafen bestimmt etwas leckeres, denn hier gibt es reichlich Restaurants. Unseren Kulturhunger stillen wir im **Museumsschiff** „Passat" und beim Betrachten der pittoresken Häuser der **Altstadt**.

Tipp: Ein beschilderter Abstecher führt in die City von Lübeck. Hier können wir je nach Kondition auch den Bahnhof ansteuern und mit der **Bahn** bis zum Bahnhof Timmendorfer Strand zurückfahren.

Lübeck wurde im Jahre 1159 als Handelsplatz an der Trave gegründet. Schon bald sorgte die Hanse nicht nur für friedlichen Warenverkehr und Freihandel, sondern auch für viel Wohlstand in der Stadt. Und das spüren wir noch heute: Kaum eine andere Stadt Norddeutschlands konnte seinen Charme über die Jahrhunderte so gut erhalten wie Lübeck. Eine Fläche von rund 2 qkm umfasst der **Altstadthügel**, auf dem wir sagenhafte 1.000 denkmalgeschützte Gebäude finden. Kein Wunder, dass die UNESCO gleich die komplette Innenstadt unter Schutz stellte. Hier finden wir international bekannte Sehenswürdigkeiten wie

Die „Passat" dominiert den Hafen

den imposanten **Dom**, den **Salzspeicher**, das schmucke Rathaus, das Zeughaus, das **Buddenbrookhaus**, Petri- und Marienkirche oder das Völkerkundemuseum. Lübeck, die „Königin der Hanse", ist zugleich auch die „Königin des Marzipans – also steuern wir auch das Haus vom **Niederegger-Marzipan** an und decken uns ein mit der süßen Versuchung. Bevor wir weiterradeln, müssen wir uns aber natürlich noch die berühmteste Sehenswürdigkeit der Stadt ansehen: Sehr fotogen liegt das **Holstentor** auf einer weiten Wiese und wartet auf viele Touristen.

Weiter geht´s von Bad Schwartau entlang der Hauptdurchfahrtsstraße, die am Ortsende Riesebusch heißt und uns nach Ratekau führt. Hier zweigen wir rechts ab in die Bäderstraße, queren die Autobahn und gelangen nach Hemmelsdorf. Entlang der etwas hügeligen Lübecker Straße erreichen wir Timmendorfer Strand, wo wir uns zur Küste hin orientieren. Dem dort verlaufenden Ostseeküsten-Radweg müssen wir nur noch wenige Meter nach links folgen, um zurück zur Ostsee-Therme zu gelangen.

nach ihnen kamen die Kur- und Erholungsgäste, so dass sich ab 1900 ein florierender Luftkurort etablierte. Heute fördert eine der stärksten Jodsolequellen des Nordens heilende **Jodsole**, zudem sorgten die Moore schon früh für Linderung bei vielen Leiden. Beides führte dazu, dass Schwartau mit dem Beinamen „Bad" geadelt wurde. Natürlich gibt es daher auch einen Kurpark, der direkt an das Schutzgebiet „Schwarze Au" grenzt. In der Niederung des Flusses **Schwartau** hat sich eine seltene Flora entwickelt, was wir mit einem **Naturpfad** auf 2,5 km hautnah entdecken können.

Deutlich bekannter ist Schwartau für süße Brotaufstriche, Sirup und Desserts. Sie werden hier vor Ort in den **Schwartau-Werken** produziert. Am Rande der kleinen Fußgängerzone gibt es auch einen Werksverkauf – also immer Platz in den Satteltaschen bereit halten!

Auf 2 qkm erstreckt sich der Altstadthügel Lübecks

Im kleinen Ort Hemmelsdorf lohnt es sich, kurz nach rechts abzuzweigen. Dort liegt der 4,6 qkm große **Hemmelsdorfer See**, in einer wunderschönen Umgebung. Der See geht aus einer Förde hervor, die einst mit der Ostsee verbunden war. Der Uferwanderweg wurde mit **Holzstegen** angelegt, die aber den Fußgängern vorbehalten sind. Der Radweg führt in einer deutlich weiteren Runde um den See – meist auch über kleine Straßen und mit Steigungen. Zur Entschädigung liegt auf dem Weg **Karls Erlebnisdorf**.

Es ist deutlich spürbar: Obwohl wir ganz in der Nähe der Küste radeln, geht es bergauf. Eine „Bergwertung" haben wir am **Paringer Berg**, der aber dann doch nur 72 m misst. Zu Ehren von Otto zu Bismarck wurde hier 1902 die **Bismarcksäule** eingeweiht.

Die Bischöfe hatten sich Schwartau für eine „Sommerfrische" ausgesucht. Mit bzw.

Kartentipp:
ADFC-Regionalkarte Lübeck und Umgebung, 1:75.000, ISBN 978-3-96990-061-1, € 9,95
Digital für Smartphones und Tablets:
www.fahrrad-buecher-karten.de/rk-digital

4 Beste Luft an der Lübecker Bucht

Von Scharbeutz über Neustadt

Wellness-Touren Info

ca. 55 km ohne Abstecher, Verkürzung möglich. Regionale Radweg-Beschilderung sowie teils Beschilderung als Ostseeküsten- sowie als Mönchs-Radweg. Hügelige, etwas anstrengende Tour mit zwei spürbaren Steigungen. Die Route führt meist über separate Radwege, einige Passagen auf losem Untergrund.

Start / Ziel: Ostsee-Therme, Scharbeutz, www.ostsee-therme.de

Viel Abwechslung ist angesagt auf dieser Tour: Zunächst rollen wir durch die Seebäder Scharbeutz, Haffkrug und Sierksdorf, um nach der Stippvisite in Neustadt i.H. ins Hinterland abzuzweigen. Hier ist es hüglig, aber deutlich beschaulicher, wenn wir am Eutiner See vorbei zur gleichnamigen Stadt radeln.

Auf rund 14.000 qm präsentiert uns die „**Ostsee-Therme**" perfekte Wellness-Genüsse. Die Lage der Therme ist unschlagbar: Direkt am Ostseeküsten-Radweg zwischen den Touristen-Hotspots Timmendorfer Strand und Scharbeutz gelegen genießen wir aus den Panoramafenstern der Saunen einen einmaligen Blick auf die Ostsee.

Los geht's an der Ostsee-Therme, die wir auf dem Ostseeküsten-Radweg vorbei an Haffkrug nach Sierksdorf verlassen. Dann werden wir von der See weg geleitet, was uns eine Steigung beschert. In ruhiger Abfahrt rollen wir dann nach Neustadt.

Sierksdorf ist über die Lande hinaus bekannt für den riesigen **Hansa-Park**, der ganz bestimmt für die nötigen Adrenalin-Kicks sorgt.

Schwungvolle Ostsee-Therme

Tipp: In Neustadt können wir uns entscheiden: Der beschriebenen, etwas hügeligen Tour oder noch ein Stück dem Ostseeküsten-

Radweg folgen bis Grömitz? Bei der ersten Variante lernen wir die herrliche Altstadt von Eutin kennen, bei der zweiten eines der beliebtesten Urlaubsziele an der Ostsee. Oder doch lieber beide Varianten an zwei Tagen?

In Grömitz merken wir rasch, warum es sich seit der Gründung im Jahre 1813 zu einem der meistbesuchten **Seebäder** der deutschen Ostsee entwickelte: Die herrliche **Strandpromenade** lädt immer wieder zur Einkehr ein und der **Jachthafen** lässt uns darüber nachdenken, uns ein neues Hobby zuzulegen.

Radelparadies Scharbeutz

Am Hafen entlang erreichen wir Neustadt i.H. und haben direkt Lust, vor dieser Kulisse ein Fischbrötchen zu genießen. Direkt nebenan plätschert das Binnenwasser, neben dem sich der **Pagodenspeicher** erhebt. Nach wenigen Pedalumdrehungen erreichen wir die Innenstadt, die vom Marktplatz mit dem **Fischerdenkmal** markiert wird. Zur Altstadt zählen das **Rathaus**, das **Kremper Tor**, das 1846 erbaute **Brückengeldeinnehmerhaus** und die 1244 gegründete **Backstein-Stadtkirche**. Dass es auch eine einladende Fußgängerzone gibt, trug dazu bei, dass Neustadt zu einem gern besuchten **Erholungsort** wurde.

Weiter geht´s von Neustadt, das wir so verlassen, wie wir herkamen. Von der Eutiner Straße schräg rechts in den Neustädter Weg, der sogleich deutlich ansteigt. Vorbei an Gömnitz, Griebel und dem Eutiner See gelangen wir auf dem Mönchsweg nach Eutin. Die City verlassen wir am kleinen Eutiner See vorbei und mit einer weiteren Steigung nach Braak. Links Gothendorf, Fassensdorf und Süsel liegen auf unserm Weg zurück nach Haffkrug, wo uns der Ostseeküsten-Radweg schnell wieder zur Therme geleitet.

Nachdem wir die nicht allzu schweren Steigungen gemeistert haben, werden wir vom Antlitz des funkelnden **Großen Eutiner Sees** belohnt. Unsere Tour führt an seinem Ufer entlang ins Herz von Eutin. Hier liegt das vierflügelige und von einem Wassergraben umgebene **Schloss Eutin**. Vom Schloss aus erkunden wir zunächst Kavalierhaus, Marstall, Reithalle, Wagenremise und den riesigen englischen Landschaftspark, bevor wir in die Altstadt von Eutin rollen. Das **Rathaus** von 1791 sowie Witwenpalais, Hofapotheke, **Voß´sches Haus** oder die dreischiffige, um 1230 erbaute **Michaeliskirche** sorgen dafür, dass die Zeit wie im Flug vergeht.

Kartentipp:
ADFC-Regionalkarte Lübeck und Umgebung, 1:75.000, ISBN 978-3-96990-061-1, € 9,95
Digital für Smartphones und Tablets:
www.fahrrad-buecher-karten.de/rk-digital

5 Raketentechnik mit dunkler Vergangenheit

Von Zinnowitz über Peenemünde

Wellness-Touren Info

ca. 44 km ohne Abstecher, Verkürzung möglich. Regionale Radweg-Beschilderung sowie teils Beschilderung als Usedom- bzw. als Ostseeküsten-Radweg. Keine größeren Steigungen. Die Route führt meist über separate Radwege, einige Passagen auf losem Untergrund.

Start / Ziel: Bernsteintherme, Seebad Zinnowitz, www.baltichotel.de/de/bersteintherme

Bei dieser Tour ist das Wasser stets in unserer Nähe: Im ersten Teil blicken wir auf die Wogen der Ostsee, im zweiten Teil auf den mächtigen Peenestrom. Gute Radwege haben wir hier überall zur Verfügung.

Besser kann eine Therme wohl kaum liegen: direkt am langen Sandstrand der Ostsee und dennoch mitten im Touristenort Zinnowitz. In der „**Bernsteintherme**" haben wir die freie Auswahl: Besuchen wir erst das Thermalbad mit seinen Außenbecken, ziehen wir unsere Bahnen im Salzwasser-Sportbecken oder mögen wir uns lieber erst aufwärmen in der Saunalandschaft?

Los geht's an der Bernsteintherme, die wir auf dem Ostseeküsten-Radweg Richtung Karlshagen verlassen. Auf bester Trasse passieren wir die Ostseebäder Trassenheide und Karlshagen, folgen später der Linkskurve vom Meer weg und gelangen nach Peenemünde.

Kaum zu glauben, aber dort, wo sich heute die Gäste in den **Ostseebädern Trassenheide** und **Karlshagen** erholen, gab es einst riesige militärische Sperrgebiete mit Betretungsverboten. Vielleicht kommt uns die Gegend gerade deswegen besonders schön vor? Im **Naturschutzzentrum** von Karlshagen erfahren wir mehr dazu.

Mit diesen Gedanken ist es leichter, sich dem **historisch-technischen Informationszentrum für Raumfahrt und Raketentechnik** in Peenemünde zu widmen, das seit 1991 in der Bunkerwarte des ehemaligen Kraftwerks untergebracht ist. Im Dritten Reich wurden hier in der „Heeresversuchsanstalt" Raketen getestet, darunter auch die berühmt-berüchtigte „V2". Auf dem Gelände gibt es auch eine Gedenkstätte für die Opfer des Dritten Reiches – sie hat Platz in der **Kapelle Peenemünde** gefunden. Die Kapelle verfiel einst, weil sie im Sperrgebiet lag. In den 1990er Jahren wurde sie wieder originalgetreu aufgebaut.

Eindrucksvolle Technik an der Wolgaster Peenebrücke

Weiter geht´s von Peenemünde, das wir auf der Landzunge zwischen Peenestrom und Cämmerer See verlassen. Am Wegesrand liegen die Vororte von Karlshagen, Zecherin und Mahlzow, bevor wir Wolgast erreichen. Nach der Stadtbesichtigung kehren wir auf die Insel zurück und biegen direkt hinter der Brücke rechts ab auf die Sauziner Straße. Via Sauzin, Neeberg, Krummin und Neuendorf kehren wir auf dem Usedom-Radweg an die Ostsee zurück, die wir bei Zinnowitz erreichen, um hier die Bernsteintherme anzusteuern.

Wir rollen am **Peenestrom** entlang, der hier die Insel Usedom vom Festland trennt.

Tipp: Wenn die Waden müde oder die Akkus der E-Bikes leer sind, können wir in Peenemünde oder in Wolgast in die **Bahn** steigen und uns zurück nach Zinnowitz fahren lassen.

Kartentipp:
ADFC-Regionalkarte Usedom/Stettiner Haff, 1:75.000, ISBN 978-3-96990-073-4, € 9,95
Digital für Smartphones und Tablets: www.fahrrad-buecher-karten.de/rk-digital

Wolgast empfängt uns mit der beeindruckenden **Peenebrücke**, die noch imposanter wirkt, wenn sie in Aktion ist. Gleich am anderen Ufer locken der **Museumshafen**, der Wolgaster **Fachwerkspeicher**, eine bunte Häuserzeile und die alte Eisenbahndampffähre. Von hier ist es nicht weit in die Innenstadt, die uns mit vielen historischen Gebäuden empfängt. Zu denen zählen auch das strahlend weiße **Rathaus** und die wuchtige St. Petri-Kirche aus dem 14. Jh.

Wolgast war übrigens schon immer so etwas wie das „**Tor zur Insel Usedom**“: Schon die Slawen bauten um 630 eine erste Burg, um die herum eine größere Siedlung entstand. Das in einem Fachwerkbau untergebrachte **Stadtgeschichtliche Museum** erzählt uns mehr aus der Vergangenheit. Wenn wir von Krummin über Bannemin weiterradeln, kommen wir an der **größten Schmetterlingsfarm Europas** vorbei.

6 Ein traumhaftes Seebad neben dem anderen

Von Zinnowitz über Ahlbeck

Wellness-Touren Info

ca. 68 km ohne Abstecher, Verkürzung möglich. Regionale Radweg-Beschilderung sowie teils Beschilderung als Usedom- bzw. als Ostseeküsten-Radweg. Hügeliger Verlauf mit einigen kleinen Anstiegen, aber keine größeren Steigungen. Die Route führt meist über separate Radwege, einige Passagen auf losem Untergrund.

Start / Ziel: Bernsteintherme, Seebad Zinnowitz, www.baltichotel.de/de/bersteintherme

Weitere Wellness-Einrichtungen entlang der Strecke: Ostseetherme „Usedom" in Heringsdorf

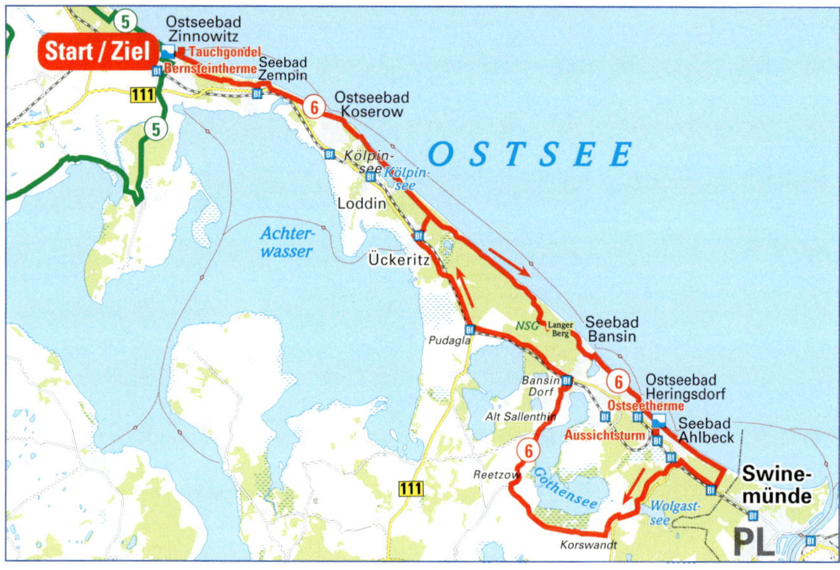

Wir machen uns auf zu einer Tour, die lange ihresgleichen suchen muss, denn auf der ersten Hälfte wissen wir gar nicht, wo wir überall anhalten und fotografieren sollen: Der Grund ist die fantastische Bäderarchitektur, die sich hier in klangvollen Ortsnamen wie Zempin, Koserow, Loddin, Bansin, Heringsdorf und Ahlbeck widerspiegelt. Für den Rückweg nehmen wir die hügelige Variante durchs Hinterland, den perfekten Ostseeküsten-Radweg oder ganz einfach die Bahn.

Wellness in einer ganz außergewöhnlichen Dimension bietet uns das „**Baltic-SPA, Badeparadies und Cardio**", das zur Bernsteintherme gehört. Genauer gesagt gehört die Therme zum Hotel. Und die Hotelgäste können ganz entspannt mit dem Bademantel vom Zimmer zu den Wellness-Angeboten gelangen. Zu denen gehören u.a. Ayurveda, Massage, Anti-Aging oder Kosmetik-Angebote. Wer sich vor der totalen Entspannung noch auspowern möchte, greift auf das Angebot des Cardio- und Fitness-Centers zurück.

Abtauchen in Zinnowitz

Los geht's an der Bernsteintherme, die wir auf dem Ostseeküsten-Radweg durch Zinnowitz verlassen. Die Schilder weisen uns zuverlässig den Weg mit einigen kleinen Anstiegen durch Zempin, Koserow, Loddin und Bansin nach Heringsdorf.

Gleich zu Beginn unserer Tour gibt es in Zinnowitz die ersten Gründe, von den Rädern zu steigen: Von der langen **Strandpromenade** aus erreichen wir die 315 m lange Seebrücke mit ihren beiden Plattformen. Hier wartet eine **Tauchgondel** darauf, uns 3,5 m unter die Wasseroberfläche zu bringen, um hier mehr über die Unterwasserwelt zu erfahren. Oberhalb der Wasserlinie entdecken wir in Zinnowitz die ersten guten Beispiele der „Bäderarchitektur" – mal mit Fachwerk, mal strahlend weiß, mal knallbunt wurden die Villen erbaut.

Zempin liegt nur zum kleinen Teil an der Ostsee und mit dem Ortskern am **Achterwasser**. Dass es das kleinste Seebad ist, merken wir nicht, denn gleich 50 reetgedeckte Katen empfangen uns hier. Das Museum „**Uns olle Schaul**" erzählt uns etwas von der Fischerei-Geschichte des Ortes.

Das nächste Seebad auf unserer Tour ist Koserow. Hier können wir Ausblicke genießen: vom Kreidefelsen und vom 56 m hohen **Steckelsberg**. Deutlich müheloser erreichen wir die 261 m langen **Seebrücke**.

Bäderarchitektur vom Feinsten

Auch das Ostseebad Loddin-**Kölpinsee** liegt sowohl an der See als auch am Achterwasser. An unserem Wegesrand liegt der Kölpinsee, der bekannt ist für seine Fischbestände.

Nun wird es etwas hügeliger auf unserer Tour an der Küste entlang. Wir rollen durch ein langgestrecktes **Naturschutzgebiet** und über den 54 m hohen Langen Berg. Den merken wir zwar in den Waden, aber er ist dann doch kein allzu großes Hindernis.

Sind wir noch in Deutschland oder schon in Polen? Der Strand scheint jedenfalls end- und grenzenlos

Nun wird es „adeliger", denn wir erreichen die „**Drei Kaiserbäder**": Bansin, Heringsdorf und Ahlbeck wurden 2005 tatsächlich zu einer Gemeinde zusammengeschlossen, die sich „Drei Kaiserbäder" nennt. Das war nur konsequent, denn welcher Ort wo anfängt und aufhört, ist kaum noch erkennbar. Die wunderbare breite **Strandpromenade** verbindet die Orte stilvoll miteinander und führt über eine Gesamtlänge von 12 km bis ins polnische Swinemünde – keine Strandpromenade Europas ist länger! Direkt zu ihren Füßen begeistert der bis zu 70 m breite feine Sandstrand die Gäste. Wer Lust auf eine „längere Strandwanderung" hat, beginnt hier und braucht erst nach 42 km in Peenemünde den Sand von den Füßen zu waschen.

Und noch eines ist durchgängig in den Drei Kaiserbädern: Prachtvolle Villen, Hotels und Pensionen schmiegen sich an die Straßen und Wege und liefern sich einen Wettstreit darüber, wer die schönste **Bäderarchitektur** präsentiert. Diese Bilder lassen kaum noch erahnen, dass es einst Fischerkolonien waren, aus denen Heringsdorf und Ahlbeck hervorgingen. Als die Reichen und Schönen erkannten, dass die Landschaft hier genauso reich und schön ist, kamen sie immer wieder hierher und sorgten für „angemessene" Unterkünfte.

Wem schon der Sinn nach Wellness steht, besucht die großartige **Ostseetherme** am Rand von Heringsdorf. Gleich nebenan erstreckt sich ein schöner Park, in dem auch ein **Aussichtsturm** steht. Je nach Mut erreichen wir per Treppe oder Aufzug eine der drei Ebenen und werden von einer phantastischen Aussicht über die Ostsee und die Seebäder belohnt.

Ein Pflichtbesuch gilt der **Seebrücke** von Heringsdorf, denn sie ist mit 508 m die längste ihrer Art von ganz Europa!

Weiter geht´s von Heringsdorf am Meer entlang nach Ahlbeck, das wir noch ein Stück weiter auf dem Ostseeküsten-Radweg verlassen. Kurz vor der Grenze zweimal links, dann weisen uns die Schilder des Usedom-Radwegs die Richtung. Mit hügeligem Verlauf radeln wir durch Korswandt, Reetzow, Sallenthin, Bansin-Dorf, Pudagla und Ückeritz zurück zur

Küste. Ab hier folgen wir dem Ostseeküsten-Radweg zurück zu unserer Bernsteintherme.

Ahlbeck blickt auf eine lange Geschichte zurück, die 1693 mit der Nennung als „Ahlebeck“ begann. Der Begriff nahm Bezug auf den Aalbach (Aal Beeke), der einst zwischen der Ostsee, dem nicht mehr vorhandenen Parchensee und dem Gothensee verlief. Aus der herrlichen Bäderarchitektur sticht das **ehemalige Warmbad Ahlbeck** hervor, das später als Rathaus und Heimatstube genutzt wurde.

Im Jahre 1882 wurde die 280 m lange **Seebrücke Ahlbeck** errichtet, die durch mehrere Serien und Filme bekannt wurde. Am bekanntesten ist vermutlich die Schluss-Szene vom Loriot-Film „Papa ante Portas“. Niemand anders als Loriot selbst finanzierte dafür die Restaurierung der Seebrücke, die seitdem strahlend weiß hier steht.

Tipp: Deutlich mehr Zeit für die herrlichen Seebäder können wir uns nehmen, wenn wir von Ahlbeck zurück nach Heringsdorf radeln und dort in die **Bahn** einsteigen. In einer knappen Stunde sind wir auf diese Weise zurück in Zinnowitz.

Unsere Radtour führt uns direkt an der polnischen Grenze entlang. Was liegt da näher, als einen kleinen Abstecher nach **Swinemünde** zu unternehmen? Hier lernen wir gleich noch ein herrliches Seebad kennen – und auch hier entdecken wir ein tolles Kurviertel und schicke, topp restaurierte Villen. Auf dem Weg dorthin passieren wir den toppmodernen Grenzübergang und einen meist sehr frequentierten Markt.

Nachdem wir die Küstenlinie verlassen haben, wird es wieder etwas hügeliger, aber auch deutlich ruhiger. So macht das Radeln abseits des Ostseeküsten-Radwegs auch sehr viel Spaß. Dazu tragen auch die kleinen Ortschaften wie Korswandt bei, das wunderbar am **Wolgastsee** gelegen ist und einige historische Bauwerke wie die Alte Schule zu bieten hat. Sallenthin liegt in der sogenannten **Usedomer Schweiz**. Hohe Gipfel haben wir hier natürlich nicht zu erwarten, aber eine sanft modellierte Landschaft und zahlreiche idyllische Seen fordern immer wieder zu kurzen Stopps auf.

Im Seebad Ückeritz endet unsere Exkursion zum Achterwasser, ab hier radeln wir wieder entlang der Küste. Zuvor jedoch sehen wir uns die schönen **reetgedeckte Katen** an, die darauf hinweisen, dass Ückeritz aus einer Fischer- und Bauernsiedlung hervorging.

Kartentipp:
ADFC-Regionalkarte Usedom/Stettiner Haff, 1:75.000, ISBN 978-3-96990-073-4, € 9,95
Digital für Smartphones und Tablets:
www.fahrrad-buecher-karten.de/rk-digital

7 Spuren der Eiszeit

Von Röbel über Vipperow

Wellness-Touren Info

ca. 57 km ohne Abstecher. Regionale Radweg-Beschilderung sowie teils Beschilderung als Müritz- bzw. als Eiszeit-Radweg. Keine größeren Steigungen. Die Route führt meist über separate Radwege, einige Passagen auf losem Untergrund.

Start / Ziel: MüritzTherme, Röbel, www.mueritztherme.com

Los geht's an der Müritz-Therme, die wir durch Röbel hindurch zum Ufer der Müritz verlassen. Dem Müritz-Radweg folgen wir gegen den Uhrzeigersinn durch Ludorf und Zielow nach Vipperow.

Auf dieser Tour verlassen wir ganz bewusst einmal das „Einzugsgebiet" der Müritz. Kaum haben wir den Müritz-Radweg verlassen, tauchen wir ein in eine endlose Seen-Landschaft, die von kleinen, reizvollen Orten unterbrochen wird.

Paradiesisches Hawaii? Da klingt doch der Name schon nach einem perfekten Wellness-Tag! Und das ist nur eines von vielen Angeboten der „**MüritzTherme**". Verschiedene Massagen, Peelings und weitere Wohlfühlpakete können hier geschnürt werden. Für das komplette Programm sorgen Wellness-Drinks und gesundere Speisen.

Vipperow liegt genau an der Stelle an der das Flüsschen Elde in die Müritz strömt – und damit zugleich am **südlichsten Punkt der Müritz**. Die hübsche kleine Dorfkirche aus dem 14. Jh. versteckt sich etwas hinter den Bäumen. Dabei kann sie sich mit dem interessanten **Fachwerkturm** sehen lassen.

Gar nicht weit von unserer Route entfernt liegt Rechlin. Der Ort kann auf eine bewegte Geschichte zurückblicken: Nachdem die 1916 gegründete „**Flieger-Versuchs- und Lehranstalt**" nach dem ersten Weltkrieg abgerissen wurde, installierte die Wehrmacht ab Mitte der 1930er Jahre eine **Erprobungsstelle** für die Luftwaffe. Natürlich war das ein wichtiges Ziel der Alliierten. Da nach dem Zweiten Weltkrieg vieles in Schutt und Asche lag und einige Gebäude von den russischen Besatzern genutzt wurden, zogen viele Menschen weg aus Rechlin. Inzwischen gibt es ein Programm, das voll auf den **Tourismus** setzt. Jachthafen, Campingplatz, Ferienanlagen, Ferienwohnungen, Hotels, **Restau-**

Eine Runde paddeln auf der Müritz

Schloss Mirow steht auf einer eigenen Insel

Tipp: Ein kleiner, aber sehr lohnenswerter Abstecher führt nach Mirow. In dem anerkannten Erholungsort erhebt sich das prachtvolle **Schloss Mirow** malerisch auf einer eigenen Schlossinsel. Gar nicht weit entfernt finden wir das **Untere Schloss** und einige historische Häuser, einige von ihnen mit Fachwerk.

rants und vieles mehr ziehen die Gäste nach Rechlin am Ufer der Müritz.

Weiter geht´s von Vipperow, das wir noch ein Stückchen dem Müritz-Radweg folgend verlassen. In Vietzen zweigen wir rechts ab und radeln via Lärz, Krümmel, Sewekow, Kieve, Melz, Karbow, und Bollewick wieder zurück zur MüritzTherme.

Wir folgen ein gutes Stück dem **Eiszeit-Radweg** und erkennen sehr schnell, warum die Region, die uns das schöne Radeln beschert, „Seenland" genannt wird. Es sind gefühlt unzählige große und kleine Seen, die an unserem Wegesrand liegen. Zu verdanken haben wir dieses Phänomen der letzten Eiszeit. Seinerzeit verwandelte sich ein einziger riesiger See durch das Absinken des Wasserspiegels in diese unzähligen Seen.

Auch in Lärz können wir uns eine schöne kleine **Dorfkirche** ansehen, deren Haupthaus mit Fachwerk versehen wurde. Etwas außerhalb liegt der Flugplatz Müritz Airpark mit einem **Luftfahrtmuseum**. Ein Ortsteil von Lärz trägt übrigens den Namen Troja – ein großes, hölzernes Pferd gibt es hier aber nicht. Heinrich Schliemann, Entdecker von Troja, wurde nur 30 km von hier in Ankershagen geboren, doch der Ortsname ist 29 Jahre älter.

Auch in Bollewick hat man die Reise in die Zukunft angetreten, denn die Gemeinde trägt den Titel „**Bioenergiedorf**". Schon 2010 wurde hier die erste Biogasanlage auf einem Milchhof in Betrieb genommen. Plan ist, dass alle Haushalte komplett autark und von der gewonnenen Bioenergie versorgt werden.

Kartentipp:
ADFC-Regionalkarte Mecklenburgische Seenplatte, 1:75.000, ISBN 978-3-87073-953-9, € 9,95
Digital für Smartphones und Tablets:
www.fahrrad-buecher-karten.de/rk-digital

8 Tour de Müritz

Von Röbel über Waren

Wellness-Touren Info

ca. 65 km ohne Abstecher, Verkürzung möglich. Regionale Radweg-Beschilderung sowie teils Beschilderung als Müritz-Radweg. Keine größeren Steigungen. Die Route führt meist über separate Radwege, einige Passagen auf losem Untergrund.

Start / Ziel: MüritzTherme, Röbel, www.mueritztherme.com

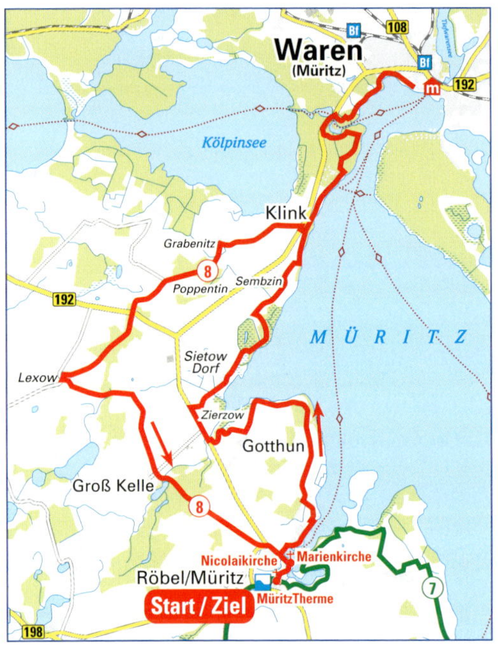

Eine der beliebtesten, weil schönsten Routen in der Mecklenburgischen Seenplatte steht heute auf dem Programm: Auf besten und oft aussichtsreichen Wegen rollen wir von Röbel an der Müritz entlang zum touristischen Ziel Nummer 1: Waren an der Müritz hält aber auch alles bereit, was uns als Gäste begeistert – ein wunderbarer Stadthafen, an dem sich beste Einkehrmöglichkeiten mit Seeblick bieten und dahinter eine abwechslungsreiche Altstadt. Zurück geht´s auf etwas weniger bekannten Wegen oder ganz einfach mit dem Schiff.

Im **Spaß- und Sportbad** der MüritzTherme fühlen sich Jung und Alt gleichermaßen wohl: Während sich die Kids im eigenen Kinderbereich an der Rutsche vergnügen oder direkt einmal einen Schwimmkurs belegen, entspannen sich die Erwachsenen im Strömungskanal. Mehrere **Saunen** und verschiedene Präventionskurse runden das Angebot ab.

Los geht's an der MüritzTherme, die wir durch die Ortsmitte Röbels zum Hafen hin verlassen. Am Kreisel rechts und dann bringt uns eine tolle Rad-Trasse hinaus aus der Stadt in wunderbare Natur. Vorbei an zwei Campingplätzen erreichen wir Gotthun. Von hier rollen wir durch Zierzow. Sietow Dorf, Sembzin und Klink. Durch ein weiteres Camp mit dem Namen „Kamerun“ und über einen Holzsteg, auf dem wir absteigen müssen, erreichen wir auf dem Müritz-Radweg Waren an der Müritz.

Röbel blickt auf eine lange Geschichte zurück – erstmals erwähnt wurde der Ort im Jahr 1227 als „Robole“. Das merken wir auch an den vielen historischen Gebäuden, unter ihnen die **Marien-** und die **Nikolai-Kirche**, die **ehemalige Synagoge** und mehrere Fachwerkhäuser. Die Heimatstube erzählt uns mehr zur Vergangenheit Röbels, doch noch mehr genießen wir die Gegenwart: Als Besucher werden alle unsere Wünsche erfüllt, wenn wir nach Röbel kommen: Es gibt reichlich Unterkünfte, Cafés und Restaurants und die **Hafenpromenade** lässt sofort Urlaubsfeeling aufkommen.

Aus dem Hafen von Röbel geht´s hinaus auf die weite Müritz

Der erste Teil unserer Tour weckt sofort Begeisterung: Auch wenn der Belag ab und an wechselt: Es lässt sich bestens Radeln, während links von uns weite **Felder** vorbeiziehen und rechts das **Steilufer** liegt. Und dieses Ufer fällt ab zu „dem" See: Die **Müritz** ist mit ihrer sagenhaften Fläche von 117 qkm der größte Binnensee Deutschlands (der Bodensee gehört ja nur teilweise zu Deutschland). Der Name passt perfekt, denn er leitet sich aus dem Slawischen ab und bedeutet so viel wie „Kleines Meer" – „morcze". Die Müritz ist eingebettet in die **Mecklenburgische Seenplatte** – und eine Vielzahl der Seen ist mit kleinen Kanälen und Flüssen miteinander verbunden. Ein besseres Revier für Hobby-Kapitäne findet man im deutschen Binnenland ganz bestimmt nicht!

Waren ist einfach wunderschön: Im **Stadthafen** schaukeln unzählige große und kleine Jachten, während sich direkt an der Steinmole die ehemaligen **Speicher** postieren. Wo einst Korn und Holz verladen wurden, werden wir als Touristen mit allem versorgt, was wir brauchen. Direkt dahinter geht es hinauf zur Altstadt, die es hier schon sehr lange gibt. Die ersten Slawen kamen um 1200 hierher und gründeten einige Jahrzehnte später eine Stadt, die sich inzwischen zur flächenmäßig zweitgrößten Stadt Mecklenburg-Vorpommerns entwickelt hat. Unsere Urahnen legten die Stadt sinnvoll auf der Anhöhe zwischen der Müritz und dem **Tiefwarensee** an. Leider wurde dabei zunächst nicht auf den Brandschutz geachtet, so dass im 16. und 17. Jh. mehrere Großbrände für viel Zerstörung sorgten.

Die kleine, aber feine Fußgängerzone eröffnet uns nicht nur Shopping-Erlebnisse, sondern auch den Blick auf tolle **Giebel- und Traufhäuser**, die wir vor allem rund um den Alten Markt finden. Hier erhebt sich seit dem 14. Jh. auch das **Alte Rathaus**. Der Besuch überrascht, denn uns empfangen feinste englische Tudorgotik und das „**Stadtgeschichtliche Museum**", in dem wir mehr über Waren an der Müritz erfahren.

Unübersehbar ist die **St. Marien-Kirche**, deren ältesten Teile aus dem 13. Jh. stammen. Sie liegt schon hoch über den Dächern der Stadt, doch wenn wir die 176 Stufen auf den 54 m hohen **Turm** steigen, erleben wir einen atemberaubenden Ausblick über die Stadt, die Müritz und die weitere umliegende Natur.

Flanieren am Hafen? In Waren gehört das zum Pflichtprogramm!

Ansehen müssen wir uns auch das Neue Rathaus sowie die **Georgenkirche**, die **Ehemalige Posthalterei** und den **Wasserturm** auf dem Nesselberg.

Schon auf unserem Weg vom Bahnhof zum See kommen wir an einem der Highlights vorbei: In einem futuristischen Gebäude ist das **Müritzeum** untergebracht. 1866 wurde das „Naturhistorische Museum für Mecklenburg" bereits gegründet – inzwischen ist es mit rund 275.000 Exponaten eines der größten Museen des Landes für Geologie, Flora und Fauna.

Auf eine wissenschaftlich-fundierte, aber auch unterhaltsame Art und Weise werden wir über die Unterwasserwelt aufgeklärt – mehrere große Becken sorgen mit den verspielten Fischen dort für Abwechslung.

Pause machen wir natürlich an der **Strandpromenade** oder am Hafen, denn von hier können wir das Treiben auf und am Wasser am besten beobachten. Wem dann einmal der Sinn nach etwas mehr Ruhe und Abgeschiedenheit liegt, dem sei ein Abstecher zum **Tiefwarensee** empfohlen. Von hier können wir auch einen netten Blick auf die Stadt erhaschen und fragen uns, warum es uns so wenige gleich tun.

Weiter geht´s von Waren an der Müritz, das wir genauso verlassen, wie wir herkamen. In Klink zweigen wir rechts ab vom Radweg, queren die B192 geradeaus und radeln via Grabenitz, Poppentin, Lexow, links Groß Kelle zurück nach Röbel. Hier steuern wir von der Ortsmitte aus die MüritzTherme an, wo unsere Tour endet.

Tipp: Dem Charme von Waren an der Müritz erliegen auch wir sehr schnell: Beim Flanieren durch die Straßen und beim Betrachten des Treibens im Hafen vergeht die Zeit wie im Fluge. In dem Falle nutzen wir einfach das **Ausflugsschiff**, um ganz bequem wieder nach Röbel zurück zu kehren. Vom Hafen aus sind es dann nur noch wenige Minuten bis zur MüritzTherme.

Stilvolles Übernachten in Schloss Klink

Auf unserem Weg aus Waren hinaus genießen wir zunächst wieder die Etappe durch **Streuobstwiesen**, Mischwald und Campingplatz. Auch hier wieder bitte auf dem Holzstegen absteigen! Beim Überqueren des **Elde-Kanals** müssen wir unbedingt anhalten, denn hier herrscht immer ein sehr reges Treiben auf dem Wasser: Die Freizeit-Skipper manövrieren hier (meistens) ihre teuren Boote sehr souverän durch die engen Passagen.

Rund um den Ort Klink liegen nur 2 km zwischen dem **Kölpinsee** und der Müritz. Diese ideale Lage sorgte dafür, dass zu DDR-Zeiten eine der landesweit größten Ferienanlagen hier errichtet wurde – das Aushängeschild war das 1974 fertiggestellte **FDGB-Erholungsheim** mit dem Namen „Völkerfreundschaft". Inzwischen hat das seinerzeit eher „unscheinbare" Gebäude ein deutlich freundlicheres Gesicht erhalten und gehört zu einer modernen Urlaubs-Destination – gleich daneben liegt eine Reha-Einrichtung. Deutlich tiefer müssen die Gäste des „**Schlosshotel Klink**" in die Tasche greifen, wenn sie hier übernachten. Dafür gibt es aber ein traumhaftes Ambiente im Stile der Neorenaissance und einen sagenhaften See-Blick.

Klein, aber fein – die Dorfkirche Lexow

Auf unserem Weg zurück nach Röbel kommen wir durch mehrere, charmante Dörfer wie z.B. durch Lexow mit seiner idyllischen **Dorfkirche** oder Groß Kelle, das uns mit seinem **Gutshaus** überrascht.

Kartentipp:

ADFC-Regionalkarte Mecklenburgische Seenplatte,
1:75.000, ISBN 978-3-87073-953-9, € 9,95
Digital für Smartphones und Tablets:
www.fahrrad-buecher-karten.de/rk-digital

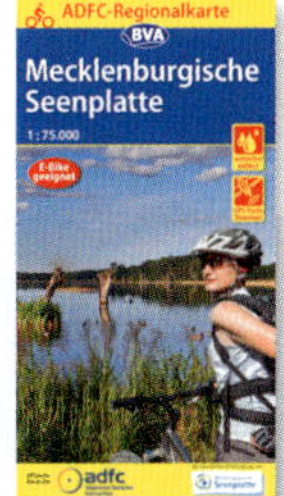

9 Alster, Planten und Blomen

Von Hamburg-Eimsbüttel über HH-Innenstadt

Wellness-Touren Info

ca. 13 km ohne Abstecher, regionale Radweg-Beschilderung sowie teils Beschilderung als Rhein-Radweg. Keine größeren Steigungen. Die Route führt meist über separate Radwege, einige Passagen auf losem Untergrund.

Start / Ziel: Bäderland Kaifu-Sole, Hamburg, www.baederland.de

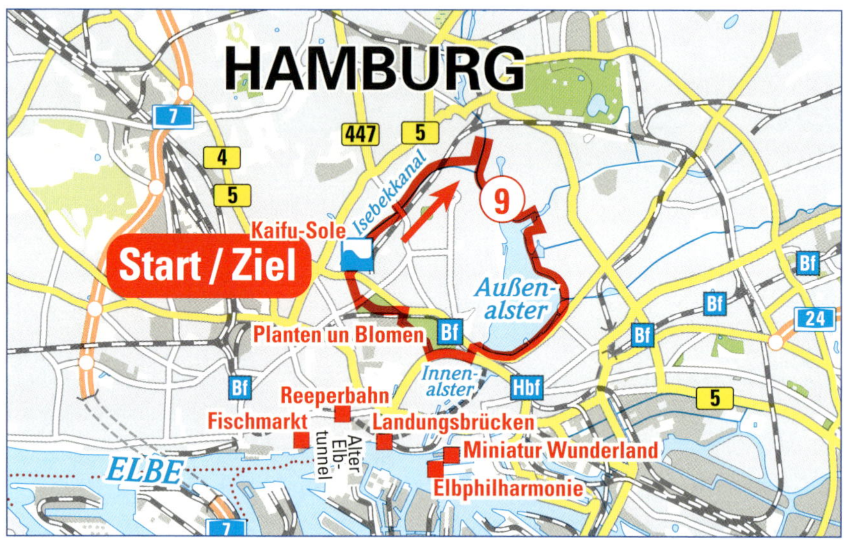

Etwas „stadtfest" sollten wir schon sein, wenn wir uns auf eine Radrunde durch Hamburg machen, denn komplett autofrei geht es in einer Millionenstadt nicht. Trotz Innenstadt legen wir aber weite Strecken auf idyllischen Wegen an Flüssen, Kanälen und an der Außenalster zurück. Mehrere Parks, unter ihnen der berühmte Planten un Blomen, liegen ebenfalls auf unserer Tour.

Von Außen wirkt unser „**Bäderland Kaifu-Sole**" fast schon etwas unscheinbar. Das ändert sich innen aber sehr schnell, denn die wunderschönen Rundbögen sorgen für ein einzigartiges Ambiente in dem mehr als 120 Jahre alten Schwimmbad – keines ist älter (und vielleicht auch schöner) in Hamburg! Völlig schwerelos „floaten" wir im Sole-

Baden mit Dinos

wasser mit 6% Salzgehalt und 32°C Wassertemperatur. Die Sole kommt dabei aus einer Tiefe von 400 m, wo sie mehr als 250 Millionen Jahre frei von Verschmutzungen lagerte. Durchatmen ist angesagt im Bereich des Gradierwerks und in der Himalaya-Salzstein-

Die Hamburger Speicherstadt ist immer einen Abstecher wert

Sauna. Bei nur knapp über 60°C kommen wir hier schonend ins Schwitzen und können die Klangaufgüsse und die Aufgüsse mit ätherischen Ölen besonders gut genießen. Nachdem wir uns auf der Dachterrasse oder im Ruhebereich regeneriert und uns einer der vielen Massagen hingegeben haben, können wir eines der besonderen Events besuchen: Von Beats bis Naturklängen reicht das Spektrum. Eines ist gewiss – aus diesem Bad kommen wir ganz bestimmt völlig tiefenentspannt!

Mit allen Sinnen schwimmen

Los geht's am Bäderland Kaifu-Sole, das wir über die Straße „Hohe Weide" am Klinikum vorbei verlassen, um an der nächsten Ecke links und dann wieder rechts ins Kaiser-Friedrich-Ufer abzubiegen. An der Ampel links über die Mansteinbrücke, dahinter direkt rechts in die Bismarckstraße. Geradeaus über den Lehmweg, nach dem Linksknick rechts in die Hegestraße und schräg rechts unter der Bahn hindurch. Am Kreisel geradeaus auf Isekai und an dessen Ende links in die Heilwigstraße, rechts in die Goernestraße und hinter der Brücke direkt rechts auf den Leinpfad. An dessen Ende links „Fernsicht", hinter der Brücke rechts und nun immer am Ufer der Außenalster entlang.

Direkt am Wegesrand liegt der **Isebekpark** am rund 3 km langen **Isebekkanal**. Die Isebek war einst ein Zufluss der Alster und hat sich zu einem begehrten Wohngebiet entwickelt. Schicke Häuser mit Blick auf das begrünte Ufer und den bis zu 20 m breiten Kanal – so lässt es sich leben!

Auf dem Leinpfad radeln wir an der **Alster** entlang. Nördlich von Hamburg, bei Hennes-

Der Blickfang der Binnenalster sprudelt 60 m in die Höhe

tedt-Ulzburg, beginnt ihre 56 km lange Reise, ehe sie in Hamburg in die Elbe mündet. Bevor sich die Fluten vermischen, schwingt sich die Alster direkt an unserem Radweg zum großen Finale auf: Wir umrunden die rund 164 ha große **Außenalster**. Sportboot-Kapitäne fühlen sich auf dem flachen Gewässer, das maximal 4,5 km tief ist, sehr wohl.

Weiter geht´s von der Außenalster, die wir im Uhrzeigersinn umrunden. Hinter der Kennedybrücke ein Stück rechts weg, dann mit dem Neuen Jungfernsteg nach links über die breite Straße und unter den Schienen her. Vor der nächsten Straße rechts und ein Stück parallel dieser Straße (Gorch-Fock-Wall). Rechts in die Jungiusstraße, dann am großen Park Planten un Blomen vorbei. An der querenden Rentzelstraße rechts, über die Bahnschienen hinweg und direkt links und am Sternschanzenpark entlang. Am Ende des Radwegs links und direkt wieder rechts in die Weidenallee. Geradeaus über die breite, querende Straße hinweg und schon sind wir wieder an unserem Bäderland Kaifu-Sole.

Die Kennedybrücke sowie die daneben liegende Eisenbahnbrücke trennen die **Außen- von der Binnenalster**. Die Binnenalster ist mit 18 ha Wasserfläche deutlich kleiner als ihre Schwester. Dafür ist das Ufer noch hübscher bebaut: Oftmals sind es strahlend weiße Fassaden, die uns teils mit Arkaden in ihren Bann ziehen. In der Mitte der Binnenalster sprudelt seit 1987 die 60 m hohe „**Alsterfontäne**". Um sie herum verkehren die Ausflugsschiffe der weißen Flotte, mit denen wir auch die Hamburger Fleete, also die Kanäle, befahren können.

Wir rollen am Dammtor Park vorbei, der bereits zum Park „Planten un Blomen" gehört. Der Wallgraben endet direkt am Wegesrand mit malerischen Kaskaden.

Tipp: Wenn wir ab dem Dammtorpark dem Gorch-Fock-Wall, der später zum Holstenwall wird, folgen, rollen wir an den Großen Wallanlagen (ein weiterer Park) mit dem **Museum für Hamburgische Geschichte** vorbei nach St. Pauli. Legendär ist die **Reeperbahn**, die sich als „Sündige Meile" einen Namen gemacht hat, aber auch für „Normalbesucher" viele Attraktionen wie Theater und Kabarett bereithält. Nur ein Stück weiter durch den **Alten Elbpark** mit dem Bismarck-Denkmal erreichen wir die **Landungsbrücken**. Hier erwartet uns eine große Auswahl an Fischbuden und ein nicht minder großes Angebot an Hafenrundfahrten. In die Historie entführen uns der **Alte Elbtunnel**, das U-Bootmuseum und der etwas flussabwärts liegende **Fischmarkt**.

Möglichkeiten zum Shoppen und Einkehren gibt es auch reichlich.

Direkt rechts neben uns erstreckt sich der herrliche große Park namens **Planten un Blomen**, was natürlich so viel heißt wie „Pflanzen und Blumen". Einst war er ein Teil des Hamburger Grüngürtels. Dieser entstand Anfang des 19. Jhds., als die Hamburger Stadtbefestigung abgetragen wurde. Vom alten Stadtgraben sind noch Reste übrig, sie wurden geschickt in die Anlagen integriert.

Planten un Blomen – die grüne Lunge Hamburgs

Die erste Platane wurde am 6.11.1821 von Johann G.C. Lehmann gepflanzt, der auch Direktor des **Botanischen Gartens** war. Den Baum gibt es übrigens immer noch: Er steht am Eingang Dammtor zwischen dem Congress-Zentrum und dem Tropenhaus.

Der Stadtpark hält, was er verspricht und bietet echte Naherholung auf einer sagenhaften Fläche von 47 ha mitten in der Stadt: **Wasserfälle**, ein großer Spielplatz, ein Botanischer Garten, ein **Japanischer Garten** mit Teehaus, ein **Rosengarten**, verschiedene Fontänen, Sonnenuhr und vieles mehr lassen die Zeit hier im Nu verfliegen. Natürlich finden wir auch beste gastronomische Angebote, einen **Seepavillon** und großartige Wasserlichtkonzerte, bei denen je nach Saison Wasser- bzw. Lichtshows präsentiert werden.

Gegen Ende der Tour umrunden wir den Schanzenpark mit vielen Sportangeboten.

Ein Stück elbaufwärts finden wir die teure, dafür aber auch wunderschöne **Elbphilharmonie** und die Speicherstadt. Die imposanten alten **Speicherhäuser** wurden renoviert und dienen nun unterschiedlichen Nutzungen. Für uns sind vor allem das Gewürzmuseum, das Speicherstadtmuseum und das **Miniatur Wunderland** interessant. Letzteres ist eine perfekte Abbildung unterschiedlicher Sehenswürdigkeiten im Glanze mehrerer Modellbahn-Landschaften.

Auf dem Rückweg zu unserer Rad-Runde können wir noch der Hamburger Innenstadt einen Besuch abstatten: Das prachtvolle **Rathaus**, der berühmte „Michel", die Hauptkirche St. Jacobi, die **Alsterarkaden** oder der Jungfernstieg sind immer einen Besuch wert. Und

Kartentipp:

ADFC-Regionalkarte Hamburg u. Umgebung,
1:75.000, ISBN 978-3-87073-968-3, € 9,95
Digital für Smartphones und Tablets:
www.fahrrad-buecher-karten.de/rk-digital

10 Trans-Heide

Von Soltau nach Lüneburg

Wellness-Touren Info

ca. 56 km ohne Abstecher, regionale Radweg-Beschilderung sowie teils Beschilderung als Lüneburger-Heide-, bzw. Luhe-Radweg. Einige Hügel, aber keine größeren Steigungen. Die Route führt meist über separate Radwege, einige Passagen auf losem Untergrund.

Start: Soltau Bahnhof

Ziel: SaLü-Salztherme in Lüneburg, www.salue.info

Weitere Wellness-Einrichtungen entlang der Strecke: Soltau Therme in Soltau

Beste Luft in Lüneburg

Die Lüneburger Heide ist eine der bekanntesten Urlaubsregionen im norddeutschen Raum. Hier finden wir aber auch alles, was das Urlaubsherz begehrt: Perfekte Radwege, sehenswerte historische Stadtkerne und Wellnessangebote zur Erholung nach dem Radeln. Bei dieser Streckentour rollen wir ohne größere Steigungen einmal quer durch die Heide und bekommen einen sehr guten Eindruck vom Liebreiz dieser Landschaft.

Kein anderes Erlebnisbad zieht in Norddeutschland mehr Besucher an, als die „**Salztherme Lüneburg**". Platz finden wir hier reichlich, denn das gesamte Areal umfasst 8.300 qm, wobei allein die Wasserfläche schon 1.700 qm bedeckt. Die Themenwelten nehmen vom Namen her Bezug auf die Stadt: Das „Wasserviertel" sorgt mit Rutschen, Wellenbad und Strand für Action, wäh-

Hier schwelgen wir in Kindheitserinnerungen

rend die „Siederei" eine große Auswahl unterschiedlicher Saunen bietet. Abgerundet wird das Wellness-Programm mit verschiedenen Ritualen, Zeremonien und Massagen.

Los geht's an der SaLü Salztherme, die wir nach rechts auf dem Radweg entlang der Soltauer Straße verlassen, die zur Lindenstraße wird. Am Ärztehaus weiter geradeaus parallel zur Stresemannstraße und an der großen Kreuzung links zur Willy-Brand-Straße. An der Ampel rechts in die Altenbrückertorstraße, hinter der Brücke links und wir gelangen zum Lüneburger Bahnhof. Hier steigen wir in die Bahn und fahren nach Soltau – leider gibt es nur eine Verbindung, bei der wir in Uelzen umsteigen müssen. Den Soltauer Bahnhof verlassen wir zur Innenstadt hin. Von der Poststraße/Wilhelmstraße zweigen wir links ab auf den etwas ansteigenden Radweg der Winsener Straße, dem wir bis hinter Harmelingen folgen. Nachdem wir die A7 passiert haben, zweigen wir rechts und direkt links ab, um den Schildern des Luhe-Radwegs via Bispingen, Hützel, Steinbeck und Soderstorf nach Oldendorf an der Luhe zu folgen.

Gerne sagen wir „Salü" zum Salü – oder auch Grüezi

Die Ortsmitte von Soltau wird von zwei farbenfrohen Gebäuden geprägt: Direkt gegenüber stehen sich das **Rathaus** und das **Norddeutsche Spielzeugmuseum**. Das Museum im ehemaligen Pastorenhaus widmet sich in der Dauerausstellung der Geschichte von Stadt, Menschen, Handwerk und Gewerbe. Ebenfalls in unmittelbarer Nähe liegen die Kirche St. Johannis und die Fußgängerzone, deren Mitte der **Heiratsbrunnen** markiert. Einen Besuch wert ist auch die **Soltau Therme** mit Freibad, mehreren Saunen und Solebecken.

10

Vor den Toren der Stadt liegt der **Heidepark Soltau**. Hier sorgen Fahrgeschäfte wie Wildwasserbahn, Hänge-Loopingbahn, Geisterbahn und die Holzachterbahn Collossos für Nervenkitzel.

Im Heidepark steht die Welt Kopf

Bispingen liegt nicht nur mitten in der Lüneburger Heide, sondern auch ein typisches, altes Heidedorf. Überregional bekannt ist der Ort für den Center Parc, das Cartcenter und den Snowdome.

Daher konzentrieren wir uns auf die weniger bekannten Ecken wie die **Luhequelle** und die Ortsmitte mit der Kirche und alten **Fachwerk- und Backsteinhäusern**, die teils kleine Höfe bilden. Etwas außerhalb liegt das **Jagdschloss Iserhatsche**, das um 1914 im schwedischen Holzbaustil errichtet wurde. Aufgrund der prunkvollen Ausstattung wird es gerne „das Neuschwanstein des Nordens" genannt. Angegliedert sind der Burgberg Montagnetto, der Landschaftspark Iserhatsche und der „philosophische barocke Eisenpark".

Bei Oldendorf reisen wir weit in die Vergangenheit: Um 3.000 v.Chr. entstanden hier sechs Grabhügel, die als „**Oldendorfer Totenstatt**" bezeichnet werden. Im Archäologischen Museum erfahren wir mehr über diese „Wohnungen für die Ewigkeit". Nicht weit vom Radweg entfernt liegt das **Greifvogel-Gehege**, in dem wir die Könige der Lüfte beobachten können.

Weiter geht´s in Oldendorf an der Luhe, das wir auf dem Luhe- bzw. dem Lüneburger-Heide-Radweg verlassen. Die Schilder führen uns durch Wetzen, Südergellersen und Heiligenthal nach Oedeme. Von hier auf dem Weg „Im Dorf", geradeaus „Oedemer-Weg" und links zum Kreisel, den wir auf dem Radweg an der Soltauer Straße nach rechts verlassen, um direkt zum „SaLü" in Lüneburg zu gelangen.

Die Fluchtburg und drei Dörfer gelten als Keimzelle Lüneburgs, das erst ab dem 8. Jh. langsam zusammen wuchs. Die Lücken zwischen Marktplatz und Hafensiedlung an der Ilmenau schlossen sich ab dem 13. Jh., so dass sich Lüneburg heute aus einem Guss präsentiert.

Und dieser „Guss" lässt uns sofort ins Schwärmen geraten, denn Lüneburg gehört zu den wenigen Städten Norddeutschlands, dessen **historischer Stadtkern** im zweiten Weltkrieg weitgehend unversehrt blieb.

Tipp: Etwas nördlich Lüneburgs liegt eine technische Sensation ein sogenanntes **Doppelsenkrechtschiffshebewerk**, das Schiffe wie Spielzeuge über 38 m hinauf oder hinunter hievt – ein gigantischer Fahrstuhl! Nach 8 Jahren Bauzeit verwirklichten die Ingenieure 1976 ihren tollkühnen Plan, Elbe und Mittellandkanal zu verbinden. Das Gewicht eines jeden Troges beträgt 5.700 t, um Energie zu sparen, dienen 224 Betonscheiben mit einem Gewicht von 26,5 t als Gegengewicht. Mit einer Bootstour können wir das Schiffshebewerk hautnah erleben.

Das Salz verhalf Lüneburg seinerzeit zu viel Reichtum – und zu schönen Häusern

Prachtvoll präsentiert sich das mittelalterliche **Rathaus** mit Fürstensaal, Bürgermeisterkörkammer, Ratsstube und **Glockenspiel** mit 41 Glocken aus Meißener Porzellan.

Das Salz verhalf Lüneburg im Mittelalter zu Reichtum. Die mächtigen **Kaufmannshäuser** mit den charakteristischen Giebeln zeugen vom Boom des „weißen Goldes". Die schönsten Backsteinhäuser finden wir am „**Platz am Sande**". Hier stehen auch das Haus der Industrie- und Handelskammer (mit Doppelgiebel von 1548) und die Kirche St. Johannis. Diese zählt nicht nur zu den ältesten Backsteinbauten der Stadt, sondern war auch Vorbild für viele Hallenkirchen des Landes. Nach der Erbauung 1370 enthielt sie zur besten Zeit 39 Altäre.

Von hier erkunden wir zunächst die Innenstadt mit der alten **Ratsapotheke** und widmen uns dann dem Bereich an der Ilmenau. Hier gibt es nicht nur besonders schöne **Biergärten**, sondern auch weitere Highlights, wie das alte Hafenviertel mit alten Häusern und dem **Alten Kran**, dem Wahrzeichen der Stadt. Rund um den **Stintmarkt** gibt es gleich zwei Mühlen – die **Lüner Mühle**, welche vor allem für das Kloster mahlte und die **Abtsmühle**. Diese besitzt einen Turm von 1530, der das Wasser in die Stadt und einige Patrizierhäuser leitete. Etwas Ilmenau-abwärts finden wir die Warburg, in der einst der Wächter der Hude (Holzlagerplatz) wohnte.

In Lüneburg wird übrigens viel und gerne gefeiert – so beim **Frühjahrsmarkt** auf den Sülzwiesen, beim Stadtfest im Juni, oder beim **Heideblütenfest** im August.

Kartentipp:
ADFC-Regionalkarte Lüneburger Heide, 1:75.000, ISBN 978-3-96990-009-3, € 9,95
Digital für Smartphones und Tablets:
www.fahrrad-buecher-karten.de/rk-digital

11 Immer geradeaus

Von Lüneburg nach Uelzen

Wellness-Touren Info

ca. 40 km ohne Abstecher, regionale Radweg-Beschilderung. Keine größeren Steigungen. Die Route führt meist über separate Radwege, der größte Teil auf losem Untergrund.

Start: SaLü-Salztherme in Lüneburg, www.salue.info

Ziel: Uelzen, Bahnhof

Ein „Verfransen" ist bei dieser Tour kaum möglich, denn wenn wir einmal am Elbe-Seitenkanal sind, rollen wir schnurgerade auf den Pfaden zunächst gen Süden und auf der Rückfahrt wieder gen Norden. Entspannter geht es kaum!

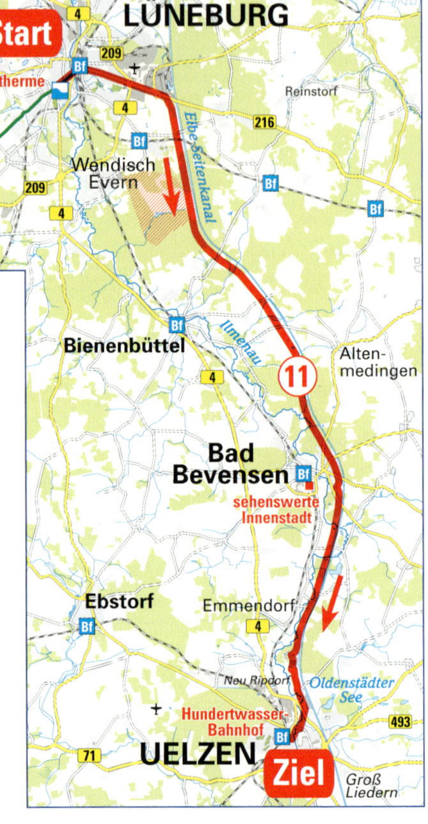

Direkt hinter der Therme liegt der weitläufige **Kurpark** von Lüneburg. Hier können wir vor oder nach der Tour bestens durchatmen, denn das **Gradierwerk** sorgt für eine frische Brise in den Lungen.

Los geht's am SaLü in Lüneburg, das wir nach rechts auf dem Radweg entlang der Soltauer Straße verlassen, die zur Lindenstraße wird. Am Ärztehaus weiter geradeaus parallel zur Stresemannstraße und an der großen Kreuzung links zur Willy-Brand-Straße. An der Ampel rechts in die Altenbrückertorstraße und weiter geradeaus auf dem Radweg an der Dahlenburger Landstraße. Kurz vor dem Elbe-Seiten-Kanal zweigen wir rechts ab und rollen auf den Deich hinauf, dem wir nach rechts folgen. Nach entspannten Kilometern können wir rechts abzweigen und Bad Bevensen einen Besuch abstatten. Nachher kehren wir auf den Radweg am Kanal zurück.

Auf dem 115 km langen **Elbe-Seitenkanal** schippern seit 1976 die Schiffe zwischen dem Mittellandkanal und der Elbe. Diese Verbindung wurde erforderlich, weil das zuvor genutzte Wasserstraßenkreuz in Magdeburg hinter dem „eisernen Vorhang" lag.

Tipp: Ein kurzer Abstecher führt in die sehenswerte Innenstadt von Bad Bevensen. Die Fußgängerzone führt uns vorbei an **Fachwerk- und Backsteinhäusern**. Der 12

Einladendes Bad Bevensen

ha große **Kurpark** ist über fünf Ilmenau-Brücken mit der Altstadt verbunden.

In der Region entstanden beim Bau des Kanals tiefe Löcher für die Sandgewinnung – einige von ihnen sind heute beliebte **Badeseen**. Wenn wir uns den Kanal genau ansehen, erkennen wir, dass die Böschung gen Osten anders aussieht als zum Westen hin. Der Grund ist kaum zu glauben: Das Bauwerk diente auch als Bremse für Panzer, die potentiell aus dem Osten kommen würden. Wer genau hinsieht, erkennt zudem noch Sprengschächte und **Panzersperren** an den Unterführungen. Da ist es umso schöner, dass diese Zeiten vorbei sind und wir beiderseits des Wassers schnurgerade Radwege genießen können.

Weiter geht´s auf unserem Radweg am Kanal gen Süden. Nach weiteren Genuss-Kilometern zweigen wir vom Deich rechts ab auf Alte Salzstraße, links Hafenstraße, links Bremer Straße, an deren Ende rechts in „Neu Rippdorf" und rollen beim Industriegebiet in der Kurve geradeaus. Die Schilder weisen uns den Weg in die Stadtmitte von Uelzen. Hier steuern wir den Bahnhof an, steigen in den Zug und lassen uns zurück nach Lüneburg bringen. Dort sind es nur wenige Minuten mit dem Rad zurück zur Therme.

Kartentipp:
ADFC-Regionalkarte Lüneburger Heide, 1:75.000, ISBN 978-3-96990-009-3, € 9,95
Digital für Smartphones und Tablets:
www.fahrrad-buecher-karten.de/rk-digital

Überregional bekannt ist Uelzen für seinen **Bahnhof**, der von **Friedensreich Hundertwasser** umgestaltet wurde. Geboren wurde der Künstler 1928 als Friedrich Stowasser in Wien. Von 1990 bis 1998 widmete er sich der

Diese Häuser standen schon bevor Hundertwasser geboren wurde

Realisierung von Architektur-Träumen, darunter auch der Uelzener Bahnhof. Getreu dem Motto „die gerade Linie ist gottlos" gibt es kurvige und gleichsam bunte Wände, Säulen, Türme und goldene Kuppeln, in denen sich die Sonne spiegelt.

Vom Bahnhof aus sind wir rasch in der Fußgängerzone. Rund um Rathaus und St.-Marien-Kirche finden wir bestens erhaltene **Fachwerkhäuser**. Rund um das Wehr an der **Ilmenau** gibt es nicht nur Picknick-Plätze, sondern auch schöne Fotomotive.

Bevor wir uns entscheiden, doch mit dem Rad auf dem Deich zurück nach Lüneburg zu radeln, können wir dem **Oldenstädter See** einen Besuch abstatten und ins kalte Wasser springen.

12 Naturschutz, Fischerei und Großindustrie auf engstem Raum

Von Bremerhaven über Nordenham

Wellness-Touren Info

ca. 58 km ohne Abstecher, Verkürzung mit Bahn möglich, regionale Radweg-Beschilderung sowie teils Beschilderung als Weser-Radweg bzw. Vom Teufelsmoor zum Wattenmeer. Keine größeren Steigungen. Die Route führt meist über separate Radwege, einige Passagen auf losem Untergrund.

Start/Ziel: BAD2, Bremerhaven, www.baeder-bhv.de/baeder/bad-2

Sehr viel Abwechslung ist angesagt auf unserer Tour: Nachdem wir uns über Nebenstraßen und Radwege zur Weser bewegt haben, können wir uns auf eine spannende Fahrt mit der Fähre freuen. Am anderen Ufer wechseln sich große und kleine Orte ab – und auch Industrieanlagen sind nicht zu übersehen. Nach einer weiteren Fährfahrt rollen wir ganz entspannt durch ein großes Naturschutzgebiet, ehe uns der Fischereihafen ankündigt, dass wir wieder zurück in Bremerhaven sind.

Bremerhaven – mal zum Schwitzen...

Kennen Sie schon ein „Valo-Bad"? In unserem „**Bad2**" in Bremerhaven werden wir ein solches kennenlernen und dabei feststellen, dass das Baden mit stimmungsvollen Licht- und Musikeffekten einen ganz besonderen Reiz hat. In den weiteren Pools können wir uns einfach nur entspannen oder unsere Bahnen ziehen. Dann geht es in die Erdsauna und zu den verschiedenen Wellness-Angeboten, bei denen Massagen natürlich nicht fehlen. Das Bad2 gehört zu den 5 Bädern Bremerhavens. Bad1 wendet sich an die ganze Familie, unser Bad2 dient eher der Erholung, in Bad3 kommen die Sportler auf ihre Kosten, das Freibad Grünhöfe liegt wirklich im Grünen und das Weserstrandbad bietet chillige Atmosphäre am Strand mit Blick auf das moderne Bremerhaven und die vorbeifahrenden Schiffe.

...mal zum Segeln

Los geht's am „Bad2" in Bremerhaven, das wir nach rechts auf der Schillerstraße verlassen. An der nächsten Ecke links in die Helgoländer Straße, am Ende der Schrebergärten links, rechts unter der B6 her („Unter der Rampe"), am Ende rechts auf die Nansenstraße, die kurz darauf rechts abknickt. Dem Knick folgen wir, um zwischen Fast-Food und B6 links in den Weg einzubiegen. Nach einem entspannten Kilometer am Yachthafen links in die Kaistraße, rechts übers Hafenbecken, dahinter links und am Wasser entlang. An der querenden Busstraße rechts, dann links und auf die Fähre. Auf dem anderen Flussufer treffen wir auf den Weser-Radweg, dem wir durch Einswarden nach Nordenham folgen.

Auf unserer Tour kommen wir direkt am **Weser Yacht Club Bremerhaven** vorbei, der bereits 1906 gegründet wurde. Es macht Spaß, eine kleine Pause einzulegen und sich das geschäftige Treiben auf den Booten anzusehen – 180 Segelyachten finden hier einen Liegeplatz.

Tipp: Vom Yachthafen aus ist es nicht weit bis in die **City** von Bremerhaven. So können wir auf dem Hin- oder Rückweg einen Abstecher in die Innenstadt unternehmen. Da es aber so viel zu sehen gibt, sollte wenn möglich eine eintägige Extratour in die City bzw. den Hafen eingeplant werden.

Dort erwarten uns das **Schifffahrtsmuseum** mit Modellen und einer eigenen **Museumsflotte**. Dazu gehören z.B. die Seute Deern (Süßes Mädchen), ein Hochseeschlepper, ein Feuerschiff oder ein Tragflügelboot. Die **Bremer Kogge** aus dem Jahre 1380 liegt hier auf dem Trockenen.

Gleich in der Nähe steht das **Deutsche Auswandererhaus** am „neuen Hafen". Es berichtet von jenen Deutschen, die einst ihr Leben hinter sich ließen, um in die USA auszuwandern. Die ausgestellten „Kabinen" stellen die Strapazen der Überfahrt authentisch nach. Nachdem wir uns am historischen „Neuen Hafen" einen frischen Backfisch oder ein Fischbrötchen in einer ganz exklusiven Umgebung gegönnt haben,

12

widmen wir uns dem kleinsten öffentlichen Zoo Deutschlands. Der sogenannte **Zoo am Meer**, konzentriert sich auf Tiere, die in nordischen Gewässern oder auf der nördlichen Landmasse zuhause sind. Auch wenn es kein Ufo ist, wie wir zunächst vermuten: Das topmodern gestaltete **Klimahaus Bremerhaven** sollten wir nicht versäumen, denn auf einer virtuellen Reise vom Norden in den Süden der Erde werden uns immer wieder die Folgen des Klimawandels vor Augen geführt.

Etwas vom Hafen entfernt liegt die Bremerhavener Altstadt mit einigen historischen Gebäuden und einladenden Shopping- und Einkehrmöglichkeiten.

Nein, kein Ufo, sondern das Klimahaus

Unsere **Weserfähre** ist die letzte Möglichkeit, den Fluss zu überqueren, bevor er sich in die Nordsee ergießt. Vermutlich gab es hier schon im Mittelalter eine Fähre. Inzwischen ist es deutlich komfortabler – nur noch 12 Minuten braucht die Fähre von Bremerhaven-Lehe hinüber nach Nordenham-Blexen. Der Auto- und Schwerlastverkehr nutzt meist den 2004 eröffneten **Wesertunnel**, so dass die Fähre meistens mit einem Minus in der Kasse abschließt. Da es für uns Radler und für Fußgänger weit und breit keine Alternative zur Querung gibt, wird die Fähre hoffentlich dennoch lange erhalten bleiben.

Die Region um Nordenham war bereits im 7. Jh. besiedelt, doch die Menschen suchten sich nach mehreren verheerenden Sturmfluten ein sichereres Zuhause. Erst als Wilhelm Müller mit einem Kompagnon einen Schiffanleger bauen ließ, der zu einem Handels- und Verladeplatz nach England wurde, kam wieder Leben in die Region, die inzwischen industriell geprägt ist und damit viele Arbeitsplätze bietet. Unter anderem wird **Titandioxid** hergestellt, das im täglichen Leben kaum wegzudenken ist: Es ist z.B. in Medikamenten, Lebensmitteln, Kosmetika, Papieren, Lacken oder Farben enthalten.

Mehr zu dieser Geschichte erfahren wir im **Städtischen Museum**. Im Vorort Abbehausen finden wir das schneeweiße und 1891 erbaute **Historische Kaufhaus**. Nicht weit entfernt steht die **Moorseer Mühle** und gleich gegenüber eine **Fluttermühle**, die einst zur Entwässerung diente.

Weiter geht´s von Nordenham auf dem Weser-Radweg. Dieser geleitet uns durch Großen- und Kleinensiel und Rodenkirchen nach Golzwardersiel. Hier steigen wir wieder auf die Fähre und wechseln das Ufer. Auf der anderen Seite bei Sandstedt direkt links und via Rechtenfleht, Dedesdorf, Eidewarden und Erdmannssiel zurück nach Bremerhaven. Nun rollen wir geradeaus durch den Fischereihafen, fahren über die Doppelschleuse und kommen wieder auf die Bussestraße. Hier zweigen wir rechts ab und folgen genau dem Weg, den wir auf dem Hinweg nahmen, wieder zurück zum Bad2.

Nur wenige Minuten von unserem Radweg entfernt liegen Ovelgönne mit einem wunderbaren **historischen Ortskern** und Brake

Ganz schön platt, die Luneplate

mit dem **Schifffahrtsmuseum der oldenburgischen Unterweser**. Hier steht seit 1848 an der Kaje 8 auch der **Telegraf**, der als Wahrzeichen Brakes gilt.

Auf unserer Rückfahrt radeln wir durch die **Große Luneplate**, die früher den Namen „Wulsdorfer Sand" trug. Die Alte Weser und der Hauptstrom der Weser umspülten diese Insel, auf der sich eine einzigartige Flora und Fauna entwickeln konnte. In der Vergangenheit gab es immer wieder Pläne, die Luneplate als Kriegs- oder Fischereihafen, für Industrie oder andere Projekte zu nutzen. Inzwischen ist der größte Teil zum Glück unter Naturschutz gestellt.

Die Doppelschleuse ist eines der markanten Bauwerke im **Fischereihafen**, der ein eigener Stadtbezirk von Bremerhaven ist. Der erste Teil wurde bereits 1891 in Betrieb genommen, später kamen weite Areale hinzu. Durch die modernen Fischfabriken, die den Fang gleich auf hoher See verarbeiten, ging viel Substanz des Fischerhafens verloren. Relikte der „guten alten Zeit" sind die unter Schutz stehenden **Packhallen**, verschiedene Schiffe und der Marktplatz.

Kartentipp:
ADFC-Regionalkarte Cuxhaven/Bremerhaven, 1:75.000, ISBN 978-3-96990-085-7, € 9,95
Digital für Smartphones und Tablets:
www.fahrrad-buecher-karten.de/rk-digital

13 Immer am Watt entlang

Von Emden über Greetsiel

Wellness-Touren Info

ca. 60 km ohne Abstecher, regionale Radweg-Beschilderung sowie teils Beschilderung als Nordseeküsten-Radweg. Keine größeren Steigungen. Die Route führt meist über separate Radwege, einige Passagen auf losem Untergrund.

Start / Ziel: Friesentherme Emden, www.friesentherme-emden.de

Weitere Wellness-Einrichtungen entlang der Strecke: Schwimmbad und Sauna Oase Greetsiel

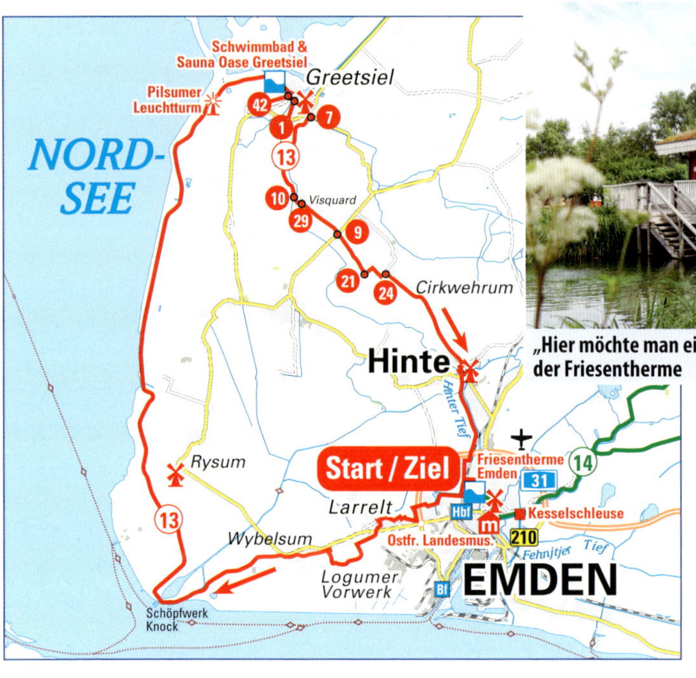

„Hier möchte man einziehen" – die Sauna der Friesentherme

Größer geht's nicht: Die „Friesentherme" ist Wellness-, Bade- und Saunalandschaft Ostfrieslands. In einem wahrhaft paradiesischen Ambiente genießen wir unterschiedliche Wellness-Angebote, darunter verschiedene Kosmetik-Behandlungen, Hamam und Massagen.

Sehr beliebt ist die **Friesentherme** auch bei Damengruppen, die hier an einem Wohlfühltag auch einen ruhigen Junggesellinnenabschied feiern können. Deutlich ausgelassener geht es im Badeparadies zu, das im Sommer aufgrund des „Cabrio-Daches" zum Freibad wird. Action im Erlebnisbecken mit Wellenball und Hangelparcours, gewagte Elemente vom Sprungturm probieren oder einfach Bahnen ziehen im Sportbecken: Alles ist möglich im Badebereich der Friesentherme.

Los geht's an der Friesentherme, die wir über die Theaterstraße, dann links-rechts Sielweg und links Erfurter Straße verlassen. An der Sackgasse geradeaus in den Weg, dann schräg rechts versetzt geradeaus in den Steinweg. Nach der Bahnbrücke links, über den Kanal hinweg und dann direkt links. Ab hier folgen wir dem Nordseeküsten-Radweg, der uns durch Larrelt, Logumer Vorwerk und Wybelsum zum Schöpfwerk Knock bringt.

Rysum liegt nur einen Steinwurf von der See entfernt

Viel Platz zum Schwimmen

Stets in der Nähe der See radeln wir kilometerlang auf bester Trasse nach Greetsiel.

Es sind nur wenige Pedalumdrehungen von unserem Radweg in die Mitte von Rysum. Und die paar Minuten lohnen sich, denn wenn wir zur rechten Zeit hier sind, können wir in der Kirche den Klängen von **Nordeuropas ältester Kirchenorgel** lauschen. Toll anzusehen sind auch die kleinen bunten Häuser und die **Rysumer Windmühle.**

Dann wird es richtig fotogen: Kaum ein anderes Bauwerk wird so oft abgelichtet wie der rot-gelb gestreifte und 1890 erbaute **Pilsumer Leuchtturm**. Dass der Leuchtturm nur 25 Jahre in Betrieb war, spielt bei diesem Anblick keine Rolle!

Die Schilder lotsen uns zuverlässig in die Stadtmitte von Greetsiel. Hier finden wir eine wundervolle **Altstadt** mit einladenden Lokalen und Cafés. Auch den **Hafen** erreichen wir nach wenigen Minuten: Krabbenkutter wiegen sich im Wasser, während wir uns erst ein köstliches Fischbrötchen und anschließend ein vorzügliches Eis mit Blick auf die vielen kleinen Kapitänshäuser am Hafen schmecken lassen. Mit 800 Exponaten können wir uns eine der größten **Buddelschiff-Sammlungen** Europas im gleichnamigen Museum ansehen und uns erklären lassen, wie diese filigran gearbeiteten Schiffe in die Flasche kommen. Deutlich größer und auffälliger ist die **Backstein-Saalkirche** von Greetsiel, die Häuptling Haro Edzardsna von 1380 bis 1410 in zwei Etappen errichten ließ. In direkter Nachbarschaft stehen das ebenfalls aus Backsteinen erbaute **Hohe Haus**, das aus dem 16. Jh. stammt und heute als Hotel genutzt wird. Eine andere Häuptlingsfamilie namens Criksena ließ sich um 1600 herum das sogenannte **Steinhaus** bauen, das zwischenzeitlich umge-

Der Pilsumer Leuchtturm ist eines der beliebstesten Fotomotive Ostfrieslands

baut und nun wieder im Originalzustand zu entdecken ist.

Die Wahrzeichen von Greetsiel entdecken wir erst bei unserer Weiterfahrt: Die **Zwillingswindmühlen**. Während in der 1921 erbauten Mühle noch Futterschrot mit Hilfe von Wind- und Motorkraft gemahlen wird, können wir in der schon 1856 fertiggestellten Mühle einkehren und einen Tee trinken.

Weiter geht´s von Greetsiel, das wir über die Knotenpunkte 42 und 1 an den Zwillingsmühlen vorbei verlassen. Am Radknotenpunkt 7 biegen wir rechts ab, radeln in Visquart bei den Schildern 10 und 29 sowie wenig später bei 9 geradeaus. Bei Knoten 21 links, direkt wieder rechts, links und bei 24 rechts. So gelangen wir durch Cirkwehrum nach Hinte. Entlang des Hinter Tiefs folgen wir den Schildern nach Emden, wo wir die Friesentherme ansteuern, um die Tour zu beenden.

Cirkwehrum sollten wir einen Besuch abstatten, denn es ist ein „**Warftendorf**". Einst schüttete man aus Angst vor Sturmfluten Hügel, also Warften, auf, um die Häuser zu schützen. Hier gesellen sich die alten Häuser im Kreis um die Dorfkirche herum.

Kurz vor unserem Tour-Ende kommen wir durch den Ort Hinte, der uns gleich mit zwei Highlights empfängt: Wunderschön erhebt sich die rote **Wasserburg Hinte** direkt neben der Kirche. Sie steht hier schon seit dem 13. Jh. und ist schon seit 1567 in privater Hand, so dass uns nur der Anblick von Außen bleibt. Betreten dürfen wir hingehen die **Windmühle Hinte**, denn hier ist das Fremdenverkehrsbüro untergebracht. 1869 erbaut, fiel die dreistöckige Galerie-Holländerwindmühle dem „Mühlensterben" in den 1960er Jahren zum Opfer. Zum Glück wurde sie rund 30 Jahre später wieder hergestellt.

Am Ende unserer Tour statten wir noch der Innenstadt vom Emden einen Besuch ab, die ab dem 17. Jh. von einem mächtigen Stadtwall und Zwingern umgeben war. Heute können wir das noch bestens nachempfinden, denn es blieb ein breiter **Grüngürtel**, der die Innenstadt umschließt. Besonders schön ist, dass die ehemaligen Zwinger mit **Windmüh-**

len bebaut wurden und heute als „De Vrouw Johanna" und „Rote Mühle" schöne Fotomotive liefern.

Innerhalb des Grüngürtels entdecken wir eine quirlige Innenstadt mit einer **historischen Altstadt** und einer einladenden Fußgängerzone, wo wir nicht nur shoppen, sondern auch einkehren können. Hier merken wir, dass wir in der größten Stadt Ostfrieslands sind.

Emden blickt auf eine lange Geschichte als **Seehafenstadt** zurück, die zwischen dem 9. und dem 15. Jh. eine echte Blütezeit erlebte, als es das Stapelrecht erhielt. Demzufolge mussten alle Schiffe, die vorüberfuhren, ihre Waren an Land bringen und anbieten. Ganz anders gestaltete sich die Historie im folgenden Jahrhundert. Seinerzeit wuchs die Einwohnerzahl innerhalb kurzer Zeit auf 15.000 an. Es waren Reformierte, die als „Glaubensflüchtlinge" aus dem Ausland, vorwiegend aus den Niederlanden, hierher kamen. Später, im 20. Jh., profitierte Emden dann wieder vom Hafen, der unabhängig von den Gezeiten genutzt werden konnte. Auf den neuen Aufschwung folgte das Desaster, als 1944 die komplette Altstadt bei Luftangriffen zerstört wurde.

Tipp: Direkt am alten Hafen steht **Dat Otto-Hus** – mit einem Ottifanten, der durch die Backsteinwand schaut, ist es gar nicht zu übersehen. Der Komiker und Entertainer Otto Waalkes war jahrzehntelang eine der wichtigsten Größen der Comedyszene. Das Museum zeichnet sein Leben nach, zeigt Requisiten der Filme und sorgt bei allen Besuchern für ungetrübte Freude.

Ebenfalls am Hafen erhebt sich das Rathaus mit dem **Ostfriesischen Landesmuseum**. Das

Herrschaftliches Emden

beherbergt u.a. die größte stadteigene Waffensammlung Deutschlands. Gleich vor dem Rathaus dümpeln **Seenotrettungskreuzer** „Georg Breusing", das Feuerschiff „Deutsche Bucht" und weitere Schiffe im Museumshafen. Zu den kulturellen Highlights der Stadt gehören auch die **Johannes a Lasco Bibliothek** in der restaurierten Großen Kirche und die **Kunsthalle**.

Nach all´ dem Wissenswertem wird es dann Zeit für das leibliche Wohl: Überregional bekannt sind der **THIELE TEE**, der zur beliebtesten Teemarke Ostfrieslands gewählt wurde und der **Emder Matjes**. Schon seit 1895 gibt es die Tradition der Heringsfischerei – am Eisenbahndock können wir den Matjes im Werksverkauf erwerben.

Kartentipp:
ADFC-Regionalkarte Ostfriesland, 1:75.000,
ISBN 978-3-87073-963-8, € 9,95
Digital für Smartphones und Tablets:
www.fahrrad-buecher-karten.de/rk-digital

14 Das Große Meer ist ja ein großer See!

Von Emden über Westerende-Kirchloog

Wellness-Touren Info

ca. 56 km ohne Abstecher, regionale Radweg-Beschilderung. Keine größeren Steigungen. Die Route führt meist über separate Radwege, einige Passagen auf losem Untergrund.

Start / Ziel: Friesentherme Emden, www.friesentherme-emden.de

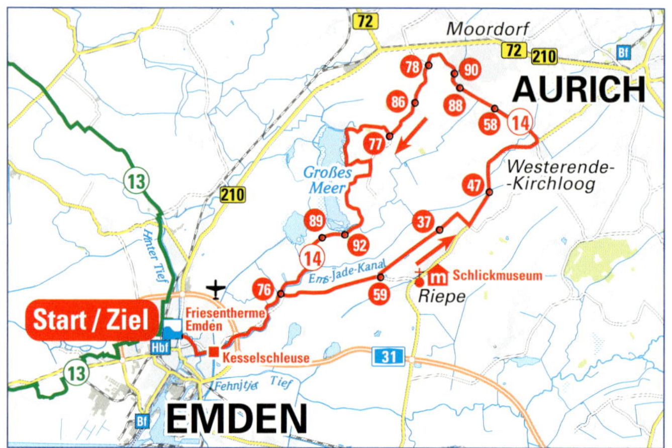

Hier treffen wir auf den Nordseeküsten-Radweg, dem wir nach links durch den Park folgen. Vor dem Roten Siel zweigen wir links ab in die Straße „Kesselschleuse" und gelangen auf den Radweg entlang des Ems-Jade-Kanals. Beim Radknotenpunkt 76 rechts über den Kanal, bei 59 rechts, bei 37 und 47 geradeaus und wir erreichen Westerende-Kirchloog.

Auf ruhigen Wegen rollen wir rund um das Große Meer in einer noch größeren Runde. Die Radknotenpunkte sorgen dafür, dass wir uns bestens orientieren können.

Der **Saunabereich** der Friesentherme ist etwas ganz Besonderes: In einer weitläufigen parkähnlichen Anlage warten verschiedene Baum-, Event- und Teichsauna mit unterschiedlichen Temperaturen und einem Naturbadeteich zum Abkühlen auf die schwitzenden Gäste. Im Innern der Anlage verzücken uns die originell gestalteten Strandkörbchen- und Kajütsauna.

Los geht's an der Friesentherme, die wir im Uhrzeigersinn um den Parkplatz und die Thermenanlage herum verlassen, um dann den Emdener Stadtgraben zu überqueren.

Kaum losgeradelt, schon gibt es einzigartiges zu entdecken. Unser Weg führt uns durch den tollen Grüngürtel namens Stadtgraben, der Emden umgibt und den Verlauf der ehemaligen **Stadtbefestigung** nachzeichnet. So gelangen wir auf direktem Wege zur Kanalschleuse.

Direkt dahinter liegt die **Kesselschleuse**, die es in dieser Art kein zweites Mal in Europa gibt, denn gleich **vier Wasserstraßen** werden hier miteinander verwoben: der Emder Stadtgraben, der Ems-Jade-Kanal, das Fehntjer Tief und das Rote Siel mit dem angrenzenden Emder Hafen. Die 33 m messende und kreisrunde Schleuse, die in diesem Falle zurecht als „Kessel" bezeichnet wird, wird mit kleineren Schleusenkammern ergänzt, so dass die Höhenunterschiede ausgeglichen werden können.

Schiff ahoi in Westerende-Kirchloog

Tipp: Gar nicht weit von unserem Weg entfernt liegt der kleine Ort Riepe. Die Radwegschilder weisen uns den kurzen Weg dorthin, so dass wir auch die hübsche **Riepster Kirche** finden, die teils schon im 13. Jh. erbaut wurde. Wenn wir unsere Blicke gen Himmel richten, entdecken wir auf dem Turm eine elegante Haube, die hier in der Region immer nur als „Teebüss" (Teebüchse) bezeichnet wird. Das **Schlickmuseum** von Riepe erzählt uns mehr über den Schlick, der aus der Emsmündung hierher gespült wurde und für eine gute Bodenqualität sorgte.

Rund um Westerende-Kirchloog finden wir viele **Wasserläufe**, wie z.B. den Ringkanal, der von einem kleinen Treidelweg begleitet wird. Bekannt ist auch die örtliche **St. Martins-Kirche** mit einem eher „unauffälligem Äußeren", aber einer seltenen Orgel im Innern und einem separaten Glockenturm.

Weiter geht´s von Westerende-Kirchloog, wo wir links abbiegen. An den Knoten 58 und 88 geradeaus, bei 90 links, bei 78 und 86 geradeaus, am Knoten 77 links. So gelangen wir ans Ufer des Großen Meers, das wir im Uhrzeigersinn umrunden. Am Knoten 92 rechts und 89 geradeaus, dann treffen wir wieder auf den Knoten 76. Ab hier folgen wir derselben Strecke zur Friesentherme zurück, auf der wir herkamen.

Wir radeln am **Großen Meer** vorbei, das sich wegen seiner ausgezeichneten Bedingungen zu einem beliebten Wassersport- und Urlaubsziel entwickelt hat. Allein die Wasserfläche misst 289 ha. Doch zählt man die Landzonen mit dem Röhricht hinzu, bedeckt das Große Meer eine Fläche von rund 400 ha. Dabei ist der See nur bis zu einem Meter tief, so dass sich das Wasser im Sommer rasch auf Badewannen-Temperatur erwärmt. Entstanden ist das Große Meer übrigens ganz natürlich als Niedermoorsee.

Kartentipp:
ADFC-Regionalkarte Ostfriesland, 1:75.000,
ISBN 978-3-87073-963-8, € 9,95
Digital für Smartphones und Tablets:
www.fahrrad-buecher-karten.de/rk-digital

15 An Werre und Weser

Von Bad Oeynhausen über Rinteln

Wellness-Touren Info

ca. 64 km ohne Abstecher, regionale Radweg-Beschilderung sowie teils Beschilderung als Weser-Radweg. Einige Steigungen, die eine Grundkondition erfordern. Die Route führt meist über separate Radwege, einige Passagen auf losem Untergrund.

Start / Ziel: Bali Therme in Bad Oeynhausen, www.balitherme.de

Abendstimmung in der Bali-Therme

Auf dem ersten Teil dieser Tour genießen wir den mehrfach prämierten Weser-Radweg. Dieser gleitet uns ganz entspannt nach Rinteln, das uns mit einer herrlichen Fachwerk-Altstadt empfängt.

Die Bali Therme verblüfft uns mit teils ausgefallenen Angeboten. Dazu gehören auch die **Massagen im Freien**: Weiße Stoffe umschmeicheln den mit Buddhafiguren gestalteten Massagepavillon im subtropischen Saunagarten. Dazu eine frische Brise und Vogelgezwitscher: So schön kann Wellness sein!

Los geht's an der Bali Therme in Bad Oeynhausen, die wir im Uhrzeigersinn verlassen, um rechts in die Schützenstraße einzubiegen und am Kurpark entlang zu radeln. Am Ende rechts in die Herforder Straße, links in die Lennestraße, unter den Schienen und der Straße her. Beim Schwimmbad rechts auf den Else-Werre-Radweg bis zu deren Mündung in die Weser. Hier zweigen wir rechts auf den Weser-Radweg ab, der uns am anderen Flussufer entlang vorbei an Uffeln, Borlefzen, Veltheim und Eisbergen nach Rinteln bringt.

Eine schöne Abwechslung von unserem tollen Weser-Radweg bietet Veltheim, das uns mit seiner verschachtelten **St.-Peter-und Pauls-Kirche** und einer schneeweißen **Windmühle** empfängt.

Tipp: Wem die rund 32 km des Rückwegs zu lang sind, der kann von Rinteln aus in wenigen Minuten mit der **Bahn** wieder nach Bad Oeynhausen zurückfahren.

Fachwerk pur in Rinteln

Für Rinteln müssen wir reichlich Zeit einplanen, denn hier empfängt uns eine perfekt erhaltene **Altstadt**. Hier steuern wir den weitläufigen Marktplatz an, an dem sich das aufwändig gestaltete, steinerne **Rathaus** aus der Weserrenaissance, die **Kirche St. Nikolai** und wunderschöne **Fachwerkhäuser** erheben. Gut nachvollziehbar, dass diese Idylle einst von einer Stadtmauer umschlossen war.

Weiter geht´s von Rinteln, das wir von der Altstadt aus wieder am Doktorsee vorbei verlassen. Dieses Mal bleiben wir auf dieser Uferseite, rollen durch das Weser-Freizeitzentrum sowie an den Orten Erder, Vlotho und Babbenhausen vorbei zur Mündung der Werre in die Weser. Ab hier folgen wir dem Else-Werre-Radweg bzw. derselben Strecke wieder zur Bali Therme zurück, auf der wir herkamen.

Gleich neben unserem Radweg liegt die kleine Stadt Vlotho – im Schatten der Höhenburg auf dem Amtshausberg, die es ab 1250 dort gab. Aufgrund der guten Lage gab es vermutlich schon 1336 eine erste Fähre an der Stelle des heutigen Vlotho, vielleicht wurden die Passagiere seinerzeit von einem der Binnenfischer mit seinem Lattenboot übergesetzt. Den Nachbau eines solchen Bootes finden wir in der Innenstadt, ebenso zahlreiche **Bürger- und Fachwerkhäuser**.

Bevor wir uns am Ende der Tour wieder in der Bali Therme erholen, besuchen wir den **Aqua-Magica-Park**, der von außen eher unscheinbar aussieht, uns im Innern aber umso mehr beeindruckt: Der „Wasserkrater" ist eine unterirdische Brunnenskulptur, in die wir durch zwei Tore im Mauerring gelangen. Dann geht es 18 m in die Tiefe, um zur „Quelle des magischen Wassers" zu gelangen, bevor neben uns eine 30 m hohe Wasserfontäne in den Himmel schießt. Die geballten Urkräfte der Solequellen werden an dieser Stelle für uns hautnah erlebbar.

Kartentipp:
ADFC-Regionalkarte Ostwestfalen,
1:75.000, ISBN 978-3-96990-020-8, € 9,95
Digital für Smartphones und Tablets:
www.fahrrad-buecher-karten.de/rk-digital

16 Die Mühlenroute – der Name ist Programm!

Von Bad Oeynhausen über Porta Westfalica

Wellness-Touren Info

ca. 41 km ohne Abstecher, Abkürzung möglich. Regionale Radweg-Beschilderung sowie teils Beschilderung als Mühlenroute bzw. als Terra Trail oder Else-Werre-Radweg. Einige Steigungen, die eine Grundkondition erfordern. Die Route führt meist über separate Radwege, einige Passagen auf losem Untergrund.

Start / Ziel: Bali Therme in Bad Oeynhausen, www.balitherme.de

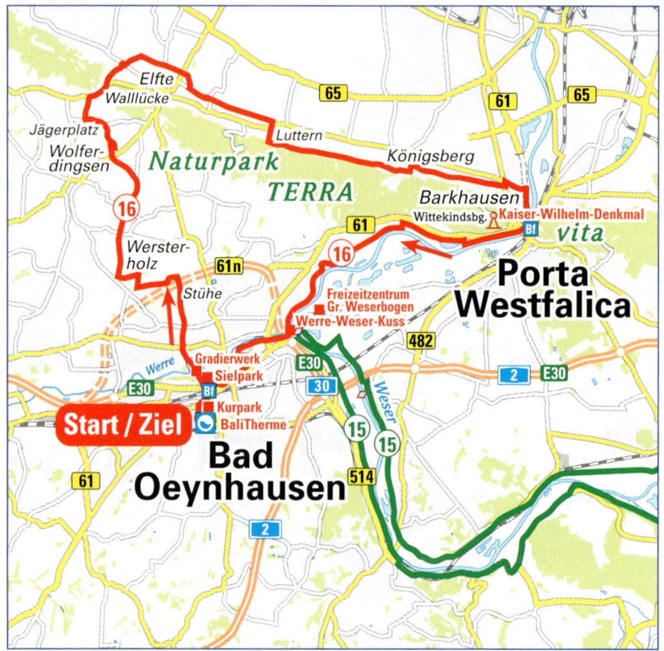

Mitten in Ostwestfalen-Lippe heißt es „selamat datang" – willkommen im indonesischen Inselparadies. Die „**Bali Therme**" hält aber nicht nur vom Namen her, was sie verspricht: eine perfekte Symbiose aus asiatischem Ambiente und den Heilanwendungen, wie schon Pfarrer Sebastian Kneipp praktizierte. Von außen wirkt das Thermalwasser im Whirlpool oder Entspannungsbecken mit dem lauwarmen Thermalwasser, während es am Trinkbrunnen auch etwas für die innere Gesundheit gibt. Auch für die Kleinsten ist bestens gesorgt – sie planschen vergnügt im subtropischen Bali Kinderland. Nach der etwas anstrengenden Radtour freuen wir uns auf den tollen Wellnessbereich. Der bietet uns asiatische und klassische Massagetechniken, Bali Körperpeelings und vieles mehr – gerne auch in kleinerer Atmosphäre bei Partnermassagen.

Bad Oeynhausen blickt auf eine lange Tradition als Heilkurort zurück, die bis heute erhalten werden konnte. Der Kurpark mit seinen feinen Kurgebäuden begeistert und ebenso, wie die Bali Therme, die direkt am Rande des Parks erbaut wurde. Hier können wir bestens regenerieren, nachdem wir auf der wunderschönen, aber doch etwas anstrengenden Mühlenroute eine Runde mit den Fahrrädern gedreht haben.

Los geht's an der Bali Therme in Bad Oeynhausen, die wir im Uhrzeigersinn um die

Der Kurpark von Bad Oeynhausen strahlt noch heute Eleganz aus

Therme herum verlassen, um rechts in die Schützenstraße einzubiegen. Diese geht in den Westkorso über und führt uns um den Kurpark herum bis zur querenden Herforder Straße. Hier rechts durch die „Fußgängerzone", links in die Lennestraße, unter den Schienen her und dahinter geradeaus, ebenso gerade über die Landstraße hinweg, durch den Sielpark und über die Werre. Hinter dem Park geradeaus auf der Stüher Straße und wir sind auf der Mühlenroute angekommen. Deren Schilder weisen uns den stetig ansteigenden Weg durch Stühe, Wersterholz und Wolferdingsen nach Jägerplatz. Nun wird es nochmals anstrengender, wenn wir etwas steiler bergauf kurbeln. Den Schildern des Terra-Trails-Radwegs folgend gelangen wir durch Walllücke, Elfte, Luttern, Königsberg und Barkhausen zu den Toren von Porta Westfalica.

Unser Start- und Zielort Bad Oeynhausen kann auf eine lange Tradition als **Kurbad** zurückblicken. Schon im 18. Jh. wurde im Sielpark die erste Quelle angebohrt – noch heute speist sie das Gradierwerk, an dem wir noch vorbeikommen werden. Im Jahre 1839 fand man Thermalsole und sechs Jahre später setzte man die mit 696,4 m tiefste Bohrung, die es weltweit bis zu dieser Zeit gab. Schnell wurden ein Kurgebiet ausgewiesen und ein **Kurpark** errichtet, der sich direkt unterhalb unserer Bali Therme erstreckt und seinerzeit von Peter Joseph Lenné entworfen wurde. Mitten im Kurpark sprudelt seit 1926 die Fontäne des **Jordan-Sprudels** meterweit in die Höhe – es heißt, es gibt auf der Welt keine Thermalsolequelle mit einem höheren Kohlensäure-Gehalt. Mit den Thermalquellen begann auch die Blütezeit der Stadt. Schnell gab es einen modernen Kurbetrieb mit mondänen Gästen und prachtvollen Kurgebäuden. Es entstanden eine **Wandelhalle**, Badehäuser, ein Spielcasino, Theater und natürlich ein **Kurhaus**.

Noch heute kommen viele Menschen aus ganz Deutschland nach Bad Oeynhausen, um

Grüne Hügel und in der Mitte ein Fluss – das ist das Weserbergland

sich von ihren Leiden befreien zu lassen oder zumindest die Gesundheit wieder zu verbessern. Bekannt ist das **Herz- und Diabeteszentrum**, das inzwischen das **größte Herztransplantationszentrum Europas** ist.

Kaum losgeradelt, können wir nach wenigen Minuten bereits von den Rädern steigen und uns an der guten Luft erfreuen, denn wir kommen durch den Sielpark direkt an dem in den 1990er Jahren errichteten **Gradierwerk** vorbei. Das Solewasser rieselt hier über Äste, verdunstet dabei und gibt unseren Lungen das Gefühl, frische Meeresluft einzuatmen.

Mitten durch den Sielpark schlängelt sich die **Werre**. Sie tritt bei Horn - Bad Meinberg ihre rund 72 km lange Reise durch Ostwestfalen an und ergießt sich ganz in der Nähe in die Weser.

Die Anstrengungen auf der ersten Hälfte unserer Tour lohnen sich, denn wir rollen durch einen Teil des **Natur- und Geoparks TERRA.vita**. Schon der Name macht deutlich, dass „aller Ursprung aus der Erde" kommt. Der Geopark steht unter dem Schutz der UNSESCO und war 2004 der erste Naturpark, der den Titel „Europäischer Geopark" führen durfte. Ziel ist natürlich der Erhalt dieser einzigartigen Flora und Fauna, aber auch die Nutzung für einen nachhaltigen Tourismus.

Dann kommen wir nach „**Porta Westfalica**". Der Name entstand aus einer natürlichen Gegebenheit: Das Wiehen- und das Wesergebirge formen hier so etwas wie ein „Tor" auf 203 m Höhe, um der Weser den Weg in die norddeutsche Tiefebene zu eröffnen. Am „Tor Westfalens" entstand eine pulsierende Kleinstadt mit rund 35.000 Einwohnern.

Weiter geht´s von Porta Westfalica, das wir entlang des linken Weserufers unterhalb des Denkmals verlassen. Die Radwegeschilder der Mühlenroute und des Weser-Radwegs geleiten uns zur Mündung der Werre, wo wir rechts auf den Else-Werre-Radweg abzweigen Richtung Bad Oeynhausen. Hinter dem Freibad erreichen wir wieder den Sielpark. Wo

Kaiser Wilhelm wacht über uns

wir links abbiegen und auf unserem Hinweg zurück zur Bali Therme rollen.

Hoch über unseren Köpfen thront das **Kaiser-Wilhelm-Denkmal** auf dem Wittekindsberg. 1896 wurde das imposante, 88 m hohe Monument fertiggestellt, das bis heute eines der größten Denkmäler Deutschlands ist.

„Gegenüber" auf dem Jakobsberg, einem Bergrücken des Wesergebirges, steht der 142 m hohe **Funkturm**, von dessen Aussichtsplattform ein unglaublicher Fernblick in alle Himmelsrichtungen möglich ist.

Kartentipp:
ADFC-Regionalkarte Ostwestfalen,
1:75.000, ISBN 978-3-96990-020-8, € 9,95
Digital für Smartphones und Tablets:
www.fahrrad-buecher-karten.de/rk-digital

Tipp: Die Steigungen auf unserer Strecke stellen auch wenig Trainierte nicht vor unüberwindbare Hindernisse. Dennoch fordern Sie einiges an Kraft bzw. Akkuleistung unserer E-Bikes. Wer also abkürzen möchte, kann in Porta Westfalica in die **Bahn** steigen und sich in wenigen Minuten zurück nach Bad Oeynhausen fahren lassen.

Auf unserem Rückweg kommen wir durch den „Großen Weserbogen". Hier beschreibt der Fluss nicht nur mehrere langgezogene Biegungen, sondern umschließt auch ein Gebiet mit mehreren kleinen und großen **Seen**. Teilweise ist die Region unter **Naturschutz** gestellt, andernorts wird sie als „**Freizeitzentrum Großer Weserbogen**" touristisch genutzt. Auch der „**Werre-Weser-Kuss**", die Einmündung des Flusses Werre in den Strom, liegt in diesem Bereich. Hier verführen uns noch einige Parkbänke mit bester Aussicht zu einem letzten Stopp. Das **Flößer-Denkmal** erinnert uns an die Zeit, als die Weser noch mehr Bedeutung für die Schifffahrt hatte.

Die „Mühlenroute" bringt uns zurück nach Bad Oeynhausen. Wo wir in der Innenstadt etwas shoppen gehen, was in der **Fußgängerzone** besonders entspannt ist. Hier finden wir auch die **Hygieia-Plastik** und den Najade-Brunnen, die an Bad Oeynhausen in seiner Funktion als Heilbad erinnern. Bevor wir uns in der Bali Therme von der Radtour erholen, kehren wir noch in eines der gemütlichen Cafés oder Restaurants ein.

17 Westfälische Traditionen und westfälisches Meer

Von Bad Sassendorf über Körbecke

Wellness-Touren Info

ca. 46 km ohne Abstecher, Abkürzung möglich. Regionale Radweg-Beschilderung. Eine langgezogene, ca. 10 km lange Steigung im ersten Teil, zwei kleinere Steigungen im zweiten Teil. Die Route führt meist über separate Radwege, einige Passagen auf losem Untergrund.

Start / Ziel: Börde Therme in Bad Sassendorf, www.boerde-therme.de

Saunarituale in Bad Sassendorf

Etwas anstrengend wird es schon auf unserer Rundtour, die uns von Bad Sassendorf über mehrere Kilometer bergauf zum Möhnesee führt. Nachdem wir ein gutes Stück am Nordufer des „Westfälischen Meers" zurückgelegt haben, melden die Waden nochmals eine Steigung. Gegen Ende der Tour tauchen wir ein in eine der schönsten Altstädte Nordrhein-Westfalens. In Soest gibt es unglaublich viel zu entdecken. Wie gut, dass wir von hier rasch wieder an unserer Börde Therme sind, um dort das Wellnessangebot zu nutzen.

Das Wasser, in dem wir uns in der „**Börde Therme**" nach der Radtour regenerieren, stammt aus naturidentischen Vitalquellen. Das Immunsystem wird gestärkt, das Bindegewebe gestrafft, die Knochen, Nerven- und Muskelfunktionen werden angesprochen – das klingt so, als würden wir nach dem Thermenbesuch direkt wieder auf die Fahrräder steigen können! Im Saunabereich oder im Schwebebecken wird dieses Empfinden noch weiter gesteigert. Wer gute Luft tanken mag, kann dies vor dem 73 m langen **Gradierwerk** bestens genießen. Und wenn die Atmung dann immer noch nicht ausreicht, machen wir es uns in einem Liegestuhl bequem und atmen bei entspannter Musik und Beleuchtung in der Meersalzgrotte noch tiefer durch. Diese Heilanwendungen sind eine tolle Ergänzung zum Wellness-Angebot der Therme, das natürlich auch Massagen und Kosmetik umfasst.

Über den Dächern von Soest

Los geht's an der Börde Therme, die wir auf der Gartenstraße links an den Parkplätzen vorbei verlassen, um im Kreisel geradeaus und dahinter links in die Bahnhofstraße zu fahren. Kurz darauf rechts „An der Rosenau", die eine Linkskurve vollzieht. In der zweiten Kurve rechts und am Ende des Wohngebiets zweimal rechts, dann links und auf der Straße an den Supermärkten vorbei. Am Kreisel geradeaus. Nachdem wir die B475 gekreuzt haben, links und an der B229 für ein paar Meter nach rechts, dann links und den Radschildern folgend mit deutlicher Steigung auf der Pengel-Anton-Route via Elfsen, Hackeloh, Schalloh, Echtrop und Berghof hinunter zum Ufer des Möhnesees, dem wir nach rechts folgen, um nach Körbecke zu gelangen.

Die Geschichte von Bad Sassendorf reicht weit zurück und schon Anfang des 12. Jhds. wurde von einem Salzhaus und einer Salzgewinnung im Ort berichtet. Sichtbar wird dieses Kapitel an dem schönen **Denkmal**, bei dem der Esel mit einem Salzsack von seinem Besitzer zum Gehen „aufgefordert" wird. Das ehemalige Gradierwerk von 1960 und das 2019 in Betrieb genommene **Neue Gradierwerk** weisen deutlich auf die vorhandenen Solequellen unter der Stadt hin. Beim Durchstreifen der Stadt entdecken wir viel der alten Bausubstanz, die teils mit Fachwerk ausgeführt wurde, einen interessanten Bahnhof, die Kirche St. Simon und Judas Thadäus sowie **„Die Flüsternden"**, eine sehr gelungene Plastik.

Tipp: Die Höhenmeter hierher zum Möhnesee hatten es schon in sich. Und für den Rückweg kündigt sich eine weitere Steigung an. Wenn nun die Kondition doch schon am See zu Ende ist, können wir von Körbecke oder von Delecke aus mit der Buslinie R49 nach Soest fahren. Dort gibt es dann auch die Möglichkeit, mit dem Zug in wenigen Minuten nach Bad Sassendorf zu gelangen.

Obwohl die Möhnetalsperre bereits im Kreis Soest liegt, gilt der Fluss namens Möhne seit jeher als Nordgrenze des **Sauerlandes**. Der Fluss wird hier seit dem Jahre 1912 zu einem bis zu mehr als 10 qkm großen See aufgestaut. Mit ihren zwei Vorsperren und einem Ausgleichsbecken, dient der See für die Regu-

17

Der Möhnesee ist zu jeder Jahreszeit ein Erlebnis

lierung des Wasserhaushaltes an der Ruhr. Die ist zwar noch einige Kilometer entfernt, doch das Seewasser wird je nach Bedarf über den Unterlauf der Möhne an die Ruhr abgegeben – das geschieht an deren Mündung bei Neheim.

Der Möhnesee wurde auch zur Gewinnung von Wasserkraft und natürlich auch touristisch genutzt. Es ist aber auch einfach schön hier: Das glitzernde Nass wird von sanften Hügeln umgeben, an den Ufern findet man von Party-Unterhaltung über Abenteuer-Erlebnisse und Schiffstouren bis hin zu ruhigen, abgeschiedenen Flecken alles, was das Herz begehrt. Wir nutzen einen Teil des bestens ausgebauten Radwegs, der sich einmal um das komplette Ufer zieht!

Der Ortsteil Wamel hat sich zu einem echten Künstlerdorf entwickelt. Den größten Zwischenstopp legen wir aber in Körbecke ein, das 1180 als „Kurbecke" erstmals genannt wurde und rund um die **Pfarrkirche St. Pankratius** aus dem 18.Jh. (Turm 12.Jh.) viele Künstler anzieht.

Die Menschenmengen werden größer – ein klares Indiz dafür, dass wir zur Sperrmauer kommen. Der Ruhrtalsperrenverband erschuf dieses technische Meisterwerk: 650 m lang und 40 m hoch – und begehbar ist die **Sperrmauer** auch im Rahmen einer Führung. Dabei erfahren wir dann auch den dunkelsten Teil der Geschichte: Am 17. Mai 1943 erfolgte um 0.15 Uhr der Angriff eines britischen Bom-

berverbandes. Die Briten verwendeten sogenannte Rollminen, die beim Abwurf in eine Rollbewegung gebracht wurden. Dadurch sprangen sie wie ein flacher Stein über die Wasseroberfläche und damit auch über die Netze, die Torpedos eigentlich abhalten sollten. Eine Mine traf den Damm – die folgende Flutwelle zerstörte alles, was sich ihr in den Weg stellte und forderte über 1.000 Opfer.

Weiter geht´s von Körbecke, das wir weiter auf dem Radweg verlassen, der dem Ufer des Möhnesees folgt. Nachdem wir die Staumauer passiert haben und auch der Ausgleichsweiher zu Ende ist, biegen wir links auf die Soester Straße, die in Günne kräftig ansteigt. Durch Theiningsen und Deiringsen steuern wir schnurgerade auf die Innenstadt von Soest zu. Diese verlassen über Osthofenstraße und Nottebohmweg und weiter geradeaus durch den Stadtpark. Ab der B475 kennen wir den Rückweg bereits von unserer Hinfahrt – so gelangen wir rasch zurück zur Börde Therme.

Wie gut, dass es von Soest aus nicht mehr weit ist bis zu unserer Therme in Bad Sassendorf, denn in der alten Hansestadt gibt es unglaublich viel zu entdecken: Als erstes sichten wir die in ihrer Länge zu ¾ erhaltene **Stadtbefestigung**, die wir auf rund 2,5 km Länge komplett begehen können. Der äußere Wall wurde zwar schon 1586 abgetragen, doch der **innere Wall** sorgt mit seinen Wasserflächen und dem vielen Grün für Freude. Auch der „**Große Teich**“ ist in Soest etwas Besonderes, denn er friert nie zu, weil der Salzgehalt so hoch ist. Unübersehbar sind das in grellem rot gestrichene barocke **Rathaus**, der St. Patrokli-Dom und die Kirche St. Petri. Zu deren Füßen flanieren wir durch eine **Altstadt**, in der die Zeit stehengeblieben ist: Sage und schreibe 600 Gebäude stehen hier unter Denkmalschutz, viele bieten mit ihrem **Fachwerk** erstklassige Fotomotive. Ansehen müssen wir uns auch das **Pilgrim-Haus**. Einst übernachteten hier, im ältesten Gasthof Westfalens, die Pilger auf dem Jakobsweg.

Kartentipp:
ADFC-Regionalkarte Sauerland,
1:75.000, ISBN 978-3-96990-147-2, € 10,95
Digital für Smartphones und Tablets:
www.fahrrad-buecher-karten.de/rk-digital

18 Wunderschöne Ortskerne im Lipperland

Von Bad Sassendorf über Lippstadt

Wellness-Touren Info

ca. 62 km ohne Abstecher, Abkürzung möglich. Regionale Radweg-Beschilderung sowie fast komplett Beschilderung als Hellweg- bzw. als Römer-Lippe-Radweg. Keine größeren Steigungen. Die Route führt meist über separate Radwege, einige Passagen auf losem Untergrund.

Start / Ziel: Börde Therme in Bad Sassendorf, www.boerde-therme.de

Weitere Wellness-Einrichtungen entlang der Strecke: Hellweg-Sole-Thermen Betriebs GmbH

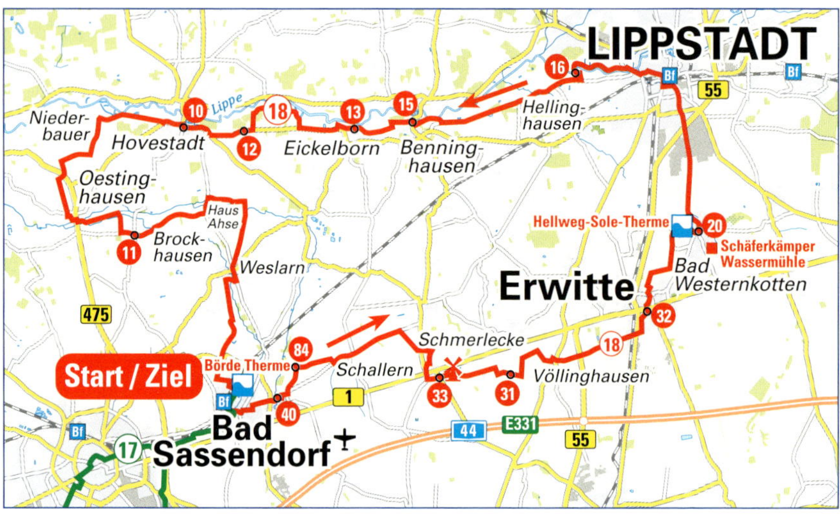

Eine entspannte Rad-Runde erwartet uns, wenn wir von Bad Sassendorf über Erwitte nach Lippstadt und wieder retour radeln. Zahlreiche historische Orte mit sehenswerten Fachwerkhäusern machen die Tour kurzweilig.

Das **Bad Sassendorfer Moor** ist ein ganz außergewöhnliches Heilmittel aus der Natur. Auch in der **Börde Therme** wird es zur Linderung von Rheuma, Nerven- und Rückenbeschwerden, Hormonproblemen, Entgiftung oder einfach zur Immunstärkung eingesetzt.

Los geht's an der Börde Therme, die wir auf der Gartenstraße links an den Parkplätzen vorbei verlassen, um im Kreisel geradeaus und dahinter links in die Bahnhofstraße zu fahren. Die mündet in einen Kreisel, den wir nach links auf der Weslarner Straße verlassen, dann rechts in den Lohweg, links in die Oststraße, rechts in „Landwehr" und geradeaus auf dem Landerpfad hinaus aus der Stadt. Wir sind auf dem Themenradweg „Hellweg", der uns über die Knotenpunkte 40 und 84 (hier rechts) durch Schallern, Schmerlecke (Knotenpunkt 33) und Völlinghausen (Knoten 31) nach Erwitte (Knoten 32) geleitet. Durch Bad

Westernkotten (Knotenpunkt 20) erreichen wir Lippstadt.

Kaum losgefahren, kommen wir an der **Windmühle Schmerlecke** vorbei – das hohe strahlend weiße Gebäude ist kaum zu übersehen.

Im Schatten der **St.-Laurentius-Kirche** empfängt uns Erwitte mit einer sehenswerten Innenstadt. Vor allem dem **Schloss** der Grafen von Landsberg und das **Alte Rathaus** müssen wir uns widmen.

Sole und Moor sind die Heilmittel, die Bad Westernkotten 1975 den Titel „**staatlich anerkanntes Heilbad**" einbrachten. Es war übrigens der Rentmeister einer reichen, ortsansässigen Familie, der erstmals die Sole zur Linderung einsetzte. Heute ist Bad Westernkotten voll auf den Kurbetrieb eingestellt und empfängt uns mit einem hübsch gestalteten Ortskern. Etwas außerhalb liegt **Schäferkämper Wassermühle** mit gleich zwei Wasserrädern.

Tipp: Wer die Tour bereits nach rund 25 km beenden möchte, kann von Lippstadt aus mit der **Bahn** in unter einer Viertelstunde zurück nach Bad Sassendorf fahren und hat dann noch viel mehr Zeit für die Tiefenentspannung in der Börde Therme.

Lippstadt wurde 1185 als sogenannte Planstadt angelegt. Um dies zu ermöglichen, musste die zu bebauende Fläche seinerzeit komplett frei von Gebäuden sein. Heute empfängt uns eine nette Kleinstadt, die von der **Großen Marienkirche** am Marktplatz dominiert wird. Drum herum gibt es einen **historischen Stadtkern** mit dem Alten Rathaus und einigen sehenswerten **Fachwerkhäusern**. In und um Lippstadt herum gibt es zahllose **Brücken**, denn auf der Stadtfläche gibt es 750 km **Wasserläufe** – das brachte Lippstadt den Titel „Venedig Westfalens" ein. Die **Fußgängerzone**

Shoppen in Lippstadt

lädt uns zum Einkehren und Entspannen ein – bestens geeignet, um Kräfte für den Rest unserer Radtour zu tanken.

Weiter geht´s von Lippstadt, das wir den Schildern der Römer-Lippe-Route folgend verlassen. Hellinghausen, Benninghausen, Eickelborn, Hovestadt, Niederbauer, Östinghausen, Brockhausen und Weslarn liegen auf unserer großen Runde zurück nach Bad Sassendorf – dabei treffen wir auf die Punkte 16, 15, 13, 12, 10 und 11. Am Ortseingang peilen wir die Börde Therme an, wo unsere Tour endet.

Am Wegesrand wechseln sich hübsche Ortskerne ab – hier liegt auch **Haus Ahse**, das seine Wurzeln in einem alten Rittergut hat. Die **Kirche St. Urbanus** von Weslarn wurde bereits im 13. Jh. errichtet, wobei es an der Stelle bereits eine Kirche gab. Damit ist sie eines der ältesten Gotteshäuser in der Soester Börde.

Kartentipp:
ADFC-Regionalkarte Sauerland,
1:75.000, ISBN 978-3-96990-147-2, € 10,95
Digital für Smartphones und Tablets:
www.fahrrad-buecher-karten.de/rk-digital

19 Der jungen Ruhr auf der Spur

Von Winterberg nach Meschede

Wellness-Touren Info

ca. 42 km ohne Abstecher. Regionale Radweg-Beschilderung sowie fast komplett Beschilderung als Ruhrtal-Radweg. Zwei kleinere Steigungen zu Beginn, dann ausschließlich Gefälle. Die Route führt meist über separate Radwege, einige Passagen auf losem Untergrund.

Start: Schwimmbad Winterberg bzw. Winterberg Oversum Vital Resort, www.winterberg.de bzw. www.oversum-vitalresort.de

Ziel: Meschede, Bahnhof

Das Oversum bietet ein perfektes Wellnessangebot

Heute radeln wir auf einer der absoluten „Muss-Touren" in diesem Buch: Von Winterberg aus folgen wir dem Ruhrtal-Radweg, der uns direkt „durch" die Quelle und dann in flotter Fahrt stets bergab vorbei an herrlichen Fachwerkorten bis Meschede führt.

Winterberg ist „der" Touristenmagnet im Sauerland. Und an einer der schönsten Ecken Winterbergs finden wir das „**Schwimmbad Winterberg**" und direkt daneben das „**Winterberg Oversum Vital Resort**". Im Schwimmbad von Winterberg können wir unsere Bahnen ziehen und aus den Panoramafenstern oder aus dem

Der Marktplatz ist Winterbergs Radlertreff

Außenbecken einen herrlichen Blick über die bergige und grüne Natur genießen. Für einen perfekten Wellness-Genuss sorgt das Winterberg Oversum Vital Resort, das sich gleich neben dem Schwimmbad befindet. Schon von außen ist das Hotel ein echtes Highlight, denn die Zimmer sind in einem futuristischen, runden Bau untergebracht, der für jeden Gast eine einmalige Fernsicht bietet. Der Begriff Oversum entstand aus den Begriffen "Universium" und "Over". Auch Tagesgäste können sich hier im Wellnessbereich verwöhnen lassen, die Saunalandschaft besuchen und Massagen buchen. Ergänzt wird das Angebot durch Rasul, Ayurveda, Beauty, Kosmetik, Yoga, Day Spa, Private Spa, Schwebeliege, Salzpeelings und vielem mehr – eine Oase der totalen Entspannung!

Los geht's am Schwimmbad Winterberg, das wir von den Parkplätzen aus vor der Anlage her und oberhalb des Kurparks radelnd verlassen. An der querenden Bahnhofstraße rechts und zum Winterberger Bahnhof. Hier finden wir die Schilder des Ruhrtal-Radwegs, die uns (beim Knotenpunkt 55 rechts) zu Beginn eine kurze, aber knackige Steigung auf der Jakobusstraße bescheren. Noch eine kleine Steigung und wir stehen vor der Ruhrquelle. Ab jetzt geht es nur noch bergab: Am Wegesrand liegen Niedersfeld, Wiemeringhausen, Assinghausen, Knotenpunkt 15 und Olsberg (Knotenpunkt 16).

Seitdem 1898 ein Altastenberger Pfarrer die ersten Skiläufe unternahm, hat sich Winterberg **zum größten Wintersportort nördlich der Alpen** entwickelt. 1250 durch Konrad von Hochstaden direkt am Schnittpunkt wichtiger Heerstraßen gegründet, bot der Ort allerdings nicht genügend Infrastruktur, um die Bürger überlebensfähig zu halten. Daher wurden die Winterberger zu einem Volk der Handelsreisenden für Holz- und Eisenwaren. Da sie es mit der Ehrlichkeit nicht allzu genau nahmen, wurden sie „**Hampelknitter**", „betrügerische Sensenhändler" genannt. Im Kurpark wurde ihnen ein Denkmal gewidmet. Einst tobten immer wieder Großbrände in Winterberg, bei dem letzten blieben im Jahre 1791 nur 7 Häuser stehen. Um sich fortan zu schützen, wurde die Stadt nach dem letzten Inferno mit brei-

19

ten, schnurgeraden von Ost nach West verlaufenden Straßen, **Schieferfassaden** und ohne Strohdächer angelegt.

Tipp: Rund um den **Marktplatz** lässt es sich vorzüglich einkehren. Da die Touristen inzwischen ganzjährig hier logieren, wird vom einfachen Snack über vortreffliche, hausgemachte Kuchen bis zum Sternemenü alles angeboten.

rund um die Kirche St. Peter von 1300 und den alten **Kornspeicher**, der vor mehr als 450 Jahren errichtet wurde, gruppieren. Kein Wunder, dass es schon mit zahlreichen Auszeichnungen wie **Landes- oder Bundesgolddorf** prämiert wurde. Übrigens: Dörfer die auf „-inghausen" enden, lassen stets auf einen keltisch-germanischen Ursprung deuten, was eine Besiedelung seit dem 8. Jh. bedeuten kann.

Gleich zu Beginn der Tour erklimmen wir den 695 m hohen **Ruhrkopf** – er gehört zur Rhein-Weser-Wasserscheide. Dies bedeutet, dass das Wasser auf der einen Bergflanke via Ruhr in den Rhein und auf der anderen Seite via Orke und Eder in die Weser fließt.

Nachdem die Ruhrquelle lange ein eher tristes Dasein fristete, wurde der Gedenkstein der „**Ruhrquelle**" von 1849 frisch gewienert, Bänke und Infotafeln aufgestellt und als besonderes Schmankerl hat man den Verlauf der Ruhr so angelegt, dass wir hindurch fahren können. 221 km sind es offiziell, die die Ruhr auf ihrem Weg bis zur Rheinmündung zurücklegt.

Die „schönste Fachwerkgruppe Westfalens" – Assinghausen

Nur wenige Meter sind ist in die Ortsmitte des Luftkurortes Niedersfeld mit prachtvollen **Fachwerkhäusern**. Wer bisher schon ins Schwitzen kam, kann sich im Hille-Stausee abkühlen.

Auch Wiemeringhausen, das 1321 erstmals als Wigmannencusen erwähnt wurde, ist einen Stopp wert, denn auch hier finden wir einen sehenswerten Ortskern und den „historischen Hochbehälter", einen alten **Wehrspeicher**.

„**Schönste Fachwerkgruppe Westfalens**", „Rosendorf", „Fachwerkdorf" – das sind nur drei der Namen, mit denen das um 800 gegründete Assinghausen gerne geschmückt wird. Der historische Ortskern begeistert uns mit wundervollen Fachwerkhäusern, die sich

In Olsberg können wir uns per pedes auf den 39 km langen **Kneippwanderweg** begeben, der mit 6 natürlichen Tretstellen gespickt ist. So etwas gibt es kein zweites Mal in Deutschland. Neben einigen **Fachwerkhäusern** fällt in Olsberg vor allem das **Schloss Schellenstein** ins Auge.

Weiter geht´s von Olsberg auf unserem Ruhrtal-Radweg vorbei an Schloss Schellenstein, Bestwig, Velmede und Wehrstapel nach Meschede. Hier lenken wir zum Bahnhof, steigen in den Zug und lassen uns in einer knappen Dreiviertelstunde hinauf nach Winterberg gondeln. Den kurzen Weg mit einer kleinen Steigung zurück zum Schwimmbad kennen wir bereits von der Hinfahrt.

Ostwig (Ortsteil der Gemeinde Bestwig) wurde um 1870 gegründet. Heute ist Haus

Olsberg schmiegt sich ins Tal

Ostwig das auffälligste Bauwerk im Ort. Es wurde 1200 erstmals als Rittergut erwähnt und wechselte per Tausch gegen Rittergut Gevelinghausen 1299 in den Besitz des Grafs Ludwig von Arnsberg. Im 17. Jh. erfolgte ein Umbau zu jenem Herrenhaus, das sich noch heute in Privatbesitz befindet.

Etwas außerhalb von Bestwig liegt Ramsbeck mit seinem **Erzbergbaumuseum** und dem **Besucherbergwerk**. Hier können wir ausstaffiert mit Schutzkleidung und Helm mittels Grubenbahn 1,5 km in den Berg hinein fahren. Über Tage finden wir die Alte Kornmühle Ramsbeck, die zu Beginn des 17. Jhds. erbaut wurde.

Mit Meschede erreichen wir unser Tagesziel und eine der größeren sauerländer Städte.

Im 9. Jh. war noch die Rede von „Mescedi" oder „Messcede", das rund 1,5 km vom heutigen Stadtkern entfernt aus einer karolingischen Wallburg erwuchs. Unter König Otto I. wurde Meschede das Markt- und Zollrecht verliehen. Während die umliegenden Orte Stadtrechte erhielten, erlangte Meschede 1457 wegen der kölschen Ausrichtung des Stifts den Status der „Freiheit", ein Ort mit eingeschränktem Stadtrecht, die „Minderstadt" genannt wurde. Der Bau des **Rathauses** brachte 1581 neuen Schwung, der mit dem 30jährigen Krieg wieder verebbte.

Im 17. Jh. wurden nur noch rund 600 Einwohner gezählt. Mit den Tuchmachern kamen auch die Bürger zurück. 1819 wurde Meschede Kreisstadt und zog beiderseits der Ruhr Industrie an.

Rund um die einladende **Fußgängerzone** gibt es einiges zu sehen, wie z.B. die Pfarrkirche St. Walburga, die im 9. Jh. noch Mittelpunkt des Stifts war. Etwas außerhalb der Stadt liegt die **Abtei Königsmünster**. Das Benediktinerkloster prägt mit der Abtei- und Friedenskirche das Stadtbild Meschedes.

Kartentipp:
ADFC-Regionalkarte Sauerland,
1:75.000, ISBN 978-3-96990-147-2, € 10,95
Digital für Smartphones und Tablets:
www.fahrrad-buecher-karten.de/rk-digital

20 Höhepunkte im Hochsauerland

Von Winterberg über Züschen

Wellness-Touren Info

ca. 25 km ohne Abstecher. Regionale Radweg-Beschilderung. Im zweiten Teil zwei große Steigungen, die Kondition oder ein E-Bike erfordern. Die Route führt meist über separate Radwege, einige Passagen auf losem Untergrund.

Start / Ziel: Schwimmbad Winterberg bzw. Winterberg Oversum Vital Resort, www.winterberg.de bzw. Oversum-vitalresort.de

Wir sind im HOCH-Sauerland unterwegs, was wir beim Höhenprofil dieser Tour gut nachvollziehen können. Zunächst rollen wir ganz entspannt über eine alte Bahntrasse nach Züschen. Der Rückweg gestaltet sich aber deutlich anstrengender.

Was gibt es Schöneres, als nach einer Fahrradtour zunächst ein Wellnessprogramm zu genießen, dann einem guten Abendessen zu frönen und dann zufrieden ins Bett zu gleiten? All´ das können wir erleben im „**Winterberg Oversum Vital Resort**". Und eine unglaubliche Aussicht genießen wir auch noch von unserer Unterkunft aus – egal ob Einzelzimmer oder exquisite Suite.

Los geht's am Schwimmbad Winterberg, das wir an den Parkplätzen vorbei zur Straße „Am Kurpark" verlassen. Mit rechts abbiegen gelangen wir auf die Marktstraße, die uns geradeaus durch die Innenstadt führt. An der Kreuzung links in die Hellenstraße, in der Linkskurve rechts über den Marktplatz, dann geradeaus auf „Am Waltenberg". Am Knotenpunkt 56 links in die Nuhnestraße, in der Linkskurve rechts und gleich wieder rechts in die Günninghauser Straße, die schon bald autofrei ist und uns in flotter Fahrt als Bahntrassen-Radweg hinunter nach Züschen bringt.

Der Ferienort Züschen empfängt uns mit vielen schönen **Fachwerkhäusern**, die von der **Pfarrkirche St. Johannes Baptist** überragt werden. Im Innern gibt es einen sehenswerten Hochaltar von 1712.

Weiter geht´s von Züschen, das wir am Knotenpunkt 58 auf der Mollseifener Straße verlassen, was uns bis Mollseifen bereits die erste Steigung beschert. Den Schildern folgend kurbeln wir dann rechts steil hinauf nach Neuastenberg. Von hier radeln wir über den Kahlen Asten und weiter zurück nach Winterberg. Hier bleiben wir immer geradeaus, passieren den Knotenpunkt 57 und folgen ab dem Markplatz der Strecke zum Schwimmbad zurück, auf wir herkamen.

Unsere Tour führt uns hinauf nach Neuastenberg. Sommers wie winters kommen die Gäste wegen der guten **Luft**, der tollen Aussicht und der ausgezeichneten Unterkünfte hierher.

Die anstrengende Auffahrt wird belohnt, denn wir kommen zum „Dach des Sauer-

Die „Kappe": Winterbergs Hot-Spot für alle, die Adrenalinkicks suchen

landes". 841,9 m misst der **Kahle Asten**, der damit der zweithöchste, aber der bekannteste Berg des Sauerlandes ist. Vom 1895 eröffneten **Aussichtsturm**, in dem auch eine Wetterstation untergebracht ist, reicht die Rundumsicht bei klarem Wetter bis zum Brocken im Harz. Unweit des Turms finden wir die Lennequelle und die Rhein-Weser-Wasserscheide.

Tipp: Ein kleiner Abstecher führt nach Altastenberg, das uns mit schönen **Fachwerkhäusern**, der Pfarrkirche Maria Schnee und der Pfarrkirche St. Erasmus begeistert. Wir sind hier übrigens im **höchstgelegenen Ort Nordwestdeutschlands**!

Die Rückfahrt führt uns vorbei an der Kappe, dem touristischen Hot-Spot Winterbergs. Neben der Bobbahn entstanden eine **Sommerrodelbahn**, ein Kletterwald, ein Naturerlebnispfad, eine **Fly-Line** für besonders Wagemutige und die **Panorama-Erlebnisbrücke** mit spektakulären Aussichten. Gleich nebenan wurde der **Bike-Park Winterberg** angelegt. Downhill-Abfahrten, spektakuläre Sprünge, Hindernis-Trail und vieles mehr steigern den Adrenalinspiegel. Um den wieder zu senken, geht es bequem mit dem Sessellift nach oben. Der Park gehört zur **Bike-Arena Sauerland**. Diese bietet Strecken unterschiedlichster Ansprüche – 1.140 Streckenkilometer und 22.000 Höhenmeter sind ausgeschildert.

Kartentipp:
ADFC-Regionalkarte Sauerland,
1:75.000, ISBN 978-3-96990-147-2, € 10,95
Digital für Smartphones und Tablets:
www.fahrrad-buecher-karten.de/rk-digital

21 Zwei Wellness-Paläste in einer Tour

Von Bergisch Gladbach über Köln

Wellness-Touren Info

ca. 40 km ohne Abstecher, regionale Radweg-Beschilderung sowie teils Beschilderung als Rhein-Radweg. Einige Hügel im zweiten Teil, aber keine größeren Steigungen. Die Route führt meist über separate Radwege, einige Passagen auf losem Untergrund.

Start / Ziel: Mediterana, Bergisch Gladbach, www.mediterana.de

Weitere Wellness-Einrichtungen entlang der Strecke: Claudius Therme, Aqua Land sowie Martinsbad in Köln

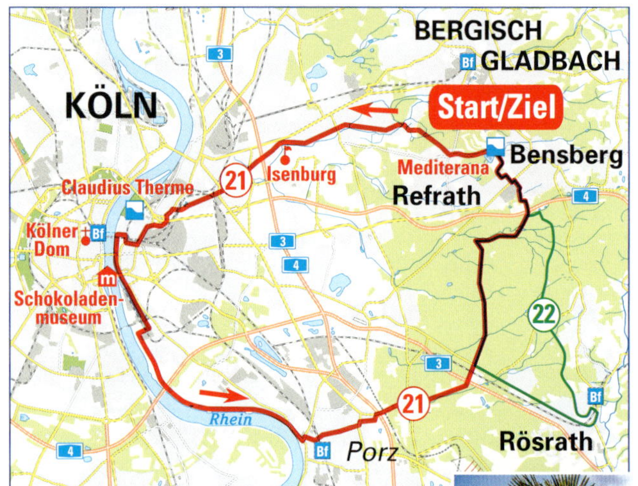

Das „**Mediterana**" ist eine der europaweit bekanntesten Wellness-Oasen. Therme, Sauna, Anwendungen, Sport und Gastronomie sind die fünf Säulen, die für eine perfekte Erholung sorgen. Seit mehr als 20 Jahren sorgt ein einzigartiges Ambiente dafür, dass wir auf mehreren 1.000 qm Fläche relaxen können. Saunen entführen uns je nach Geschmack in eine spanische oder eine indische Entspannungswelt. Thermalbäder laden zum Schwimmen und Baden ein, Hamam, Kosmetik, Massage, Ayurveda oder Quarzliege sorgen für wohlige Gefühle – beste Aussichten also für die Zeit nach unserer Radtour!

Das Mediterana entführt uns in indische Traumwelten...

Von der Wellness-Oase namens Mediterana rollen wir durch Kölner Vororte zum Rhein. Hier, auf der „Schäl Sick", gibt es auch reichlich zu entdecken, wie z.B. die Claudius Therme oder den Rheinpark. Natürlich rollen wir auch über eine der Brücken hinüber zur Altstadt. Hier pulsiert das Leben: Kölner und Besucher genießen gleichermaßen dieses einzigartige Ambiente. Für die Rückfahrt nutzen wir ein gutes Stück vom Rhein-Radweg, ehe sich die Runde durch ruhige Wälder zum Ende neigt.

Los geht's am Mediterana, das wir nach links am Parkplatz vorbei verlassen, um beim Knotenpunkt 73 links in die Straße „Obersaal" und weiter Golfplatzstraße einzubiegen. In Refrath radeln wir geradeaus, auch über die Dolmanstraße hinweg in den Weg „Kicke". Nun weiter geradeaus über den Knotenpunkt 74 auf dem Strunder Weg am Waldrand entlang.

Im Ort Strunden in grober Richtung geradeaus auf Gierather und Strunder Straße zum Knoten 69. An deren Ende rechts und sofort wieder links in die Hatzfeldstraße. Wir folgen der Wegweisung zum Knotenpunkt 38 und fahren weiter entlang der Schienen, bis wir das zweite Mal unter den breiten Gleisanlagen hindurch geleitet werden. Dahinter links, dann den Schildern „Zentrum" folgend bis ans Rheinufer von Köln.

Direkt an unserem Radweg steht die **Isenburg**. Sie tauchte bereits 1364 in den Geschichtsbüchern auf und dürfte damit eines der ersten Gebäude im Kölner Ortsteil Holweide gewesen sein. Hier müssen wir unbedingt anhalten und ein Foto schießen: Der prachtvolle Bau besteht aus der Hauptburg (dem eigentlichen Herrenhaus) und einem Turm – und alles wird von Wassergräben umflossen.

...und bietet auch wohltuende Massagen für zwei an

Wir erreichen die Kölner Innenstadt auf der „Schäl Sick", der „scheelen Seite" – oder auch der „falschen Seite", wie „echte" Kölner gerne sagen. Der Begriff hat (vermutlich) einen historischen Hintergrund: Einst zogen Pferde die Lastkähne flussaufwärts auf den Treidelpfaden. Die Vierbeiner wurden durch

Einfach wunderschön: Die Kölner Altstadt

die im Wasser spiegelnde Sonne geblendet, weshalb sie zu „schielen" begannen.

Die gerne etwas belächelte Seite Kölns hat aber durchaus viele Höhepunkte zu bieten: Direkt an der Zoobrücke steht die **Claudius Therme** mit einer außergewöhnlichen Thermalbadelandschaft und einem riesigen Saunabereich, der kaum Wünsche offen lässt. Besonders gelungen ist der Beauty- und Wellness-Bereich, wo wir uns mit verschiedenen Angeboten rundum verwöhnen lassen können. Und wer es ´mal richtig ruhig haben möchte, mietet die **Day-Spa-Suite** und ist dort ganz unter sich.

Tipp: Von der Claudius Therme können wir mit der **Rhein-Seilbahn** auf die andere Uferseite schweben. Nach phänomenalen Aussichten über den Rhein auf das Domufer steigen wir direkt am **Kölner Zoo** aus. Die tierischen Bewohner sind aber so abwechslungsreich, dass außer einem Zoobesuch nicht mehr viel geplant werden sollte.

21 Direkt an der Claudius Therme beginnt der **Rheinpark**. 1957 anlässlich der Bundesgartenschau angelegt, begeistert er bis heute alle Besucher von Groß bis Klein. Im Rheinpark liegt auch der Tanzbrunnen, in dem es Märkte und verschiedene Konzerte gibt. Am Tanzbrunnen und an der Kölnmesse vorbei führt uns das Rheinufer zu Füßen der **Kölner Triangel**. Ein Aufzug bringt uns auf die Aussichtsterrasse. Von hier gibt es den schönsten Blick auf den Dom und die Altstadt.

Die Claudius Therme bietet Wellness mitten in der Millionenstadt

Du bist die Stadt, „op die mer all he stonn"

Weiter geht´s von Köln gegenüber der Altstadt, das wir auf Deutzer Seite auf dem Rhein-Radweg flussaufwärts verlassen. Nach rund 9 entspannten Radel-Kilometern zweigen wir hinter den Porzer Krankenhaus links-rechts ab auf die Hauptstraße, die wir nach wenigen Metern nach links auf der Steinstraße verlassen. Nun rechts Josef- und links Bergerstraße, dann rollen wir geradeaus durch Porz. An der querenden B8 (Frankfurter Straße) links, rechts in die Leidenhausener Straße und rechts in den Hirschgraben. Jeweils geradeaus über die A59 und den Heumarer Mauspfad hinweg am Parkplatz vorbei mit dem Porzer Weg in den Wald. Später an der Weggabelung links als „Rennweg" über die A3. Nun immer geradeaus, rechts in den Klasheider Weg, am Ende links und über die A4. An der Frankenforster Straße links und hinter der Tankstelle rechts in die Kastanienallee, im Kreisel geradeaus, am Belgischen Platz rechts, an der Parkstraße geradeaus und ebenso geradeaus über die Gleise. Dann nur noch um die Schule herum und wir sind wieder am Mediterana.

Selbstverständlich wäre unser Köln-Besuch nicht komplett ohne einen Abstecher auf die andere Rheinseite: Weltbekannt ist der **Kölner Dom** mit den zweithöchsten Turmspitzen der Welt (157 m) und dem **Schrein der heiligen drei Könige**. Auch eine Turmbesteigung oder der Besuch der **Domschatzkammer** sind immer ein Genuss. Zu Füßen des Doms erstreckt sich die **Altstadt**. Kleine Gassen ziehen sich an historischen Häusern entlang bis zum Rhein. Auf´s Foto gehören auch die Kirche **Groß St. Martin** und das **Alte Rathaus**, das sich am **Alten Markt** in die Höhe reckt. Der Alte Markt, der benachbarte Heumarkt oder die Altstadt bieten sich an für eine Ein-

Eine Wohnung in den Kranhäusern – oder doch „nur" ein schickes Boot für den Rhein?

kehr in eine der vielen Cafés, Restaurants und Brauhäuser, in denen es auch deftiges Essen gibt. Bestellen Sie einfach mal „Kölsch Kaviar", „Flöns", „Himmel un Ääd" oder „Halven Hahn" – sie werden erstaunt sein, was Sie bekommen!

Von der Altstadt aus liegt ein Stück weiter flussabwärts das **Schokoladen-Museum**. Der architektonisch anspruchsvolle und toll gelegene Bau erklärt uns alles über den Weg der Kakaobohne zur süßen Verführung. Direkt nebenan liegen das Deutsche **Sport- und Olympiamuseum** und der **Rheinau-Sporthafen**, in dem kleine und größere Boote im Wasser schaukeln. Ein neueres Highlight liegt unter uns: Die **Tiefgarage** unter der Agrippinawerft ist mit 1,6 km die längste Deutschlands. Oberirdisch wandeln wir unter den supertollen und superteuren Kranhäusern – schöner und exklusiver kann man in Köln kaum wohnen. Sie blicken auf die ehemaligen Hafenanlagen der **Agrippinawerft**, die, toll restauriert, Platz für Restaurants und vieles mehr bietet. Durch den Friedenspark ist es dann nicht weit bis in die **Südstadt**. Hier hat sich rund um den Chlodwigplatz eine bunte Mischung der Kulturen angesiedelt. Und genau hier, an der imposanten **Severinstorburg**, beginnt jedes Jahr der Rosenmontagszug.

Unser Rückweg führt uns durch Porz. Heute zu Köln gehörend, war Porz bis 1974 eine eigene Stadt. Das flächenmäßig größte „Veedel" von Köln hat eine kleine Fußgängerzone und mit den etwas außerhalb liegenden Höfen Schloss Röttgen und Gut Leidenhausen schon fast ein ländliches Flair.

Kartentipp:

ADFC-Regionalkarte Bergisches Land/Köln/Düsseldorf, 1:75.000, ISBN 978-3-87073-950-8, € 9,95

Digital für Smartphones und Tablets:
www.fahrrad-buecher-karten.de/rk-digital

22 Weitläufige Natur im Königsforst

Von Bergisch Gladbach über Rösrath

Wellness-Touren Info

ca. 24 km ohne Abstecher, regionale Radweg-Beschilderung. Hügelige Tour mit einigen kleineren, aber keinen größeren Steigungen. Die Route führt meist über separate Radwege, einige Passagen auf losem Untergrund.

Start / Ziel: Mediterana, Bergisch Gladbach, www.mediterana.de

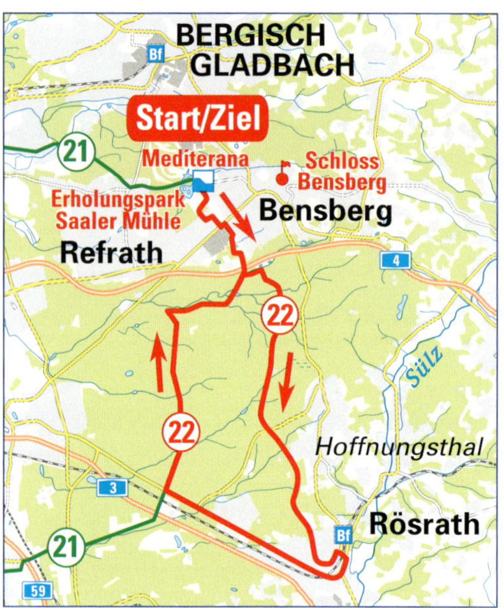

Auch an der Sülz kommen wir vorbei

Einfach herrlich: Nachdem wir den weitläufigen Königsforst erreicht haben, rollen wir auf besten Wegen durch die ruhige Natur. Dabei führt unsere Route meist auf Wirtschaftswegen und auf einer ehemaligen Bahntrasse.

Etwas richtig Gutes für unseren Körper gönnen wir uns, wenn wir die **Therme** im Mediterana besuchen: Zunächst ziehen wir einige Bahnen im Sportbecken und lassen dann die Heilkräfte im Magnesium-Solebad oder im Schwefelbad auf uns wirken. Der Innenbereich entführt uns in den Orient, denn diese Elemente flankieren das Massage- und das Entspannungsbad.

Los geht's am Mediterana, das wir oberhalb des großen Parkplatzes vor der kleinen Unterführung stehend nach rechts verlassen – es gibt auch Hinweisschilder zur Straßenbahn. Wir umrunden das Schulzentrum und queren an der Straßenbahnhaltestelle die Gleise, dann geradeaus auf die Parkstraße, in deren Linkskurve geradeaus in den Waldgürtel, der links abknickt. Im Kreisel geradeaus über Kastanienallee, an der querenden Frankenforster Straße links und gleich wieder rechts in „An der Bahn". An deren Ende rechts „Olefant", am querenden Waldweg links und die A4 kreuzen. Dahinter links und am Knotenpunkt 75 rechts, an der Weggabelung schräg links. Der Bahntrassen-Radweg geleitet uns nach Rösrath.

Einen Teil unserer Strecke legen wir auf der ehemaligen Trasse der **Sülztalbahn** zurück. Ab 1868 verkehrte die Bahn bis Lindlar. Für die Personenwagen war damit 1965 Schluss, für den Güterverkehr ein Jahr später.

Das Ziel unserer Radrunde ist die kleine Stadt Rösrath, die vom Flüsschen **Sülz** durchflossen wird.

Gute Adresse: Schloss Bensberg

Tipp: Ein beschilderter Abstecher führt über einen Radweg durch das Tal der Sülz nach Hoffnungsthal. Allein der Ortsname klingt gut, aber der historische Ortskern ist noch besser: Stattliche Villen, **Fachwerk- und Bruchsteinhäuser**, das Wöllner-Stift und das farbenfrohe **Bürgermeisteramt** belohnen uns für den insgesamt nur 4 km langen Abstecher.

Entlang der Sülz entstanden gleich mehrere **Adelssitze**, von denen noch viele erhalten sind. Zu den schönsten gehören Haus Vennauen, Haus Stade, Burghaus Scheltensülz und Schloss Eulenbroich, dessen Torhaus auch zugleich das Wahrzeichen der Stadt ist.

Weiter geht´s von Rösrath, das wir auf dem Radweg verlassen, der die Hauptstraße, später Kölner Straße auf der linken Seite begleitet. Nachdem wir ein Möbelhaus (links gelegen) und eine Parkbucht neben unserer Straße passiert haben, taucht ein Radschild vor uns auf. Hier zweigen wir rechts den Schildern „Königsforst" folgend ab. Nachdem wir vorsichtig über die Wildgatter geholpert sind, rollen wir schnurgerade durch den Wald auf dem Weg namens „Rennweg" Auch nach einem leichten Linksknick geht's weiter geradeaus durch die Natur. Knapp hinter Streckenkilometer 19 zweigen wir an einer Waldkreuzung rechts ab in den Klasheider Weg. Mit einigen Kurven rollen wir am Kettners Weiher vorbei, um dann am Querweg links abzubiegen und die A4 zu queren. Nun rollen wir auf demselben Weg den Schildern zur Mediterana folgend wieder retour, auf dem wir herkamen.

Kurz bevor wir wieder zum Mediterana zurückkehren, besuchen wir den **Erholungspark Saaler Mühle**. Nicht weit entfernt liegt die City vom Bensberg, die vom prunkvollen **Schloss Bensberg** überragt wird. Die Fahrt hier hoch lohnt sich nicht nur wegen der Architektur, sondern auch für die grandiose Fernsicht!

Kartentipp:
ADFC-Regionalkarte Bergisches Land/Köln/Düsseldorf, 1:75.000, ISBN 978-3-87073-950-8, € 9,95
Digital für Smartphones und Tablets:
www.fahrrad-buecher-karten.de/rk-digital

23 Wo Fulda und Werra sich küssen

Von Kassel-Wilhelmshöhe nach Hannoversch Münden

Wellness-Touren Info

ca. 35 km ohne Abstecher. Regionale Radweg-Beschilderung sowie teils Beschilderung als Fulda-Radweg. Keine größeren Steigungen. Die Route führt meist über separate Radwege, einige Passagen auf losem Untergrund.

Start: Kurhessen Therme, Kassel, www.kurhessen-therme.de

Ziel: Hannoversch Münden, Bahnhof

So recht mögen wir gar nicht auf unsere Räder steigen und losradeln, denn die Kurhessen-Therme, das direkt danebengelegene Schloss Wilhelmshöhe und das „über uns" thronende Herkules-Denkmal mit seinen herrlichen Kaskaden zieht uns in den Bann. Um es uns leichter zu machen, beginnt unsere Tour in Nordhessen schon richtig klasse, denn auf den ersten 6 Kilometern können wir ganz bequem bergab rollen. Nachdem wir die Fulda erreicht haben, rollen wir tiefenentspannt über den perfekt ausgebauten und beschilderten Fulda-Radweg. Unser Ziel liegt genau dort, wo Fulda und Werra sich treffen und die Weser entsteht.

Orientalische Welten in der Kurhessen Therme

Wo Werra und Fulda sich küssen…

Auf ins kühle Nass!

Die „**Kurhessen Therme**“ verzaubert vom ersten Moment an und entführt uns in ganz verschiedene Regionen dieser Welt: In exotische, fernöstliche Ferne schweifen wir in der Thermalwelt – rund um das 31 bis 37 °C warme Thermalwasser wachen Pagoden, Buddha-Statuen und Tempel darüber, dass wir einen guten Start ins Wellness-Vergnügen bekommen. Hingegen wartet eine **orientalische Traumwelt** aus 1001 Nacht auf uns, wenn wir in acht Oasen beispielsweise Massagen, Hamam und Dufträume nutzen. Hier locken der Fünf-Duft-Tempel, das Marmorbad „Heißer Stein“, der Klang- und Relax-Tempel, der Kristall-Tempel oder ein Klangerlebnis für absolute Entspannung.

Garantiert schweißtreibend wird ein Besuch in der Saunawelt, wo wir unsere Favoriten aus acht unterschiedlichen Angeboten wählen können. Dabei sind außergewöhnliche Erlebnisse wie Kräuter- oder Lichtsauna mit Farb- und Klangerlebnissen oder die **Amethyst-Sauna**. Hier sorgt ein großer Amethyst in der Raummitte dafür, negative Energien zu verbannen, geistige Wachheit zu fördern und die Konzentrationsfähigkeit zu steigern.

Los geht's an der Kurhessen-Therme, die wir vom Parkplatz zur Wilhelmshöher Allee und dort rechts verlassen. Nach wenige Metern links in die Schul- und rechts in die Rammelsbergstraße, die in die Langestraße übergeht. Es geht stets bergab, dann geradeaus unter der Brücke und den Schienen her weiter auf der Regentenstraße, die in die Goethestraße übergeht. Am Goethestern geradeaus und später bei der Gabelung schräg rechts auf die Nebelthaustraße. Dahinter immer geradeaus auf Luisenstraße und Königstor, schräg rechts Friedrichsstraße, sofort wieder links über die breite Fünffensterstraße und später rechts (Opernstraße) über den großen Friedrichsplatz. An dessen Ende geht's im „S“ hinunter zur Fulda-Brücke. Hier verlassen wir die Innenstadt Kassels.

23

Gleich bei unserer Kurhessen-Therme steht **Schloss Wilhelmshöhe**, das mit dem **Bergpark**, in dem es sich einschmiegt, zum UNESCO Welterbe erklärt wurde. Die grandiose Anlage wurde an der Stelle eines Stifts errichtet und 1798 für Landgraf Wilhelm IX. in dieser Pracht fertiggestellt. So prunkvoll, wie sich das Schloss von außen zeigt, sieht es auch im Innern aus. Und um noch eins ´drauf zu setzen, gibt es noch eine **Gemäldegalerie Alte Meister**, in der wir Werke von Dürer, Rubens, Rembrandt und Hals bestaunen können.

Tipp: Egal, ob vor oder nach der Tour – oder besser noch als separater Abstecher: Es gehört zum Pflichtprogramm von der ohnehin weit über Kassel liegenden Kurhessen-Therme noch weiter bergauf zu radeln oder einen entspannten Spaziergang dorthin zu unternehmen, denn dort liegt der **Herkules**, das unumstrittene Wahrzeichen der Stadt. Wir kommen vorbei an den wunderschönen Kaskaden – malerisch strömt das Wasser über die bis zu 9 m breiten und 250 m langen **Wassertreppen** zu Tale und legt 80 m Höhenunterschied zurück. An deren Oberen Ende erwartet uns ein Bassin mit Felswand und mythologischen Gestalten sowie die **Vexierwassergrotte**. Dann stehen wir vor dem wuchtigen **Oktogon**, dem 33 m hohen „Riesenschloss". Auf diesem wiederum ruht die Pyramide, an deren Kopf eine **Herkulesstatue** aus Bronze in den Himmel ragt. Unglaublich, dieses Meisterwerk und kaum vorstellbar, wie dies im Jahre 1717 mit den damaligen Baugeräten in nur 16 Jahren Bauzeit fertiggestellt werden konnte.

Der Beginn unserer Tour ist etwas anstrengend. Es geht zwar ständig bergab, dennoch rollen wir durch eine **Großstadt** mit 200.000 Einwohnern, was uns vollste Konzentration auf den Straßenverkehr abverlangt.

Dafür aber bekommen wir schnell einen Eindruck davon, dass die drittgrößte Stadt Hessens über eine große Zahl an Sehenswertem verfügt, auch wenn im Zweiten Weltkrieg viel historische Bausubstanz zerstört wurde. Dass Kassel eine lange Tradition als **Residenzstadt** hat, erkennen wir dennoch sehr gut – z.B. an der **Orangerie**. Hier kommen wir direkt vorbei, wenn wir die Innenstadt hinter uns gelassen und die grünen weiten der **Karlsaue** an der Fulda erreicht haben. Bevor wir aber das Ufer wechseln und unsere Radtour fortsetzen, sehen wir uns in der City den **Druselturm**, die Ruine der Garnisonskirche, das **Ottoneum**, den Marstall und den Zwehrenturm am Fridericianum an.

Zu Füßen des Herkules strömt das Wasser in die Tiefe

Weiter geht´s von der Innenstadt Kassels, die wir über die Fuldabrücke verlassen. Zugleich entdecken wir die Schilder des Fulda-Radwegs. Die geleiten uns mit mehrmals abbiegen aus der Stadt hinaus. Dann rollen wir durch ruhige Landschaften immer am Ufer entlang vorbei an Spiekershausen, Simmershausen, Wahnhausen, Speele und Wilhelmshausen nach Hannoversch Münden, wo wir zum Bahnhof rollen. Hier steigen wir in den Zug und sausen in knapp 20 Minuten zum Bahnhof Kassel-Wilhelmshöhe. Von hier ist es nur ein Stückchen bergauf entlang

Landgraf Wilhelm IX. gönnte sich dieses Einfamilienheim

der Wilhelmshöher Allee zurück zu unserer Kurhessen-Therme.

„Wo Werra sich und Fulda küssen, sie ihre Namen büßen müssen. Und hier entsteht durch diesen Kuss, deutsch bis zum Meer der Weser-Fluss." Schöner als hier, auf dem **Weserstein** kann man es einfach nicht ausdrücken. Den Zusammenfluss von Werra und Fulda müssen wir einfach besuchen. Nicht nur, um zu sehen, wie sich die Wogen der Flüsse vermischen, sondern auch, um mit dieser perfekten **Aussicht** eine Rast auf der Parkbank unter dem schattenspendenden Baum einzulegen.

Die Rast ist auch dringend erforderlich, denn in Hannoversch Münden gibt es unglaublich viel zu sehen – sage und schreibe **700 Fachwerkhäuser aus sechs Jahrhunderten**, dazu die Reste der alten Stadtbefestigung. Ein derart tolles mittelalterliches Stadtbild finden wir in Deutschland nur sehr selten! Dazu gesellen sich weitere alte Gebäude wie das **Welfenschloss** mit dem Städtischen Museum, die **Alte Werrabrücke** oder **Rathaus** in feinster Weser-Renaissance. Dort ertönt dreimal täglich ein **Glockenspiel** für Doktor Eisenbarth. Johann Andreas Eisenbarth war wohl die berühmteste Persönlichkeit der Stadt. 1663 in der Oberpfalz geboren, reiste er als „Handwerkschirurg" durchs Land und machte sich einen Namen als Wundarzt und als „Starstecher". Nein, er war kein Promi-Tätowierer! Vielmehr drückte er mit einer Nadel die Augenlinse herunter auf den Boden des Augapfels, um Patienten zu behandeln, die am Grauen Star litten. Was heutzutage in unseren Breitengraden eher eigenwillig klingt, wird in Ländern mit schlechter medizinischer Versorgung noch immer so praktiziert. **Doktor Eisenbarth** starb am 11.11.1727 in Hann. Münden und natürlich können wir sein Sterbehaus und seinen Grabstein besuchen.

Kartentipp:
ADFC-Regionalkarte Kassel, 1:75.000, ISBN 978-3-96990-109-0, € 9,95
Digital für Smartphones und Tablets:
www.fahrrad-buecher-karten.de/rk-digital

24 Ausflug ins Barock

Von Künzell über Fulda

Wellness-Touren Info

ca. 19 km ohne Abstecher, Abkürzung möglich. Regionale Radweg-Beschilderung sowie teils Beschilderung als Fulda-Radweg. Zwei kurze, aber „knackige" Steigungen im letzten Drittel der Tour. Die Route führt meist über separate Radwege, einige Passagen auf losem Untergrund.

Start / Ziel: Sieben Welten Therme & Spa Resort, Künzell, www.siebenwelten.de

Weitere Wellness-Einrichtungen entlang der Strecke: Im Esperanto Hotel, Partnerhotel der Sieben Welten sowie Maritim Hotel im Schlossgarten

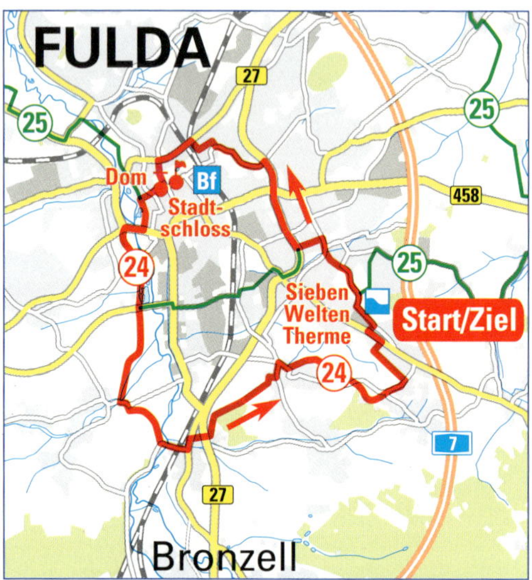

Auf den ersten Blick haben wir eine sehr kurze Tour vor uns – doch die Strecke hat es „in sich": Das letzte Drittel der Tour wird von einigen kurzen, aber kräftigen Anstiegen geprägt. Was die Tour aber wirklich „anspruchsvoll" macht, ist das Überangebot an Sehenswertem, was uns in Fulda erwartet. Der Altehrwürdige Dom, das prunkvolle Schloss, das Barockviertel, das farbenfrohe Rathaus, beste Shopping- und Einkehrmöglichkeiten – da fällt die Wahl schwer. Oder wir rollen gleich mehrere Tage hintereinander in die City, um alles genießen zu können.

Entspannung, Enschleunigung und Vitalität sind garantiert!

Wellness in Künzell – Ein einziger Tag wie ein ganzer Urlaub: Der Slogan von „**Sieben Welten Therme & Spa Resort**" macht uns neugierig. Und so begeben wir uns auf eine Reise durch Sieben Länder und entdecken verschiedene Wohlfühlwelten, die uns Entspannung, Entschleunigung und Vitalität geben. Vermutlich wird aber ein Tag deutlich zu wenig sein, um das ganze Angebot zu entdecken. Gut, dass wir gleich nebenan im BäderParkHotel oder im angeschlossenen Esperanto

„Der Dom St. Salvador zu Fulda" – ein würdiger Name für ein altehrwürdiges Gotteshaus

Hotel in Fulda übernachten können. Vielleicht beginnen wir in „**Andalusien**", das uns auf 14.000 qm mit Mosaiken, gedrehten Säulen und Traumgarten in den Süden Spaniens entführt. Reetgedeckte Lodges, ein Eventplatz und eine acht Meter hohe Baumhaussauna sind die Attraktionen der Welt „**Afrika**". „**Asien**" hingegen lockt mit Angkor Wat. Im versunkenen Tempel der Khmer erleben wir eine Entspannungszeremonie, ein Meerwasser-Aquarium sowie freien Blick gen Himmel. Die Welt „**Arabien**" bietet eine Seifenschaummassage im Hamam, ein arabisches Traumbad oder eine Rhassoul-Pflegezeremonie. „**Indien**" bietet Raum für private Auszeiten mit Suiten mit Dampfbad, Wellnessliegen, Ruheflächen und Ayurveda-Anwendungen. Wenn sich der Hunger einstellt, reisen wir nach „**Japan**" – Kochkünstler bereiten vor unseren Augen die Speisen auf dem Teppanyaki-Grill zu. Last but not least genießen wir Wasser mit allen Annehmlichkeiten in der Welt „**Mexiko**". Hier lassen wir uns in Stromschnellen treiben und legen uns in einem Inka-Tempel ins Sprudelbad.

Im Stadtschloss staunen wir über die barocke Pracht

Los geht's an der Sieben Welten Therme & Spa Resort, die wir nach links über die Alfons-Schwab und dann rechts Dirloser Straße verlassen, die in die Friedrich-Fröbel-Straße übergeht. An deren Ende links in die Georg-Stieler-Straße, kurz darauf rechts „Unterer Ortesweg" und links in die Fuldaer Straße. An deren Ende auf dem Weg weiter unter der B27 her und dann im Bogen auf den Radweg, der die Bundesstraße mit einem kleinen Schwenk Richtung Fulda Innenstadt begleitet. Nachdem wir die B458 in einer Schleife gequert haben, biegen wir links in die Magdeburger Straße (linkerhand liegt ein Sportplatz) und in deren Linkskurve rechts in die Akazienstraße. Am Ende links, rechts, links und gelangen auf die Zeppelinstraße. Am Ende fahren wir rechts und links unter den Bahnschienen her bis zum Hundeshagenpark. Hier folgen wir der Beschilderung vom Hess. Radfernweg R3 und biegen links ab Richtung Dom und Schlosspark.

Mit Erreichen der Innenstadt ist auch das Esperanto-Hotel in der Nähe, einem Partnerhotel unserer Wellness-Oase. Auch hier wird den Gästen ein großer **Spa-Bereich** geboten.

Nachdem wir uns durch den Verkehr in die City gekämpft haben, genießen wir die Ruhe im weitläufigen Schlosspark. Fürstabt Constantin von Buttlar ließ diese barocke Pracht mitsamt einer Orangerie im 18. Jh. anlegen.

Tipp: Links von uns erhebt sich das **Stadtschloss**, das im 17. Jh. eine alte Abtsburg ersetzte und später zum Barockschloss gestaltet wurde – dementsprechend prachtvoll sind die Innenräume. Die Stadtverwaltung nutzt heute die Räumlichkeiten, doch viele der historischen Räume können wir besuchen. Der Spiegelsaal diente einst dem Abt als Ankleidezimmer – so ließ es sich leben! Das gilt auch für die Räume des **Maritim-Hotels**, das auf der gegenüber liegenden Parkseite liegt. Filigrane Decken mit detaillierten Malereien schmücken das Innere.

Am Ende des Schlossgartens wartet schon das nächste Highlight auf uns, der **Dom St. Salvador zu Fulda**. Es ist schon erstaunlich, dass man die Ratgarbasilika, immerhin die größte nördlich der Alpen, „opferte", um dieses barocke Meisterwerk zu schaffen, das 1712 geweiht wurde. Pilger kommen von weither, um die letzte Ruhestätte des Heiligen Bonifatius zu ehren. Die meisten Besucher lassen sich aber gerne von der wertvollen Ausstattung begeistern.

In direkter Nähe zum Dom liegt auch das **Barockviertel**, in dem wir eine ganze Reihe historischer Gebäude entdecken können, unter ihnen auch das **Adelspalais**. Ebenfalls nicht weit entfernt steht die **Michaelskirche**. Sie wurde 822 fertiggestellt und gilt damit als eines der ältesten Gotteshäuser des Landes. Das **Dommuseum** erzählt uns viel mehr über die kirchliche Vergangenheit Fuldas, das lange Zeit eines der wichtigsten religiösen Zentren außerhalb Italiens war.

Ein ganz anderes Fotomotiv entdecken wir am Rande der Fußgängerzone, denn hier steht das **Rathaus**, eine herrliche Symbiose aus feinstem Fachwerk und strahlendem Rot. Wenn wir durch die Fußgängerzone flanieren, entdecken wir viele Möglichkeiten zum Einkehren und Shoppen. Dass wir auch so viele junge Menschen sehen, liegt auch daran, dass Fulda eine bekannte und gleichsam beliebte Universitätsstadt ist.

Weiter geht´s vom Schlosspark, den wir rechts um den Dom herum verlassen, um mit Rechts-Links-Abbiegen auf den Fulda-Radweg zu treffen. Diesem folgen wir nach links bis Bronnzell. Hier queren wir mit der Ziegeler Straße die Schienen, biegen am Ende der Straße links ab in die Bronzeller Straße und wenig später rechts in „Am Röhlingsberg", das zu „Zum Röhlingswald" wird und deutlich ansteigt. In Edelzell links Engelheimser Straße, rechts Chattenstraße, links Zum Geisküppel. Dem Weg folgen wir nun weiter bis Pilgerzell, wo wir über Bonifatiusstraße und links Liedeweg weiterradeln. Nun rechts Lerchenweg, links Turmstraße, rechts Peter-Henlein- und links Dirloser Straße. So kommen wir zurück zu unserem Sieben Welten Therme & Spa Resort.

Kartentipp:
ADFC-Regionalkarte Rhön,
1:75.000, ISBN 978-3-96990-066-6, € 9,95
Digital für Smartphones und Tablets:
www.fahrrad-buecher-karten.de/rk-digital

Der äußerst beliebte **Fulda-Radweg** geleitet uns aus der Stadt heraus. Auf den Schildern wird er auch als **Hessischer Fernradweg R1** bezeichnet und begeistert alle Radler mit einer perfekten Beschilderung und einer optimalen Streckenführung. Der Radweg beginnt „standesgemäß" an der Fulda-Quelle auf der 950 m hohen Wasserkuppe in der Rhön. Über 260 km weit begleitet er den Fluss, bis sich die Wogen mit denen der Werra vermischen, um die Weser zu formen.

Das Gelände rund um Bronnzell wurde im Jahre 743 dem heiligen Bonifatius geschenkt, um ein Kloster begründen zu können. Der rund 1.500 Einwohner zählende Ort ist damit nicht nur der südlichste, sondern auf der **älteste Stadtteil Fuldas**.

Der 367 m hohe **Röhlingsberg** liegt direkt neben unserer Strecke und sorgt für eine kräftige Steigung. Wenig später haben wir an dem noch etwas höheren **Flohrenberg** die nächste Steigung zu verkraften, so dass wir genug Anlass haben, uns auf den Wellness-Bereich in unserem Sieben Welten Therme & Spa Resort zu freuen.

25 Fulda, Haune und Hügel

Von Künzell über Schlitz

Wellness-Touren Info

ca. 62 km ohne Abstecher. Regionale Radweg-Beschilderung sowie teils Beschilderung als Haunetal- bzw. Fulda-Radweg. Mehrere kurze, aber „knackige" Steigungen. Die Route führt meist über separate Radwege, einige Passagen auf losem Untergrund.

Start / Ziel: Sieben Welten Therme & Spa Resort, Künzell, www.siebenwelten.de

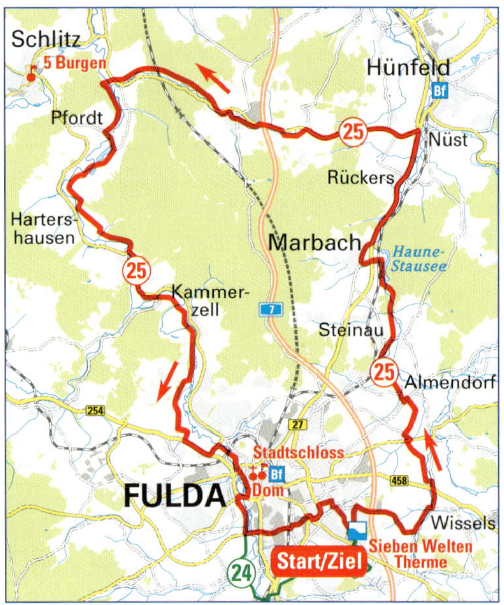

Auf dieser Rad-Runde kombinieren wir Abschnitte des beleibten Fulda-Radwegs mit dem eher weniger bekannten Haune-tal-Radweg. Was leicht klingt, entpuppt sich als teils anstrengende Tour, denn zwischen den Flüssen haben wir einige Steigungen zu überwinden.

Ganz auf unser Wohlbefinden abgestimmt sind die Beauty- und Wellness-Angebote im „Sieben Welten Therme & Spa Resort". **Badezeremonien** mit pflegenden Ölen, Duftessenzen und Kerzenschein, Massagen, kosmetische Behandlungen und natürlich **Ayurveda**, die „Wissenschaft vom langen, gesunden Leben" sorgen dafür, dass wir mit Sicherheit komplett tiefenentspannt sind.

Wir werden in sieben ferne Welten entführt

Los geht's am Sieben Welten Therme & Spa Resort, die wir nach rechts über den Harbacher Weg verlassen. Direkt rechts in den Bergwinkel, dann mit teils deutlicher Steigung links in den Tannenweg, rechts in Waldstraße, rechts in Keuloser Straße, die zur Haunestraße wird und über die A7 führt. In Keulos bleiben wir auf der kurvigen Haunestraße und fahren hinunter an den Fluss. Dem Haunetal-Radweg folgen wir nach links und tangieren Wissels, Alemendorf, Steinau, Marbach, Rückers und kommen nach Nüst. Hier zweigen wir links ab und radeln mit weiteren Steigungen durch Michelsrombach und Fraurombach bis vor die Tore von Schlitz.

Nach unserem ersten Berg und einer entspannten Abfahrt kommen wir ins Tal der Haune. Der kleine, 66 km lange Fluss entspringt ganz in der Nähe und mündet bei Bad Hersfeld in die Fulda.

Gleich fünf Burgen kuscheln sich in Schlitz eng zusammen

Marbach bietet sich für eine Rast an, denn auf unserer Tour steht die nächste „Bergwertung" an. Also schauen wir das Ensemble von **Pfarrhaus und Pfarrkirche St. Aegidius** an, das etwas erhöht liegt. Wer Abkühlung sucht, findet diese im benachbarten **Haune-Stausee.**

Bei Schlitz kurbeln wir die wenigen Meter zur Stadtmitte und sind begeistert von diesem herrlichen Stadtbild, das auch als „hessisches Rothenburg" bezeichnet wird. In erhabener Lage auf einem Berg entdecken wir gleich **fünf Burgen**: Otto-, Schachten-, Vorder-, Hinterburg und Hinterturm ziehen uns in ihren Bann.

Tipp: Mit einem Aufzug können wir auf den **Hinterturm** fahren und eine atemberaubende Fernsicht über die Stadt und das Tal der Fulda genießen. Zur Weihnachtzeit wird der Turm zur „weltgrößten Adventskerze"

Rund um die Burgen entdecken wir eine bestens erhaltene **Altstadt** mit tollen **Fachwerkhäusern**, dem Marktbrunnen, dem **Rathaus** und vielen Einkehrmöglichkeiten.

Kartentipp:
ADFC-Regionalkarte Rhön,
1:75.000, ISBN 978-3-96990-066-6, € 9,95
Digital für Smartphones und Tablets:
www.fahrrad-buecher-karten.de/rk-digital

Weiter geht´s von Schlitz wieder zurück zur Fulda auf den Fulda-Radweg. Vorbei an Pfordt, Hartershausen und Kämmerzell kommen wir nach Fulda, das wir am Fluss entlang umradeln. Dann biegen wir vom Fulda-Radweg, der auf der Olympiastraße verläuft, in einem Bogen rechts ab auf die Karl-Storch-Straße, geradeaus weiter auf der ansteigenden Mainstraße, hinter den Schienen links auf die Heidelsteinstraße und direkt im Kreisel rechts auf die Kreuzbergstraße. Am Kreisel rechts und auf dem separaten Radweg im Linksbogen parallel zur B27. Nach wenigen Minuten unter der B27 her nach links in die Fuldaer Straße, dann rechts Unterer Ortesweg, links Georg-Stieler-, rechts Friedrich-Fröbel-, geradeaus Dirloser- und links Alfons-Schwab-Straße. So gelangen wir wieder zum Sieben Welten Therme & Spa Resort.

Der Rückweg hat es in sich, denn nach dem Fulda-Radweg, geht es für die letzten rund 5 km bergauf. Wie gut, dass wir uns dann in unserer **Wellness-Oase** verwöhnen lassen können.

26 Märchenhaftes Radeln über den Hessischen Bahnradweg

Von Bad Orb nach Hanau

Wellness-Touren Info

ca. 46 km, plus 9 km von Wächtersbach nach Bad Orb, ohne Abstecher. Regionale Radweg-Beschilderung sowie größtenteils Beschilderung als Bahnradweg Hessen. Keine größeren Steigungen. Die Route führt meist über separate Radwege, einige Passagen auf losem Untergrund.

Start: Toskana Therme Bad Orb, www.toskanaworld.de

Ziel: Hanau, Bahnhof

Weitere Wellness-Einrichtungen entlang der Strecke: Heinrich-Fischer-Bad in Hanau

Eine echte „Toskana-Welle"

Die Gebrüder Grimm belgeiten uns auf diesem tollen Radweg, der uns auf einer ehemaligen Bahntrasse durch Hessen begleitet. Es warten wunderschöne Orte, spannende Geschichten und eine erstklassige Wellness-Oase.

Zwei Stunden hier ist wie zwei Wochen Urlaub – die Aussage eines Gastes ist sehr verheißungsvoll. Das müssen wir selbst kennenlernen und besuchen auch die „**Toskana Therme**" von Bad Orb. Schon das kunstvoll geschwungene Dach macht Lust auf mehr. In Sphärischen Klängen und Lichtinstallationen tauchen wir ab ins wohlige Thermalwasser, lassen uns bei sanften Massagen und professionellen kosmetischen Behandlungen verwöhnen und gehen Schwitzen in der Saunawelt.

Los geht's an der Toskana Therme von Bad Orb, von der wir nach rechts über die Lindenallee, links Sauerborn-, links Ludwig-Schmarkstraße und Burgring hinunter in die Innenstadt von Bad Orb rollen. Diese verlassen wir am Bahnhof vorbei über die Ludwigstraße und entlang der Bahnschienen in Richtung Wächtersbach. Nachdem wir die A66 gequert haben, zweigen wir links ab auf den Bahnradweg Hessen, der uns rasch nach Gelnhausen führt.

Diese Brüder kennt jeder! Die Gebrüder Grimm

In Gelnhausen ist ein längerer Stopp angesagt, denn in der ehemaligen Reichsstadt gibt es reichlich zu entdecken. So z.B. die Ruine der **Kaiserpfalz**, das schmucke Rathaus, die **Marienkirche** mit ihren unglaublichen Türmen und das wundervolle **Fachwerk-Ensemble** rund um den Obermarkt.

In Bad Orb wurde die aus dem Boden geförderte Sole in der ersten Zeit innerhalb der **Stadtbefestigung** verdampft, um Salz zu gewinnen. Noch heute erzählen der „**Solplatz**" und das **Heimatmuseum** von dieser Zeit. Das Museum ist im Palast der **Burg Bad Orb** untergebracht. Direkt daneben steht die **Martinskirche** oberhalb der sehenswerten Altstadt. Ansehen müssen wir uns auch das **Gradierwerk** gleich gegenüber der Therme und die **Fachwerkhäuser**. Hinter dem Kurpark finden wir den „Märchenwald", in dem zwei Jungs namens **Grimm** ihre Zeit verbrachten.

Tipp: An der Stelle, wo wir auf den Bahnradweg treffen, können wir wenige Pedalumdrehungen nach rechts kurbeln und erreichen Wächtersbach, das auf eine Geschichte als Residenzstadt zurückblicken kann. Das erkennen wir am **Schloss Wächtersbach**, das aus einer alten Burg hervorging und mitten in der fachwerkgesäumten **Altstadt** steht. Etwas außerhalb des Ortes drehen sich auf dem Bergrücken namens „Vier Fichten" die Räder des **Windkraftparks**. All dies können wir uns aber auch auf dem Rückweg anschauen, wenn wir mit dem Zug aus Hanau kommend von hier wieder zurück zur Therme fahren.

Weiter geht´s von Gelnhausen auf dem Bahnradweg Hessen, dessen Schilder uns vorbei an Langenselbold, dem Kinzigsee und dem Erlensee führen. Nachdem wir die A 66 ein letztes Mal gekreuzt haben, erreichen wir Hanau, wo wie den Hauptbahnhof anfahren. Mit dem Zug erreichen wir nach rund 40 Minuten Wächtersbach. Von hier ist es eine knappe halbe Stunde zurück mit dem Rad zur Toskana Therme, wo unserer Tour endet.

Bei Langenselbold bleibt der Fernradweg links neben der Autobahn. Das hat den Vorteil, dass wir direkt am **Kinzigsee** vorbeikommen und uns dort bestens abkühlen können. Nur wenig später gibt es beim **Erlensee** dazu die nächste Gelegenheit.

Hanau darf sich ganz offiziell **Brüder-Grimm-Stadt** nennen, denn die Sprachwissenschaftler, Volkskundler und Autoren verbrachten hier einen Teil ihres Lebens und wurden mit einem **Nationaldenkmal** verewigt. Rund um das **Rathaus** finden wir eine sehenswerte Altstadt mit dem **Deutschen Goldschmiedehaus**, dem Stadtschloss und der Marienkirche.

Kartentipp:
ADFC-Regionalkarte Spessart, 1:75.000, ISBN 978-3-96990-115-1, € 9,95
Digital für Smartphones und Tablets:
www.fahrrad-buecher-karten.de/rk-digital

27 Preußen-Blau und blaue Seen

Von Neuruppin über Kremmen

Wellness-Touren Info

ca. 66 km ohne Abstecher, regionale Radweg-Beschilderung sowie teils Beschilderung als Radroute Historische Stadtkerne. Keine größeren Steigungen. Die Route führt meist über separate Radwege, einige Passagen auf losem Untergrund.

Start / Ziel: Fontane Therme, Neuruppin, www.resort-mark-brandenburg.de/fontane-therme/

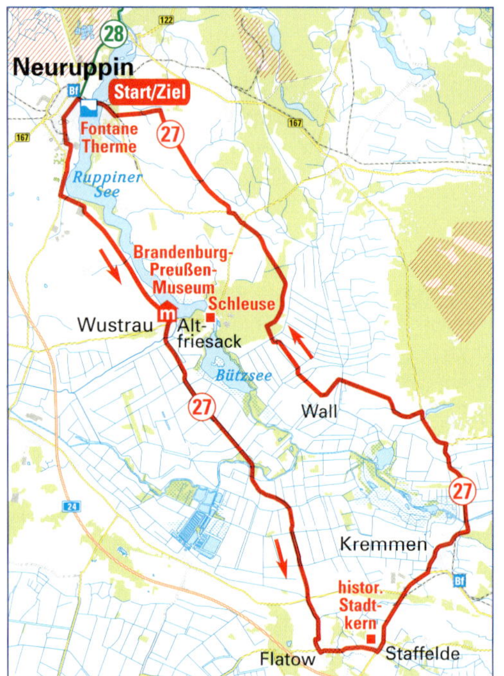

Auf den ersten Kilometern folgen wir dem Ufer des langgestreckten Ruppiner Sees und stellen auch im weiteren Verlauf fest, dass Wasser ein guter Begleiter auf der Tour sein wird. Flussläufe, Kanäle und viele große und kleine Seen sorgen für Abkühlung und für eine gute Versorgung mit frischem Fisch.

Gleich drei Außenpools mit Naturheilsole zeugen in der „**Fontane Therme**" dafür, dass wir nach der Tour bestens entspannen können. Das Wasser stammt aus der einzigen staatlich anerkannten Heilquelle, die es im gesamten Land Brandenburg gibt.

Los geht's an der Fontane Therme, die wir über die Straße „An der Seepromenade" verlassen, um an der nächsten Ecke links in den Steindamm abzubiegen. An dessen Ende, beim Knotenpunkt 1 links in die Karl-Marx-Straße und beim Knoten 6 schräg links in die Fehrbelliner Straße. Wir folgen der Beschilderung zum Knotenpunkt 4 raus aus der Stadt. Über die Punkte 25, 35, 34 durch Wustrau, Linumhorst, Flatow (hier treffen wir auf die Radroute Historische Stadtkerne 1), Staffelde und Charlottenau erreichen wir Kremmen.

Im ersten Teil unserer Tour rollen wir stets in der Nähe des **Ruppiner Sees**, der mit erstaunlichen 14 km Länge der längste See Brandenburgs ist. Für den Zu- und Ablauf des Wassers sorgt der Fluss **Rhin**. Bei dem Namen liegt die Vermutung nahe, dass es Siedler vom Niederrhein waren, die ihm einst den Namen gaben.

Am Wegesrand liegt auch der Doppelort Wustrau-Altfriesack, wobei unser erstes Ziel in Wustrau das 2000 eröffnete **Brandenburg-Preußenmuseum** ist. Der stattliche Bau aus hellem Klinker wurde vom Privat-Banker Erhardt Bödecker ins Leben gerufen und zeigt über 500 Stücke, die uns die Geschichte Preußens näher bringen.

Gar nicht weit entfernt stehen die **Dorfkirche** und das **Schloss Wustrau**, das als „Kavaliershaus" im Jahre 1690 entstand und später deutlich verändert wurde. Nach dem Zweiten Weltkrieg wurde es geplündert, danach als

Schloss Wustrau wurde einst als „Kavaliershaus" errichtet

Notunterkunft und später als Schule und in der DDR als Fortbildungsstätte genutzt. Inzwischen bietet es die würdige Unterkunft für die **Deutsche Richterakademie**.

Tipp: Unweit unseres Weges liegt der Nachbarort Altfriesack, wo wir an unseren letzten Holland-Urlaub erinnert werden: Seit 1787 überspannt eine **Klappbrücke** die Verbindung zwischen Ruppiner und **Bützsee**. Von hier blicken wir auch auf die **Schleuse**, die mitsamt dem Schleusenhaus unter Schutz steht.

Nachdem wir uns in Staffelde das im 15./16. Jh. erbaute **Gutshaus** angesehen haben, erreichen wir Kremmen, das sich an der AG „Städte mit historischen Stadtkernen" beteiligt. Die Ortsmitte zieren rund um den Marktplatz das schneeweiße **Rathaus** und die barocke **Kirche St. Nikolai**. Etwas unscheinbar, aber dafür umso seltener ist das Scheunenviertel, das uns mit einem Hofladen und einem Museum empfängt. Von den ehemals 70 Scheunen konnten 40 erhalten werden.

Kartentipp:
ADFC-Regionalkarte Potsdam/Havelland, 1:75.000, ISBN 978-3-87073-959-1, € 9,95
Digital für Smartphones und Tablets:
www.fahrrad-buecher-karten.de/rk-digital

Weiter geht´s von Kremmen, das wir mit Hilfe der Beschilderung zum Knotenpunkt 37 verlassen. Auf der Radroute Historische Stadtkerne 2 gelangen wir über Sommerfeld (Punkt 39), Beetz, Wall, Radensleben (Knoten 7) und Nietwerder gelangen wir am Knotenpunkt 3 wieder nach Neuruppin. Nachdem wir den Seewall befahren haben, zweigen wir links ab und kehren zur Fontane Therme zurück.

Auf unserer Rückfahrt rollen wir durch ruhige Natur und kleine, beschauliche Dörfer. Unterwegs locken die Orte Beetz und Wall mit stolzen **Gutshäusern** zu kurzen Fotostopps.

28 Vorbild für Sanssouci

Von Neuruppin über Rheinsberg

Wellness-Touren Info

ca. 56 km ohne Abstecher, Verkürzung möglich, regionale Radweg-Beschilderung sowie Beschilderung als Radweg Historische Stadtkerne. Hügeliger Verlauf, aber keine größeren Steigungen. Die Route führt meist über separate Radwege, einige Passagen auf losem Untergrund.

Start / Ziel: Fontane Therme, Neuruppin, www.resort-mark-brandenburg.de/fontane-therme.de

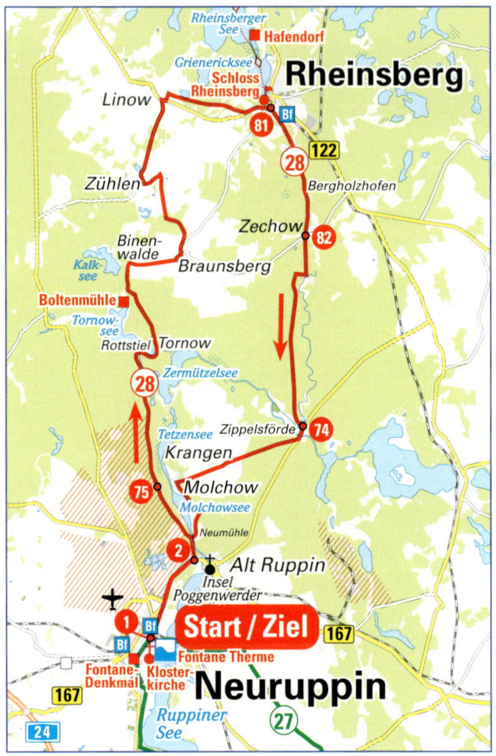

Wir starten an der Fontane-Therme in der Fontane-Stadt Neuruppin und erkennen daran: Der berühmte Schriftsteller wurde hier geboren und wird nach wie vor verehrt. Klar, dass wir am Ende der Tour noch auf seinen Spuren durch den Ort wandeln. Doch zuvor machen wir uns auf einer hügeligen Tour auf nach Rheinsberg, das uns mit seinem wunderschönen Schloss direkt am See begeistert.

Eine „**schwimmende Seesauna**"? Die Fontane Therme bietet uns beim Schwitzen auf einer Fläche von 70 qm ein wirklich einzigartiges Ambiente: Aus den riesigen Fenstern blicken wir über den Ruppiner See und zum Abkühlen können wir direkt in seine Fluten springen. Gleich nebenan gibt es außerdem eine 750 qm große Badeplattform. Beauty-Behandlungen mit regionalen Produkten, Yoga auf dem Sonnendeck, Aquafitness auf dem Surfbrett, Massagen und vieles mehr bietet uns der **Beauty- und Spa-Bereich** der Fontane Therme. Kaminbar, Bistro Seeblick, Seewirtschaft und Restaurant Parzival sorgen für die nötigen Gaumenfreuden und wenn wir müde werden, können wir gleich nebenan im Hotel übernachten.

Los geht's an der Fontane Therme, die wir über die Straße „An der Seepromenade" verlassen, um an der nächsten Ecke links in die Steinstraße abzubiegen. An dessen Ende (bei Knotenpunkt 1) rechts in die Karl-Marx-Straße und geradeaus in die Straße des Friedens. Im Linksknick fahren wir weiter geradeaus parallel zur Alt Ruppiner Allee, auf der wir auch hinter dem Kreisel bleiben. Am Radkontenpunkt 2 links. Fast schnurgeradeaus rollen wir (über den Punkt 75) nach Rottstiel, von dort via Tornow, Binenwalde, Braunsberg, Zühlen und Linow nach Rheinsberg.

Wir rollen in der Nähe vom **Malchowsee**, der erst in den **Tetzensee**, dann in den **Zermützelsee** und den **Tornowsee** übergeht, an dem die **Boltenmühle** steht. Wenige Meter weiter

Extravagente Unterkünfte finden wir im Rheinsberger Hafendorf

funkelt der **Kalksee**. An seinem Ufer liegt auch der Ort Binenwalde mit einem prachtvollen Gutshaus. Noch bekannter aber ist die Geschichte der „schönen Sabine", die uns leicht bekleidet als **Denkmal** im Ort begrüßt. Die Försterstochter soll einst mit dem Kahn über den Kalksee gefahren sein, um ihren Lieblingsplatz aufzusuchen. Dabei traf sie auf einen Flötenspieler namens Fritz, mit dem sie sich fortan viele Abende verabredete. Als sich herausstellte, dass „Fritz" in Wahrheit Kronprinz Friedrich war und später als Friedrich der Große in die Geschichtsbücher eingehen sollte, endete die Lovestory. Aber „Fritz" blieb dankbar und schenkte der schönen Sabine ein Gut am See – genannt Binenwalde.

Bleiben wir doch einfach mal so romantisch: „Ein Bilderbuch für Verliebte" schrieb einst der berühmte Autor Kurt Tucholsky und machte auch den Ort Rheinsberg damit berühmt. Und auch der „Namensgeber" unserer Therme, Theodor Fontane, erwähnte Rheinsberg in seinen „Wanderungen durch die Mark Brandenburg".

Dabei hätte der Ort diese Werbung kaum nötig gehabt, denn ein schöneres Fotomotiv als hier finden wir weit und breit nicht: Malerisch erhebt sich **Schloss Rheinsberg** inmitten des **Grienericksees**. Schon im Mittelalter gab es an dieser Stelle eine Wasserburg, die später als Schloss umgebaut wurde. Die Besitzer des Schlosses wechselten in der Geschichte oft und zu Zeiten der DDR war hier sogar eine Klinik beheimatet. Auch den weitläufigen **Schlosspark** müssen wir gesehen haben, bevor wir uns der Innenstadt widmen, in der wir einige historische Gebäude entdecken. Zu denen zählt auch die Kirche St. Laurentius, vor der ein Gedenkstein für die Kriegsopfer steht.

Schloss Rheinsberg spiegelt sich im Grienericksee

Tipp: Die erste Hälfte der Tour ist recht hügelig. Wenn also in Rheinsberg die Kondition etwas nachlässt oder die Akkus am E-Bike leer sind, können wir hier in die **Bahn** steigen und uns ganz bequem in einer knappen Dreiviertelstunde wieder zurück nach Neuruppin bringen lassen.

28 Bevor wir Rheinsberg verlassen, flanieren wir noch über die **Uferpromenade**. So kommen wir vorbei am schmucken **Hafen**, am Segelclub und am Seebad. Sehr extravagante Unterkünfte mit direktem Blick auf den Großen Rheinsberger See finden wir im benachbarten **Hafendorf**.

Weiter geht´s von Rheinsberg, das wir beim Knotenpunkt 81 entlang der Lindenallee verlassen. Berkholzofen, Zechow (Knoten 82), Zippelsförde (74), Krangen, Molchow und links ab Neumühle liegen auf unserem Weg zurück nach Neuruppin. Hier rollen wir auf dem Hinweg entlang der Alt Ruppiner Allee wieder Richtung Innenstadt, wo wir die Fontane Therme ansteuern, wo unsere Radtour endet.

Der Rückweg ist eine gute Gelegenheit, Alt- und Neuruppin einen Besuch abzustatten. Die Insel Poggenwerder liegt im Ruppiner See und gilt als Kernzelle des heutigen Alt Ruppin, denn hier gab es seinerzeit eine Slawenburg, aus der sich später „an Land" eine Stadt entwickelte. Erst 1840 erhielt Alt Ruppin die Stadtrechte und 1993 wurde es ein Teil von Neuruppin. Ansehen müssen wir uns die **Kirche St. Nikolai**, die zum Teil bereits im 14. Jh. entstand und uns einen auffälligen Turm präsentiert.

Über Neuruppin wird gerne geschrieben, es wäre die „preußischste aller preußischen Städte". Ob dies so ist? Eigentlich egal, denn für uns ist etwas ganz anderes wichtig: In der bestens restaurierten **Altstadt** entdecken wir zahlreiche reich verzierte Häuser, die oftmals vom hier geborenen Baumeister Karl Friedrich Schinkel entworfen wurden. Natürlich setzte man ihm deshalb auch ein **Denkmal** im Park vor der **Kulturkirche**. Doch diesen Blick konnte er nicht immer genießen: Bei der Gründung der DDR wurde Karl Marx auf diesen Sockel gehoben. Doch inzwischen kehrte der gute Karl Friedrich auf seinen altgewohnten Platz zurück. Zu Zeiten der DDR sollte die Innenstadt von Neuruppin mit seinen Baudenkmälern eigentlich komplett „modernisiert" werden. Da aber das Geld fehlte, kam statt dem Umbau der Verfall. Zum Glück konnte vieles der alten Substanz erhalten und wiederhergestellt werden.

Neuruppin darf ganz offiziell den Titel „**Fontanestadt**" tragen. Grund dafür ist, dass der berühmte Schriftsteller, Kritiker und Journalist Heinrich Theodor Fontane am 30.12.1819 hier geboren wurde. Er war der Sohn eines Apothekers und wurde auf Wunsch des Vaters erst ein Apothekengehilfe. Doch schon zu dieser Zeit küsste ihn die Muse – er verfasste bereits seine ersten Gedichte. Fontane sollte sich in den Folgejahren zum wichtigsten Vertreter des Realismus und zu einem der bekanntesten deutschen Schriftsteller entwickeln. Also steuern wir im Ort die eher unscheinbare **Löwen-Apotheke** an, denn dies war einst das Geburts-

Neuruppin bietet uns historisches und modernes dicht beieinander

haus Fontanes. Danach widmen wir uns dem **Fontane-Platz**, auf dem uns der Dichter ganz entspannt auf einer Bank sitzend mit einem Notizblock in der Hand anblickt.

Das Wahrzeichen Neuruppins ist allerdings die mächtige **Klosterkirche St. Trinitatis**. Wie der Name vermuten lässt, wurde sie 1246 mit einem Kloster erbaut und bekam zwei imposante Türme spendiert, die weit ins Land sichtbar sind. Nicht ganz so groß und inzwischen nicht mehr „im Dienst" ist die **ehemalige Pfarrkirche St. Marien**. Sie dient mit ihrem spannenden Turm seit 2002 als Veranstaltungszentrum und ist daher eine „Kulturkirche". Ganz in der Nähe der wunderschönen **Hafenpromenade** steht die **Siechenkapelle St. Lazarus** mit einer besonders filigranen Gestaltung.

Kartentipp:
ADFC-Regionalkarte Potsdam/Havelland, 1:75.000, ISBN 978-3-87073-959-1, € 9,95;
ADFC-Regionalkarte Prignitz, 1:75.000, ISBN 978-3-96990-097-0, € 9,95
Digital für Smartphones und Tablets:
www.fahrrad-buecher-karten.de/rk-digital

29 Klimafreundliches Radeln im klimafreundlichen Landkreis

Von Berlin-Pankow nach Eberswalde

Wellness-Touren Info

ca. 56 km ohne Abstecher, regionale Radweg-Beschilderung sowie teils Beschilderung als Radweg Berlin-Usedom. In der ersten Hälfte stetig leicht ansteigend, aber keine größeren Steigungen. Die Route führt meist über separate Radwege, einige Passagen auf losem Untergrund.

Start: SAUNARIVM - Ihr Wellnesstempel, Berlin-Pankow, www.saunarivm.de **Ziel:** Eberswalde, Bahnhof

Unser Wellnesstempel

Auf dieser Tour geleiten uns die Schilder des Fernradweges Berlin-Usedom heraus aus der Millionenstadt Berlin und hinein in eine wundervolle, ruhige Natur. Durch die endlos scheinenden Weiten des Naturparks Barnim erreichen wir den gleichnamigen Landkreis, die sich schon früh dem Klimaschutz verschrieben hat. Beste Radwege und nur wenige kleine Hügel garantieren ein ungetrübtes Vergnügen.

SAUNARIVM - Ihr Wellnesstempel – der Name unseres Start- und Zielortes weckt große Erwartungen. Und beim Besuch wird rasch klar: Die Erwartungen werden bestens erfüllt!

Im römischen Sole-Dampfbad fühlen wir uns direkt wie die „alten Römer", wenn wir auf Mosaikbänken Platz nehmen und auf Säulen blicken. Deutlich größer gestalten sich die Finnische Sauna und das Tepidarium mit Aromatherapie und Sternenhimmel. Im Relaxbereich des Wintergartens und im Saunagarten setzt sich die südländische Flair fort, denn auch hier recken sich elegante Säulen in die Höhe. Lomi-Lomi-Nui-Massage, Hot-Stone- oder Anti-Stress-Massage tragen zur Tiefenentspannung bei und das Ohrenkerzen-Ritual macht neugierig auf mehr.

Schloss Schönhausen – ein Haus mit spannender Geschichte

Los geht's am Saunarivm, das wir über die Zufahrtsstraße und dann links über die Breite Straße verlassen – der Radweg verläuft auf der gegenüberliegenden Straßenseite. Nach wenigen Pedaltritten hinter der Kirche zweimal links und einmal rechts, um in die Ossietzkystraße zu gelangen. Am Anfang des Schlossparks etwas rechts versetzt in den Weg, der durch den Park führt. Wir orientieren uns am Verlauf des Flüsschens Panke, der uns nach rechts aus dem Park heraus, also geradlinig vom Schloss weg führt. Auf der folgenden Schlossallee geradeaus, hinter der großen Kreuzung schräg links und weiter am Fluss entlang. Seit Tourstart befinden uns auf dem Fernradweg Berlin-Usedom. Dessen Schildern lotsen uns weiter mit mehrmals Abbiegen durch die Vororte Buchholz, Karow, Buch und Zepernick nach Bernau (Knoten 60, 61).

Kaum losgeradelt, gibt es schon Anlass, von den Rädern zu steigen: Wir radeln durch einen weitläufigen Park und kommen dabei am **Schloss Schönhausen** vorbei, das auf eine spannende Geschichte zurückblicken kann: Im Jahre 1664 wurde an der Stelle eines Rittergutes ein Herrenhaus errichtet, das immer wieder wechselnde Bewohner hatte. Später nutzte Königin Elisabeth von Preußen das Barockschloss als Sommerresidenz und zu DDR-Zeiten war es Amtssitz des Präsidenten Wilhelm Pieck, bevor es DDR-Gästehaus wurde. Inzwischen ist es als Museum in weiten Teilen für uns zugänglich.

Tipp: Wir rollen durch das Naturschutzgebiet der **Karower Teiche**, die als Fischteiche und Torfstiche entstanden und ein Brut- und Rastrefugium für seltene Vogelarten wurden. Gleich vier Aussichtsplattformen locken zu einem Stopp und zu interessanten Blicken in die teils urwüchsige Natur.

Die geschichtsträchtige Kleinstadt Bernau lädt uns zu einer längeren Rast ein. Nachdem wir ein außergewöhnliches Nebeneinander von Plattenbau und **Fachwerkhäusern** bewundert haben, entdecken wir Reste der Stadtmauer, den **Pulverturm** und das Gasometer. Etwas außerhalb der Stadt liegt das **Bauhausdenkmal Bundesschule Bernau**. In dem ehemaligen größten Bauhausprojekt wurden die Gebäude erst von den Nazis als Reichsführerschule, dann als Lazarett der Roten Armee und anschließend als Gewerkschaftshochschule des FDGB genutzt. Inzwischen wurde die ehemalige Bundesschule zum Weltkulturerbe erklärt.

29 **Weiter geht´s** von Bernau, das wir über den Knotenpunkt 63 Richtung 72 entlang der Ladeburger Chaussee auf dem Fernradweg Berlin-Usedom verlassen. Den Schildern folgend radeln wir durch Ladeburg und dann durch ruhige Natur nach Biesenthal (Punkt 72, 73). Nachdem wir die Barnimer Heide durchradelt haben (Knoten 95), gelangen wir durch Finowfurt (Knoten 94) nach Eberswalde, wo wir den Bahnhof ansteuern (Knotenpunkt 87). Mit dem Zug sind wir in rund einer Stunde am Bahnhof Pankow-Heinersdorf. Von hier sind es nur wenige Minuten über Damerow- und Breite Straße zurück zu unserem Saunarivm.

Unweit unseres Weges liegt der **Bunker Ladeburg**. 1986 wurde dieses „Schutzbauwerk der Luftkräfte der Nationalen Volksarmee" in Betrieb genommen. Bis zu 10 Raketenstandorte konnten von hier gesteuert werden. Nach der Wende wurden die Anlagen größtenteils zurückgebaut. Die Überreste sind bei Führungen zugänglich.

Der Ort Ladeburg selbst empfängt uns mit einer schmucken **Dorfkirche** und einem denkmalgeschützten Haus an der Rüdnitzer Straße, das schon fast wie ein Herrenhaus wirkt.

Die Schilder des Fernradwegs Berlin-Usedom geleiten uns durch wunderbare, ruhige Natur. Dichte Wälder und viele Wasserläufe begleiten unseren Weg. Dazu gehört auch das Langerönner Fließ. An seinem Ufer wurde die **Langerönner Mühle** einst als Mehl- und Schneidemühle genutzt.

Deutlich städtischer wird es in Biesenthal mit seinem prachtvollen **Alten Fachwerk-Rathaus**, das sich am weitläufigen Marktplatz erhebt. Der **Kaiser-Friedrich-Turm** steht auf dem Schlossberg und blickt weit ins Land. Zu Zeiten der DDR war Biesenthal bekannt für den **Führungsbunker MfS** – dem „Mielke-Bunker" und für den Sitz der **Hochschule für die Deutsche Volkspolizei** sowie für weitere Einrichtungen der Staatssicherheit und des Militärs.

Das viele Grün um uns herum zählt zum **Naturpark Barnim**, der eine riesige Fläche von etwa 749 qkm bedeckt. Sanft modellierte Hügel und etwa 55% Wald garantieren für unbeschwertes Radelvergnügen. Damit das so bleibt, hat sich der Landkreis Barnim schon früh zum Klimaschutz bekannt. Man hat sich hier

Biesenthals Rathaus wurde aus feinstem Fachwerk gefertigt

Sanft modellierte Hügel durchziehen den 749 qkm großen Naturpark Barnim

daher einer **Null-Emissions-Strategie** verschrieben und setzt verschiedene Projekte um, die von der Klimaschutzinitiative des Bundes unterstützt werden. So sitzt die Kreisverwaltung in Eberswalde in einem **energieeffizienten Gebäude**, das 2008 eine Auszeichnung erhielt. Ferner gibt es verschiedene Schulprojekte und eine stetig wachsende Zahl von **Erneuerbaren-Energie-Anlagen** wie Biomasse-, Biogas- oder Solaranlagen. Das **Energiedorf** Brodowin hat sich auf die Fahnen geschrieben, die benötigte Energie komplett selbst mit erneuerbaren Quellen herzustellen.

Schon von weitem ist der **Wasserturm** von Finow zu sehen, der 1917 fertiggestellt und inzwischen zum Kriegerdenkmal umgewidmet wurde. In Finow spannt sich auch die filigran gearbeitete, aber außer Betrieb genommene **Teufelsbrücke** über den Finowkanal. Sie führt zum ehemaligen Messingwerk.

Rund um den Marktplatz von Eberswalde finden wir gleich mehrere schöne Fotomotive, unter ihnen das 1775 als Wohnhaus eines Tuchfabrikanten erbaute **Rathaus**, die stolze **Maria-Magdalenen-Kirche** und mehrere bestens erhaltene Fachwerkhäuser.

Verpassen dürfen nicht einen Besuch im **Familiengarten Eberswalde**, der gut sichtbar ist, denn hier erhebt sich ein 58 m hoher ehemaliger Montagekran. Genannt wird er gerne **Montageeber** oder Eberkan – den Namen bekam er vom Wappentier Eberswalde.

Etwas außerhalb der Stadt liegen der Forstbotanische Garten und der **Zoologische Garten Eberswalde**, der auf dem Gelände eines ehemaligen Wildparks erschaffen wurde.

Kartentipp:
ADFC-Regionalkarte Berlin u. Umgebung, 1:75.000, ISBN 978-3-96990-016-1, € 9,95
Digital für Smartphones und Tablets:
www.fahrrad-buecher-karten.de/rk-digital

30 Berliner Thementouren

Von Berlin über Hennigsdorf

Wellness-Touren Info

ca. 60 km ohne Abstecher, Abkürzung möglich. Regionale Radweg-Beschilderung sowie fast durchgängig Beschilderung als Mauerweg sowie teils als Havel- bzw. Radweg Berlin-Kopenhagen. Keine größeren Steigungen. Die Route führt meist über separate Radwege, einige Passagen auf losem Untergrund.

Start / Ziel: SAUNARIVM - Ihr Wellnesstempel, Berlin-Pankow, www.saunarivm.de

Der Berliner Mauerweg ist auf der Welt einzigartig, denn er zeichnet vorwiegend genau den Weg nach, der einst von den Grenztruppen der DDR als Postenweg genutzt wurde. Grund genug, eine Rad-Runde zu drehen, um an vielen Stellen die sichtbaren Zeugen der ehemaligen innerdeutschen Grenze zu besuchen.

Wie wäre es mit „Power Point, einem „**Kraftbad**"? Oder mit anderen Schönheitsbädern wie Honig-Milch-, Detox-, Spirulina-, Algen-Molke-, Blaue Stunde-, oder **Cleopatrabad**? Kein Problem: Diese und viele andere Wellness-Angebote wie **Kosmetikbehandlungen** bietet das „SAUNARIVM - Ihr Wellnesstempel". Ein ideales Ziel zum Entspannen also, wenn wir nach der Rundtour wieder hier ankommen.

Los geht's am Saunarivm, das wir zur Breite Straße verlassen. Hier rechts und im Rechtsknick geradeaus in die Wilhelm-Kuhr-Straße, die uns zum Bürgerpark Pankow bringt, an dem wir im Uhrzeigersinn vorbei radeln. Vor dem Linksknick rechts in die Straße „Am Bürgerpark". Wir radeln nun auf dem Mauerweg. Die Schilder sind ab und an etwas klein, daher müssen wir sowohl auf den Straßenverkehr, als auch auf die Schilder gut Acht geben. So rollen wir ein Stück neben der Bahn entlang, dann rechts durch das Märkische Viertel vorbei an Lübars und Glienicke / Nordbahn. Dann noch ein Stück Richtung Hohen Neuendorf, im Wald links auf den Hubertusweg, über die B96, wieder links auf den Kniggeweg und weiter auf dem Mauerweg um Frohnau herum nach Hennigsdorf.

Zu Beginn unserer Tour radeln wir am **Bürgerpark Pankow** vorbei, der sich ganz in der Nähe des Pankower Rathauses erstreckt. Das weitläufige, frei zugängliche Areal wurde 1864 zunächst privat angelegt.

Der größte Teil unserer Tour verläuft auf dem sogenannten **Mauerweg.** Auf insgesamt 160 km zeichnet der Mauerweg die Strecke nach, auf der einst die DDR-Grenztruppen patrouillierten. Immer wieder können wir anhal-

Der heutige Bürgerpark Pankow wurde einst privat angelegt

ten und sichtbare Zeugen der Spaltung zwischen BRD und DDR betrachten. Schilder erklären an vielen Stellen über die Hintergründe dessen, was wir vor uns sehen. Am 13.08.1961 wurde die bis dahin meist ungesicherte innerdeutsche Grenze mit Zäunen, Sicherungsanlagen, Wachtürmen, Mauern und dem „Postenweg" versehen. Nach dem Fall der Mauer wurden die meisten Einrichtungen ersatzlos entfernt. Es entstand ein **Wander- und Radweg**, der von naturbelassenen Streifen ergänzt wird.

Tipp: Ein kleiner Abstecher führt nach Hohen Neuendorf. Wer genau hinsieht, entdeckt einen **preußischen Meilenstein**. Unübersehbar hingegen ist die **Himmelspagode**. Im Stile des Pekinger Himmelstempels wurde hier ein mehrstöckiges Restaurant errichtet.

Glienicke / Nordbahn liegt bereits in Brandenburg. Gleich dreimal wurden hier in der Gegend **Fluchttunnel** errichtet, mit denen mehreren Dutzend Menschen die Flucht aus der DDR gelang.

Weiter geht´s von Hennigsdorf den Schildern des Mauerwegs folgend an der Havel entlang nach Spandau. Hier queren wie die Havel, um mit dem Radweg Berlin-Kopenhagen am Zollernkanal entlang zum Ortsteil Tiergarten zu gelangen. Dann geht's im Zick-Zack auf die Bernauer Straße, die wir nach links über die Schwedter Straße verlassen. Hinter der Kreuzung mit der Bornholmer- rechts in die Dolomiten und links in die Maximilianstraße. Geradeaus kommen wir zurück zum Saunarivm.

Hinter Hennigsdorf rollen wir auf perfekter Trasse direkt an der Havel entlang, bevor wir im **Volkspark Jungfernheide** den stattlichen Wasserturm aufsuchen. Eine willkommene Abkühlung finden wir im Jungfernheideteich.

Kartentipp:
ADFC-Regionalkarte Berlin u. Umgebung, 1:75.000, ISBN 978-3-96990-016-1, € 9,95
Digital für Smartphones und Tablets:
www.fahrrad-buecher-karten.de/rk-digital

31 Ganz viele Seen und eine Havel

Von Werder über Ketzin

Wellness-Touren Info

ca. 47 km ohne Abstecher. Regionale Radweg-Beschilderung sowie teils Beschilderung als Havel-Radweg. Keine größeren Steigungen. Die Route führt meist über separate Radwege, einige Passagen auf losem Untergrund.

Start / Ziel: Havel-Therme, Werder, www.havel-therme.de

Schwungvoll geht's in die Havel-Therme…

…und im Innern orientalisch weiter

Diese Tour ist eine perfekte Symbiose aus Wellness und entspannter Radtour: Nachdem wir zunächst den tollen Havel-Radweg genossen haben, setzen wir mit der kleinen Fähre ans andere Ufer über. Hier cruisen wir durch weniger bekannte und dadurch auch sehr ruhige Landschaften, die uns mit vielen Seen, aber auch mit sehenswerten kleinen Orten unterhalten. Gegen Ende der Tour besuchen wir die historische Altstadt von Werder, die auf einer Insel liegt und stillen unseren Wissensdurst in mehreren Museen.

Die „Premium Spa Therme" – diesen verheißungsvollen Beinamen hat sich die „**Havel-Therme**" gegönnt. Zurecht, denn hier warten außergewöhnliche Erlebnisse auf uns: Im traditionellen Hamam oder im Serail Bad entspannen wir uns bei orientalischer Badekultur, wobei sowohl die Seele als auch die Haut eine Wellness-Einheit erhalten. „**Die Kunst der wissenden Hände**" sorgt bei verschiedenen Massagen wie Lomi Lomi, Energiemassage, Hot Stone oder Kräuterstempel-Massage für ungeahnte Wohltaten. Zwischendurch können wir in den Was-

Der staatlich anerkannte Erholungsort Werder liegt malerisch auf einer Insel

serwelten schwimmen, planschen, springen oder rutschen. Zum Ausklang gönnen wir uns den Wohlfühlgarten mit Seeblick und wenden uns dem Thermen- und Saunaparadies zu. Ein herrliches Wellness-Angebot, das den Titel „Premium“ wahrlich verdient hat.

Los geht's an der Havel-Therme, die wir über die Zufahrtsstraße namens Zum Großen Zernsee verlassen. Links und an der querenden Phöbener Straße treffen wir auf den Havel-Radweg, dem wir nach rechts folgen. Die Schilder weisen uns zuverlässig den Weg durch Phöben, ehe wir an der Havel entlang die Fähre erreichen, mit der wir nach Ketzin übersetzen.

Direkt neben unserer Havel-Therme erstreckt sich der große **Hafen** von Werder mit seiner einladenden Hafenpromenade. Hier können wir vor oder nach dem Besuch der Therme flanieren, auf einer der Bänke Platz nehmen und dem regen Treiben der Freizeit-Skipper auf dem Wasser zusehen. Schließlich befinden sich rund um Werder einige der größten und beliebtesten Liegeplätze Brandenburgs. Mehr als 1.000 Kapitäne werden hier vom einfachen Wasserwander-Rastplatz bis zur 5-Sterne-Marina fündig. Wer länger in der Region ist, sollte einmal die Perspektive wechseln, denn Boote bis 15 PS können bei den Charter-Anbietern gemietet und führerscheinfrei gefahren werden.

Der Hafen gehört zum **Großen Zernsee**, der als einer von unzähligen Seen von der **Havel** gebildet wird. Auf unserer Radtour werden wir natürlich über weite Strecken dem Ufer der Havel folgen und dabei zusätzlich den Kleinen Zernsee, sowie Göttin-, Schlänitz-, Wublitz-und Schwielowsee kennenlernen. Wenn das Wetter sonnig und warm ist, haben wir also mehr als genügend Möglichkeiten, uns abzukühlen – Handtuch und Badesachen gehören also unbedingt in die Packtaschen!

Der Streckenverlauf des ausgezeichneten Havel-Radwegs eröffnet uns immer wieder herrliche Blicke über die Havel oder über die Seen, während sich links neben uns der **Wachtel-** und der **Haakberg** in die Höhe ziehen. Dabei sind die „Gipfel“ mit 83 bzw. 88 m nicht unbedingt als alpin zu bezeichnen, dennoch sind die Aussichten von dort beeindruckend.

31

Schloss Sanssouci beeindruckt von allen Seiten…

Sehr farbenfroh präsentiert sich die **Dorfkirche** von Phöben, die 1758 erbaut und später erweitert wurde. Etwas abseits des Ortes liegt das **Naturschutzgebiet Kriewlower See**. Zwar ist der See zu weiten Teilen verlandet, doch fühlen sich hier seltene Tierarten wie Ringelnatter, Moorfrosch oder Kranich wohl.

Die kleine Havelfähre namens Charlotte bringt uns hinüber nach Ketzin, das uns mit einem stattlichen **Bahnhofsgebäude** empfängt. Rund um den Bahnhof freuen sich Eisenbahn-Freunde über mehrere **historische Lokomotiven**.

Weiter geht´s von Ketzin, das wir entlang der Potsdamer Straße verlassen, um durch Paretz, Uetz, Marquart Schlänitzsee, Grube, Nattwerder nach Golm zu radeln. Von hier geht es mit mehrfachem Abbiegen via Wildpark West zur Brücke bei Geltow. Mit ihr queren wir die Havel, um direkt dahinter entlang der Berliner Chaussee auf dem Havel-Radweg zurück nach Werder zu rollen. Hier folgen wir den Schildern zur Havel-Therme, wo unsere Rad-Runde endet.

Eher schlicht wirkt **Schloss Paretz**, das aus einem alten Rittergut hervor ging. Preußenkönig Friedrich Wilhelm III. kaufte das Anwesen 1797 und ließ es als Residenz umbauen, damit er sich hier mit Gemahlin Louise von Mecklenburg-Strelitz abseits der höfischen Pflichten zurückziehen konnte.

Kaum sind wir wieder auf die Fahrräder gestiegen, gibt es schon wieder Grund zum Stehenbleiben: Inmitten eines weitläufigen Parks erhebt sich **Schloss Marquart**, ein Herrenhaus, das im Barockstil errichtet wurde.

Tipp: Hinter Golm lockt ein Abstecher nach Potsdam, denn von hier sind es nur wenige Radel-Minuten bis zum großartigen **Schlosspark** von Sanssouci. Als erstes empfängt uns das barocke Neue Palais und während Schloss Charlottenhof etwas rechterhand liegt, gelangen wir durch den Park zum **Schloss Sanssouci**. Malerisch fügt es sich in die terrassierten Anlagen ein. Von 1747 bis 1918 diente es als Sommerresidenz der Deutschen Kaiser bzw. der Preußischen Könige. Wenn wir schon mal hier sind, können wir auch noch in die Potsdamer Innenstadt weiterradeln. Hier empfangen uns das Holländische Viertel mit dörflicher Gemütlichkeit, die Babelsberger Filmstudios mit reichlich Action, die Nikolaikirche am Alten Markt mit einer gewaltigen Kuppel und das Potsdamer Rathaus mit einer prunkvollen Fassade. Oder wie wäre es mit den Holzhäusern in der russischen Kolonie Alexandrowka, mit Schloss Cecilienhof, mit dem Alten Rathaus und der Atlasstatue oder einem der Stadttore, unter ihnen das Brandenburger Tor? Es gibt so viel zu sehen, dass wir vielleicht mit der Bahn weiter nach Werder fahren müssen.

...besonders von der Gartenseite!

Der kleine Ort Geltow präsentiert uns etwas ganz Besonderes, ein „**aktives Museum**". Hier erfahren wir, wie Leinengarn hergestellt und in der Handweberei weiterverarbeitet wird. Dabei beobachten wir im Websaal die spannende Arbeit an Webstühlen, die bis zu 300 Jahre alt sind und bis heute ihre Dienste verrichten.

Bei Baumgartenbrück überqueren wie die Havel mit der **Baumgartenbrücke**, die auf eine sehr wechselhafte Geschichte zurückblicken kann.

Kurz darauf erreichen wir den staatlich anerkannten Erholungsort Werder. Das **Obstbaumuseum** verrät uns, dass wir bei dieser Tour in einer bedeutenden Anbauregion für verschiedene Obstsorten unterwegs waren – wer im Frühjahr hier ist, hat dies am Blütenmeer der Bäume bereits gemerkt.

Standesgemäß findet dazu auch alljährlich das Baumblütenfest statt. Noch größer ist das Werderaner Volksfest, zu dem bis zu einer Dreiviertel Million Besucher kommen.

Wenn wir über die Brücke auf die Insel von Werder rollen, ist das wie eine Reise ins Mittelalter: Rund um den **Marktplatz** entdecken wir bunt getünchte und bestens erhaltene Häuser. Von hier ziehen sich kleine Gassen an kleinen historischen **Fischerhäusern** entlang bis zur hölzernen **Bockwindmühle**. Aufwändig gestaltet ist die Fassade des **Rathauses**, das auf dem Mühlenberg und damit an der höchsten Stelle der Insel thront und gemeinsam mit der Heilig-Geist-Kirche die Szenerie bestimmt.

Kartentipp:

ADFC-Regionalkarte Potsdam/Havelland, 1:75.000, ISBN 978-3-87073-959-1, € 9,95

Digital für Smartphones und Tablets: www.fahrrad-buecher-karten.de/rk-digital

32 In den Krausnicker Bergen

Von Krausnick über Köthen

Wellness-Touren Info

ca. 44 km ohne Abstecher, Abkürzung möglich. Regionale Radweg-Beschilderung sowie teils Beschilderung als Gurken- bzw. Dahme-Radweg sowie Hofjagdweg. Eine kurze, aber kräftige Steigung. Die Route führt meist über separate Radwege, einige Passagen auf losem Untergrund.

Start / Ziel: Tropical Islands in Krausnick, www.tropical-islands.de

Tropical Islands - der Name ist Programm!

Wer hätte das gedacht? Mitten in Brandenburg erwartet uns eine „Bergwertung“. Doch der Kilometer mit der Rampe ist auch für Ungeübte kein Problem, wenn geschoben wird. Dafür rollen wir durch eine wunderbare Landschaft, die uns schon nach kurzer Zeit den Trubel rund um die Tropical Islands vergessen lässt. Nach der 44-km-Runde freuen wir uns aber wieder auf das Wellness-Angebot dort zum Regenerieren.

In der riesigen Halle der Tropical Islands werden wir immer wieder aufs Neue überrascht: Wer hätte schon vermutet, dass wir hier den **größten Indoor-Regenwald der Welt** entdecken können? Flamingos, Fasane, Schildkröten, Drachenfische und weitere possierliche Bewohner leben im Mangrovensumpf, der mit 50.000 Pflanzen bewuchert wird. Mittendrin liegt **Kupu Kupu**, was in Indonesien „Schmetterling“ bedeutet. 150 teils exotische Schmetterlinge fühlen sich hier auf 42 qm im Regenwald wohl.

Los geht's an den Tropical Islands, die wir über die gleichnamige Zufahrtsstraße, am Kreisel links und dann rechts-links-rechts-links abbiegend verlassen. Parallel zur Straße gelangen wir nach Krausnick (Knoten 86, 87), wo wir links abbiegen und den Schildern des Gurken-Radwegs folgen, der in der Folge über den Knotenpunkt 12 kurz, aber kräftig ansteigt. Nach der Abfahrt kommen wir an einigen Seen vorbei nach Köthen (Knoten 14).

In Krausnick müssen wir uns unbedingt die **Kreuzkirche** ansehen, denn sie wurde mit wunderbarem Fachwerk gestaltet.

Die Krausnicker Berge entstanden in der Saale-Eiszeit und werden auch gerne als „**Bergspreewald**“ bezeichnet. Damit wir die Berge auch richtig gut spüren, kurbeln wir hinauf zum **Wehlaberg**, der mit 144 m der „Gipfel“ der Krausnicker Berge ist.

Weite Sicht über´s Land auf Tropical Islands...

Tipp: Eine unglaubliche Fernsicht genießen wir vom 28 m hohen **Aussichtsturm Wehlaberg**. Der heutige Turm wurde mit einem quadratischen Grundriss 2003 fertiggestellt. Schon 1896 gab es hier den ersten „Turm", der eher ein Gerüst war. Es folgten zwei weitere Türme, von denen der letzte abgerissen werden „musste": Von hier konnte man in eine millitärische Einrichtung der Sowjetunion schauen.

Die Hauptattraktion des kleinen Ortes Köthen ist der **Köthener See**, der uns unweit der Dorfmitte mit einer Badestelle zum Sprung ins kühle Nass einlädt. Rund um den See gab es schon zu DDR-Zeiten einen schwunghaften Tourismus, was zwei FDGB-Ferienheimen („Freier Deutscher Gewerkschaftsbund") zu verdanken war.

Weiter geht´s von Köthen, das wir entlang der Dorfstraße und den Schildern des Hofjagdwegs folgend verlassen. Diese fordern uns auf, in Märkisch Buchholz bei Knoten 18 links in die Eisenbahnstraße einzubiegen und neben der Straße her nach Halbe zu radeln. Hier links, in Teurow rechts auf den Dahmeradweg. Durch Freidorf (Knoten 5), Briesen (Knoten 6 – 8), Staakow (64) und links Brand gelangen wir zurück zu den Tropical Islands.

...haben wir vom Aussichtsturm Wehlaberg

Die Region um Märkisch Buchholz ist bereits seit der Steinzeit bewohnt, diverse Funde belegen nicht nur dies, sondern auch eine Besiedlung in der Bronzezeit. Es folgten die Slawen und später auch die Wenden bzw. die Sorben. Ab dem 14. Jh. gab es hier auch schon eine Kirche – die heutige **Dorfkirche** stammt von 1753. Gleich neben dem Ort mündet der Spree-Dahme-Umflutkanal in den Fluss Dahme, was wir am „**Dahmeblick**" genauer in Augenschein nehmen können.

Bei Staakow erreichen wir schon den Bereich des **Spreewaldes**. Pausieren können wir in der Dorfmitte, die von einigen Findlingen markiert wird.

Kartentipp:
ADFC-Regionalkarte Spreewald/Berliner Seengebiet, 1:75.000, ISBN 978-3-96990-097-9, € 9,95
Digital für Smartphones und Tablets:
www.fahrrad-buecher-karten.de/rk-digital

33 Gurken, Fließe und viel Grün

Von Krausnick über Lübben

Wellness-Touren Info

ca. 49 km ohne Abstecher, Abkürzung möglich. Regionale Radweg-Beschilderung sowie teils Beschilderung als Gurken- bzw. Spree-Radweg sowie Hofjagdweg. Keine größeren Steigungen. Die Route führt meist über separate Radwege, einige Passagen auf losem Untergrund.

Start / Ziel: Tropical Islands in Krausnick, www.tropical-islands.de

Es fällt schon ein wenig schwer, sich aus dem umfangreichen Angebot der Tropical Islands zu lösen und sich auf die Fahrräder zu schwingen. Doch bei dieser Tour lohnt es sich ganz besonders, denn wir statten dem wunderschönen Spreewald mit seinen endlosen Fließen (Wasserläufen) einen Besuch ab. Ein Etappenziel ist Lübben, das uns mit einer tollen Altstadt und einem Schloss empfängt. Nachdem wir eine Kahnfahrt unternommen und die köstlichen Spreewaldgurken probiert haben, geht es auf bester Strecke wieder zurück.

Ist hier ein UFO gelandet? Nein, mitten in der Weite Brandenburgs stehen wir vor der riesigen Kuppel des Freizeitparks „**Tropical Islands**“, der **größten freitragenden Halle der Welt**! Dass die Halle so eigentümlich aussieht, ist dem Umstand zu verdanken, dass hier im Jahr 2000 große Luftschiffe untergebracht werden sollten. Mit dem „Cargolifter CL160“ sollte einst die Transportwelt revolutioniert werden – statt Luftfrachtschiffe strömen erholungssuchende Gäste aus aller Welt in die Halle, die seit 2004 alles bietet, was man unter Wassersport und Wellness definieren kann: Südsee, Bali-Pavillon, Bali-Lagune, eine unglaubliche Rutschenanlage, der Außenbereich „Amazonia“, Übernachtungsmöglichkeiten aller Art und natürlich ein sensationeller Wellness- und Saunabereich. 10.000 qm misst die **größte Saunalandschaft Europas** – hier staunen wir auf 5 m Höhe über eine Baumsauna, lernen eine Inipi Kräuterschwitzhütte, eine Vishnu Sauna, eine Campur Campur Sauna und weitere exotische Dinge kennen. Wellness-Zeremonien, Massagen, kosmetische Behandlungen, Heilerde- und Peeling-Anwendungen: Für **Wellness und Beauty** wird hier ein so umfangreiches Paket geboten, dass wir eine ganze Weile in einer der Lodges, Zimmern, Zelten, Ferienhäusern und Camps übernachten müssen, um alles genießen zu können.

Los geht's an den Tropical Islands, die wir wieder über die Zufahrtsstraße, am Kreisel links und dann rechts-links-rechts-links abbie-

In Lübben werden Traditionen gelebt

gend verlassen. So gelangen wir nach Krausnick (Knoten 86), wo wir rechts in die Schönwalderstraße abbiegen und den Schildern des Gurken-Radwegs folgen, die uns nach 700 m auffordern, links abzubiegen. Auf ruhiger Strecke gelangen wir durch Lubolz (Knotenpunkt 65) nach Lübben (Knoten 69, 71, 73, 75).

Die idyllische Innenstadt von Lübben wird von vielen **Wasserläufen** durchzogen und verschafft uns sofort ein perfektes Urlaubs-Feeling. Die Stadt wird gerne als „**Tor zum Ober- und Unterspreewald**" bezeichnet. Dass das bestens passt, werden wir auf den nächsten Kilometern noch mit allen Sinnen erleben.

Doch zuvor tauchen wir ein in das breit gefächerte Angebot von Lübben: Rund um den **Marktplatz** von Lübben finden wir viele historische Gebäude, darunter auch die **Paul-Gerhard-Kirche**. Über eine Brücke gelangen wir zur **Schlossinsel**, die mit Naturbadestelle, Wasserspielplatz, Klanggarten, Hügellabyrinth, Restaurant und Infozentrum nicht nur Kinderherzen höher schlagen lässt. Überblickt wird die Szenerie von **Schloss Lübben** mit seinem **Renaissancegiebel** und dem imposanten Wappensaal. Das **Stadt- und Regionalmuseum** erzählt uns mehr über unsere Radel-Region und verrät uns auch, warum wir auf den Schildern so viele schwer auszusprechende Namen finden: Es ist die sorbische Sprache, die hier noch von vielen Menschen gepflegt wird – auch die übrige Brauchtumspflege wird hier im Spreewald sehr groß geschrieben. Die Sorben bzw. Wenden sind eine Bevölkerungsgruppe, die seit langer Zeit in dieser Region lebt, ihre eigene Sprache pflegt und sogar eine eigene Flagge nutzt.

Was wir keinesfalls versäumen dürfen, ist eine Fahrt mit dem **Spreewaldkahn** – lautlos werden wir durch das endlos scheinende Labyrinth der **Fließe** gegondelt – seltene Wasser- und Landbewohner treffen wir dabei auch. Die Kähne bestehen aus Holz und werden seit Jahrhunderten umweltschonend mit Holzstangen bewegt.

Als nächstes probieren wie die deutschlandweit bekannten **Spreewaldgurken** – Gelegenheiten dazu gibt es auf dieser Rad-Runde mehr als genug.

33

Farbenfroh zeigen sich Schloss Lübben…

Wenn der Hunger mit vollem Magen gestillt ist, widmen wir uns dem Wissendurst und besuchen das Freiland- oder das Gurkenmuseum oder statten der Ausstellung zum Biosphärenreservat Spreewald einen Besuch ab.

Wenn wir im Herbst hier unterwegs sind, können wir das **Spreewaldfest** besuchen. Dabei werden wunderschöne **Festtrachten** ausgeführt und ein buntes Bühnenprogramm geboten. Ganz besonders sind das Feuerwerk am Samstag und der **Kahnkorso**.

Tipp: Der perfekt ausgebaute **Gurken-Radweg** geleitet uns in nur knapp 10 km durch die wundervolle Natur nach Lübbenau, das mit seinen rund 16.000 Einwohnern zu den größten in der Region zählt. Beste Einkehr- und Shopping-Möglichkeiten, Unterkünfte aller Art und vor allem einen attraktiven historischen Stadtkern.

Hier finden wir bestens erhaltene **Fachwerkhäuser** und die **Sankt-Nikolai-Kirche**, die als eines der schönsten Beispiele des Dresdner Barock in dieser Region gilt. Die Kirchenglocken wurden übrigens 1917 eingeschmolzen, um Kriegsgerät herzustellen. Im **Torhaus** am Topfmarkt ist das **Spreewald-Museum** untergebracht. Deutlich leichter zu finden ist das strahlend weiße **Schloss Lübbenau**, das heute als Hotel genutzt wird. Im Schlosspark finden wir seltene Bäume und rund um das Schloss wurden viele Gebäude wie markgräfliche Gerichtskanzlei, Marstall oder Orangerie erhalten.

Bekannt ist Lübbenau für seinen großen **Spreewaldhafen**, von dem aus Kahnfahrten in die weitläufige Region angeboten werden.

Weiter geht´s von Lübben, wo wir die Spree überqueren und dann links abbiegen (Knotenpunkte 82, 77, 61). Es gibt hier gleich drei Schilder, denen wir folgen können: Die des Gurken- bzw. Spree-Radweg sowie des Hofjagdweges weisen uns zuverlässig den Weg, der sich an der Spree entlang über die Knotenpunkte 72, 79, 78 und 88 nach Schlepzig windet. Hier zweigen wir links ab in die Dorfstraße. Von hier sind

...und die Innenstadt von Lübben

wir durch Krausnick (Punkt 87) rasch wieder zurück an den Tropical Islands, wo das Wohlfühlprogramm auf uns wartet.

Nachdem wir Lübben verlassen haben, tauchen wir ein in die wundervolle Natur des **Biosphärenreservates Spreewald**. Urwaldartige Wälder, unzählige Wasserläufe, die hier Fließe genannt werden, und eine ganze Reihe großer und kleiner Seen machen diesen Abschnitt zu einem Paradies für jeden Naturliebhaber. Der sogenannte Unterspreewald erstreckt sich über eine Fläche von 5 km Breite und 20 km Länge. Die Hauptspree, der Puhlstrom und die Wasserburger Spree sind hier die größten Wasserläufe, zu deren Ufern sich ein einzigartiges Wild- und Fischreichtum ansiedeln konnte.

Wenn es beim Radeln zwischendurch zu warm wird, können wir bei Hartmannshof die **Badestelle** zu einer Erfrischung nutzen.

Das Infozentrum „Alte Mühle" in Schlepzig bringt uns alles Wissenswerte zum Biosphärenreservat Spreewald näher und eine Dauerausstellung berichtet uns zum Thema „Unter Wasser unterwegs". Am **Hafen** von Schlepzig können wir eine Kahnfahrt unternehmen und uns den tollen **Weidendom** ansehen. Gleich in der Nähe liegen die **Getreidemühle**, das ehemalige Spritzenhaus, das **Bauernmuseum** und die 1782 geweihte **Fachwerkkirche**. Die Kirche müssen wir uns auch von Innen ansehen, denn das Deckengewölbe wurde einem Spreewaldkahn nachempfunden.

Kartentipp:
ADFC-Regionalkarte Spreewald/Berliner Seengebiet,
1:75.000, ISBN 978-3-96990-097-9, € 9,95
Digital für Smartphones und Tablets:
www.fahrrad-buecher-karten.de/rk-digital

34 Die Falken von Rabenstein

Von Bad Belzig über Rabenstein

Wellness-Touren Info

ca. 47 km ohne Abstecher, Abkürzung möglich. Regionale Radweg-Beschilderung sowie teils Beschilderung als R1 und Tour Brandenburg. Hügelige Tour, die eine gewisse Grundkondition erfordert. Die Route führt meist über separate Radwege, einige Passagen auf losem Untergrund.

Start / Ziel: Stein Therme, Bad Belzig, www.steintherme.de

Die Stein Therme – mal ganz bildlich erklärt

Etwas anstrengend wird es schon auf unserer Tour, denn es geht immer wieder Auf und Ab. Doch auch weniger trainierte Radler werden vor keine unüberwindbaren Aufgaben gestellt – wer ein E-Bike unter dem Sattel hat, darf sich natürlich im Vorteil wähnen. Neben unserem Start- und Zielort Bad Belzig und der Stein Therme werden wir auf unserer unterhaltsamen Tour den Naturpark Hoher Fläming und die schönen Ortskerne, die sich dort verstecken, kennenlernen.

Ist das herrlich: In unserer „**Stein Therme**" reisen wir im „LichtKlangRaum" mit einem Gefühl von Schwerelosigkeit durch sphärische Klänge. Und sofort stellt sich absolute Entspannung ein. In der benachbarten Badewelt können wir zwischen sechs verschiedenen Warmwasser- und Thermalsolebecken wählen, bevor wir uns der **Saunawelt** mit diversen Saunen und Dampfbädern widmen. Die Thermalsole kommt auch bei den Beauty-Anwendungen zum Einsatz, etwa bei einem Peeling auf dem Hamamstein. Anschließend gibt es eine Einölung mit Kräutern oder Aromaöl. Noch gezielter werden die Cleopatrapackung, die Nachtkerzencremeölpackung oder die Sole-Moorpackung angewendet. Den Abschluss bilden dann verschiedene Kosmetikbehandlungen, bei denen wir vom Gesicht bis zu den Füßen verwöhnt werden.

In Bad Belzig können wir aus einer großen Anzahl von Unterkünften wählen, die von

Schon seit 1212 wacht Burg Rabenstein über die Region

der schlichten Pension bis zum guten Hotel reichen. Reisemobilisten haben es noch besser, denn sie können ihr rollendes Heim direkt vor der Stein Therme auf dem modernen **Stellpatz** nutzen.

Los geht's an der Stein Therme, die wir nach links über die Straße Am Kurpark verlassen, um links in die Rosa-Luxemburg-Straße abzubiegen. Hier sind wir gleich auf dem Europaradweg R1. Beim See geradeaus auf der Weitzgrunder Straße, im Linksknick rechts und an der Kreuzung geradeaus auf der Straße der deutschen Einheit. Wir folgen weiter den Schildern des R1 und fahren im linken Bogen um die Burg herum, dann mit einer kräftigen Steigung aus der Stadt heraus. Der R1 bringt uns auf stetig steigender Straße durch Bergholz und Grubo nach Raben.

Kaum losgeradelt, kommen wir noch im Belziger Stadtgebiet vorbei am **Freizeit- und Erlebnisbad** sowie an der eindrucksvollen **Burg Eisenhardt**. Schon in der Bronzezeit soll es an dieser Stelle eine Höhensiedlung gegeben haben, ehe dann eine Burganlage entstand, die 1305 unter Herzog Rudolf I. erheblich erweitert und bewehrt wurde. Zu einer „modernen Festung" entwickelte sich die Anlage ab 1477 – seinerzeit wurde auch das Torhaus als Wohnung für den Fürsten umgestaltet. Die etwas mühevolle Auffahrt zur Burg Eisenhardt wird gleich mehrfach belohnt: Die riesigen Ausmaße der Burg werden erst hier oben so richtig deutlich und wenn wir auf den 28 m hohen und bestens erhaltenen **Bergfried** steigen, haben wir einen atemberaubenden Weitblick über den Hohen Fläming. Interessant zu wissen: Im Mittelgeschoss entdecken wir eine Rundbogenöffnung. Hier befand sich gut geschützt der Einstig in den Bergfried.

Im kleinen Ort Grubo werden wir überrascht von der auffälligen **Kirche**. Sie wurde im 13. Jh. aus Feldsteinen erbaut. Hinter Grubo liegt links von uns die **Quelle** des Flusses **Plane**. Sie beginnt hier ihre 61,4 km lange Reise, bevor sie sich in die Fluten der Elbe ergießt.

34

Einheitlich präsentiert sich das Häusermeer von Bad Belzig

Beiderseits unserer Strecke entdecken wir in den Wäldern dicke **Findlinge** sowie Rabener Steine zu unserer Rechten.

Im Ort Raben steuern wir die „**Alte Brennerei**" an, denn hier befindet sich die **Naturparkinformation zum Naturpark Hoher Fläming**. Als das Gebäude um 1700 errichtet wurde, war es noch ein Wirtschaftsgebäude der Burg nebenan. Später gab es hier eine Pumpstation, um die Burg mit Wasser zu versorgen. Im Obergeschoss informieren wir uns über die Details zum Naturpark, decken uns mit Karten ein und überlegen, welches der schmackhaften regionalen Produkte in unsere Radtaschen wandert: Marmelade, Kerzen, Honig, Obstbrand oder doch etwas Getöpfertes?

Für die 1212 errichtete **Burg Rabenstein** müssen wir reichlich Zeit einplanen – nicht nur, weil wir für einen Besuch einige Meter bergauf zum 153 m hohen „Steilen Hagen" kurbeln. Bestens erhalten sind die Burgmauern, die den **Bergfried**, das Haupthaus, die Scheune, die Stall- und die Nebengebäude einschließen. In einem der ehemaligen Ställe wurde inzwischen ein „Rittersaal" eingerichtet. Unseren Kalorienhaushalt füllen wir in der Gaststätte wieder auf, bevor wir in der nahegelegenen **Falknerei** den atemberaubenden Flugkünsten der Greifvögel bestaunen.

Weiter geht´s von Raben mit weiteren Steigungen durch Klein Marzehns links nach Garrey. Nun ist es geschafft: Mit entspann-

tem Gefälle rollen wir via Zixdorf, Niemegk, links Lühnsdorf, Kranepuhl, wieder zurück nach Bad Belzig. Hier, im Ortskern, lenken wir Richtung Stein Therme, wo unsere Tour endet.

Beim kleinen Ort Garrey fallen uns ein alter Wasserturm und vor allem die evangelische **Kirche** auf. Im 14. Jh. errichtete man sie aus Feldsteinen und so, wie sie dort auf der Wiese am Rande des Friedhofs steht, würden wir sie auch in Skandinavien vermuten können. Naturfreunde werden sich in Garrey eher der dicken Sommerlinde, der Flatter-Ulme und der Stiel-Eiche widmen, denn diese sind so selten, dass sie als **Naturdenkmale** unter Schutz gestellt wurden.

Niemegk kündigt sich mit einer Turmwindmühle neben unserem Radweg an. Der Ort selbst steht dort, wo es einst eine Burgwallanlage gab. Schon 1228 wurden dem Ort, der vermutlich nach dem niederländischen Nijmegen benannt wurde, die Stadtrechte verliehen. Standesgemäß empfängt uns natürlich auch ein strahlend weiß getünchtes **Rathaus**. Es wurde 1570 im Stile der Spätrenaissance errichtet. Ansehen müssen wir uns auch die kursächsische Postmeilensäule und die **Stadtkirche St. Johannis**. Von überregionaler Bedeutung ist das **Geomagentische Observatorium**. Seit 1930 werden hier Messungen des Erdmagnetfeldes durchgeführt, womit man schon 1890 in Potsdam begann.

Tipp: Bei unserer Rückkehr zur Stein Therme lockt ein kleiner Schlenker über den Brandenburg-Radweg B1 zu einer Region, die einst von **Mühlen** geprägt war, was wir an den Namen Obermühle, Ölschlägermühle und **Springbachmühle** erahnen können. Letztere wartet mit einem prachtvollen Fachwerkhaus auf uns, vor dem ein **Biergarten** zur Einkehr lockt. Der Weiher und das Mühlrad zeugen von der Historie dieses Ortes.

Ob vor oder am Ende der Tour – oder doch besser als separater Kurztrip von der Stein Therme: Ein Besuch in der Innenstadt von Bad Belzig ist Pflicht! Der Ort tauchte bereits 997 als „Belizi" in den Büchern auf und schon früh gab es eine Burg mit einer Stadt. Nachdem die Magdeburger Bischöfe brandschatzend und zerstörend im Ort Spuren hinterlassen hatten, wurden Burg, Stadtbefestigung und Gebäude wieder errichtet. Und so empfängt uns heute ein einladender **historischer Stadtkern**. Damit er für künftige Generationen erhalten bleibt, trat Bad Belzig der Arbeitsgemeinschaft „Städte mit historischen Stadtkernen" bei. Das dient auch dem Erhalt des farbenfrohen Ensembles rund um das prachtvolle **Rathaus**. Ansehen müssen wir uns auch die aus Bruchsteinen errichtete **Marienkirche** und das historische Landratsamt.

Kartentipp:
ADFC-Regionalkarte Welterberegion Anhalt-Dessau-Wittenberg,
1:75.000, ISBN 978-3-87073-806-8, € 8,95
Digital für Smartphones und Tablets:
www.fahrrad-buecher-karten.de/rk-digital

35 Hier lag der Mittelpunkt der DDR

Von Bad Belzig über Schmerwitz

Wellness-Touren Info

ca. 35 km ohne Abstecher, Abkürzung möglich. Regionale Radweg-Beschilderung sowie teils Beschilderung als EuropaRadweg R1 und Fläming-Radweg. Hügelige Tour, die eine gewisse Grundkondition erfordert. Die Route führt meist über separate Radwege, einige Passagen auf losem Untergrund.

Start / Ziel: Stein Therme, Bad Belzig, www.steintherme.de

Los geht's an der Stein Therme, die wir nach links über die Straße Am Kurpark verlassen, um links in die Rosa-Luxemburg-Straße abzubiegen – hier sind wir gleich auf dem Europaradweg R1. Beim See geradeaus auf der Weitzgrunder Straße, im Linksknick rechts und an der Kreuzung geradeaus auf der Straße der deutschen Einheit. Wir folgen weiter den Schildern des R1 und fahren im linken Bogen um die Burg herum, dann mit einer kräftigen Steigung aus der Stadt heraus. Der Fläming-Radweg bringt uns auf stetig steigender Straße nach (rechts) Bergholz, von wo aus wir hügelig durch Borne und Klein Glien nach Schmerwitz radeln.

Der Naturpark Hoher Flämig bildet die traumhafte Kulisse für unsere Rad-Runde. Die führt uns vorbei an einer spannenden Töpferei und bringt uns genau dorthin, wo die DDR einst ihren geografischen Mittelpunkt hatte. Der recht hügelige Verlauf fordert einiges an „Beinarbeit" von uns, präsentiert uns aber immer wieder herrliche Weitblicke.

Bad Belzig ist das jüngste der deutschen **Thermalsoleheilbäder**. Das garantiert uns nicht nur eine perfekte und moderne Infrastruktur, sondern auch belegte Heilwirkungen bei einer großen Anzahl unterschiedlicher Leiden. Am 5.12.2009 wurde Belzig mit dem Titel **„Staatlich anerkanntes Thermal-Soleheilbad"** geadelt.

Im ersten Teil unserer Tour rollen wir über den **Fläming-Radweg**. Der beginnt hier in Bad Belzig und nutz vorwiegend kleine Straßen und ländliche Wege, um sich auf hügeligem Verlauf durch die Natur zu ziehen. Wer mag, folgt dem Themenradweg 60 km und erreicht das Ziel in Dessau an der Elbe.

Gerade einmal knapp 100 Einwohner zählt der Ort Bergholz, der im Jahre 1257 erstmals in den Büchern auftauchte. Besonders interessant ist das Jahr 1911, denn seinerzeit wurde davon berichtet, dass ein 90 m tiefer Brunnen und eine **Pumpstation** angelegt wurden. Letztere wurde mit Windenergie betrieben – Bergholz war seiner Zeit aus ökologischer Sicht also weit voraus! Heute können wir uns die aus Feldsteinen erbaute **Dorfkirche** ansehen. Die schmalen Fenster berich-

Die Dorfkiche von Bergholz bot auch Schutz für die Bevölkerung

ten noch heute davon, dass die Kirchen im Mittelalter auch bei Überfällen ein Zufluchtsort waren.

Hinter Klein Glien erklimmen wir den 201 m messenden **Hagelberg**, der die höchste Stelle im **Naturpark Hoher Fläming** markiert. Natürlich haben wir hier oben von der „Bergspitze" einen herrlichen Weitblick über den Fläming. Der Naturpark erstreckt sich über eine Fläche von 827 qkm und ist damit der drittgrößte Brandenburgs.

Tipp: Im Gut Schmerwitz suchen wir das **Töpfer-Café** auf, um unseren Kalorienhaushalt wieder aufzufüllen. Mit Blick auf die Schmerwitzer Kirche lassen wir uns in einem ausgefallenen Ambiente nieder, um die eine oder andere Leckerei zu genießen.

Nach dem anstrengenden ersten Teil unserer Tour kommt uns die Pause auf dem **Gutshof Schmerwitz** genau recht. In der **Töpferei** namens „Königsblau Keramik" können wir beobachten, wie die fragilen Produkte in Handarbeit gefertigt werden.

Kartentipp:
ADFC-Regionalkarte Elbe/Havel,
1:75.000, ISBN 978-3-87073-743-6, € 8,95
Digital für Smartphones und Tablets:
www.fahrrad-buecher-karten.de/rk-digital

Weiter geht´s von Schmerwitz mit weiteren Steigungen, aber auch Abfahrten via Werbig, Verlorenwasser und rechts Weitzgrund nach (rechts) Bad Belzig zurück. Hier folgen wir der Rosa-Luxemburg-Straße nach links und der Straße am Kurpark nach rechts, um zurück zu unserer Stein Therme zu gelangen.

Höher geht's nicht im Fläming

Hinter dem kleinen Ort mit dem interessanten Namen Verlorenwasser kommen wir zum **Mittelpunkt der ehemaligen DDR**. Ein schwerer Findling, ein Schild und eine Wanderhütte markieren die exakte Stelle im dichten Wald.

36 Ein Hotel als Kunstwerk

Von Schönebeck über Magdeburg

Wellness-Touren Info

ca. 42 km ohne Abstecher, Abkürzung möglich. Regionale Radweg-Beschilderung sowie teils Beschilderung als Elbe- und Bördehamster-Radweg. Einige Hügel, aber keine größeren Steigungen. Die Route führt meist über separate Radwege, einige Passagen auf losem Untergrund.

Start / Ziel: Solequell Bad Salzelmen in Schönebeck, www.solepark.de

Wir sind zu Gast im ältesten Soleheilbad des Landes

Der mehrfach prämierte Elberadweg bildet die „Lebensader" unserer Rad-Runde. Nachdem wir Schönebeck verlassen haben, rollen wir am Ufer entlang in die spannende Stadt Magdeburg. Nachdem wir uns einen Bruchteil der Sehenswürdigkeiten angesehen haben, geht's am anderen Elbufer wieder zurück. Keine größeren Steigungen, beste Wege und perfekte Beschilderung: Das kann nur eine hervorragende Tour werden!

Gleich vor den Toren Magdeburgs liegt der „**SOLEPARK**" in Bad Salzelmen mit einer sensationellen Historie, denn wir sind hier im **ältesten Soleheilbad Deutschlands**! Hier finden wir alles, was unser Wellness-Herz begehrt: Im Badebereich des Gesundheits- und Erholungsbads „**Solequell**" können wir alle Sinne mit der heilenden Sole beglücken: Massagedüsen, Strömungskanal, Wasserfälle, Sprudelliegen, Heißbecken, Whirlpools und natürlich große Innen- und Außenbecken. Ein Salzgehalt von 3,5% sorgt für beste Heilwirkung auf unseren Körper. Wer´s lieber noch wärmer hat, besucht die verschiedenen Angebote im Saunagarten. Dann widmen wir uns dem „Wohlfühlbereich", in dem wir uns mit kosmetischen Behandlungen und verschiedenen Massagen verwöhnen lassen können.

Der beliebteste Radweg Deutschlands geleitet uns in die City von Madgeburg

Los geht's am Solepark von Bad Salzelmen, den wir über die Heinrich-Heine-Straße, rechts Dr.-Tolberg-Straße, links Eggersdorfer Straße und sofort wieder links Edelmannstraße verlassen. Wir sind auf dem Bördehamster-Radweg, der uns schnurgeradeaus vor die Bahngleise bringt. Links unter den Schienen her und geradeaus auf dem Friedhofsweg zum Elberadweg, dem wir nach links folgen. Immer in der Nähe des Flusses radelnd ist die Innenstadt von Magdeburg rasch erreicht.

Zu Beginn folgen wir den putzigen Schildern des **Bördehamster-Radwegs.** Auf rund 65 km vollzieht er eine schöne Tagesrunde und erschließt die wichtigsten Sehenswürdigkeiten der Region.

Überregional deutlich bekannter ist natürlich der **Elberadweg**. Er beginnt bei der Quelle im Norden Tschechiens und begleitet den Fluss über 1.280 km auf seiner langen Reise bis zur Mündung in die Nordsee bei Cuxhaven. Dabei durchquert er sieben verschiedene Bundesländer und markiert zugleich den Verlauf der D-Route 10. Der Elberadweg ist vor allem auf deutschem Gebiet perfekt ausgebaut und mit einer vollständigen Infrastruktur umgeben, hinzu kommen die landschaftlichen Reize der unterschiedlichen Regionen. Dieses „Gesamtpaket" führt fast schon „zwangsläufig" dazu, dass der Elberadweg immer wieder zum **beliebtesten Radweg Deutschlands** gewählt wird. Auf dieser Rad-Runde lernen wir, dass der Elberadweg oftmals parallel auf beiden Ufern verläuft – einen kleinen Ausschnitt davon werden wir heute unter den Pneus haben.

Die Landeshauptstadt Magdeburg zieht uns mit einer Vielzahl an Sehenswürdigkeiten sehr schnell in ihren Bann. In der 805 erstmals erwähnten Stadt wurde immer wieder Geschichte geschrieben, etwa als hier die **Reformation** vorangetrieben wurde oder **Otto I.** der erste Kaiser des Heiligen Römischen Reiches war oder als **Otto von Guericke** mit Experimenten zum Luftdruck einen Eintrag in die Physikschulbücher erlangte.

Unübersehbar ist das Wahrzeichen der Stadt der **Magdeburger Dom**, der als erste

Historie blickt auf Moderne

gotisch geplante Kathedrale Deutschlands gilt und hoch über die Dächer der Stadt hinausragt. Zu Füßen der Bischofskirche finden wir eine gut erhaltene Altstadt mit zahlreichen sakralen Bauten, wie etwa dem Kloster Unser Lieben Frau oder die **Magdalenenkapelle**. Auch von den ehemaligen Festungsanlagen können wir bei genauem Hinsehen noch einige Reste entdecken. Zu denen gehört auch die einst als Gefängnis sehr berüchtigte Zitadelle. Ganz anders ist die **Grüne Zitadelle**. Dieses absolut einmalige Gebäude war das letzte Werk des Künstlers Friedensreich Hundertwasser. Die farbenfrohe und verspielte Fassade birgt ausreichend Platz für ein Hotel, aber auch für Cafés, Wohnungen, Läden und weitere Gastronomie.

Aber natürlich ist auch das Magdeburger Rathaus ein herrliches Fotomotiv. Es steht direkt am Alten Markt, und das Neue Rathaus ist auch gleich in der Nähe. Das Palais am Fürstenwall, das Kulturhistorische Museum, das Justizzentrum – ein Tag reicht bestimmt nicht aus, um alles hier zu entdecken!

Weiter geht´s von Magdeburg, das wir mit der B1 über die beiden Elbbrücken hinweg verlassen. Um hinter der zweiten Brücke rechts zum Ufer abzubiegen. Wir befinden uns nun auf dem Elberadweg bzw. dem St. Jakobus Pilgerweg. Deren Schilder weisen uns den Weg flussaufwärts durch Randau nach Grünewalde. Hier queren wir wieder die Elbe und durchradeln Schönebeck geradlinig, bevor wir den Schildern zum Solepark folgen, wo unsere Tour endet.

Der Ort Randau gehört noch zu Magdeburg. Obwohl es flächenmäßig fast der größte Ortsteil ist, gibt es hier nur eine recht dünne Besiedelung. Für uns erkennbar ist das schöne **Schloss Randau**, das 1609 entstand, nachdem es schon früher hier eine Burg gegeben hatte. Noch viel weiter in die Geschichte werden wir im **Steinzeithaus** entführt. Das Freilichtmuseum befindet sich genau an der Stelle, wo einst in der Jungsteinzeit ein Pfostenhaus stand. Freiwilligen Helfern und einem Förderverein ist es zu verdanken, dass dieses Museum ins Leben gerufen werden konnte.

Ruhig geht's zu auf dem Schönebecker Markt

Tipp: Ein Abstecher zum Elbufer lohnt bei Grünewalde, denn im Wasser entdecken wir den „**Schönebecker Hungerstein**", der erst ab einem Wasserstand von 1,25 m sichtbar wird. Den Namen „Hungerstein" erhalten derartige Felsen, weil mit dem Niedrigwasser auch oftmals Dürren und Hungersnöte einher gingen.

Was ist denn ein Hungerstein?

In Schönebeck, dem ehemaligen Ort namens Groß Salze, dreht sich vieles um Salz. Davon zeugen die stählerne „Salzblume" und die noch vorhandenen Salzspeicherhäuser. Die zentrale Anlaufstelle von Schönebeck ist der **Marktplatz** mit seinem filigran gearbeiteten **Marktbrunnen**. Auch das aufwändig gestaltete **Rathaus** steht gleich in der Nähe. Noch höher in den Himmel ragt die St.-Jakobi-Kirche, die bereits im 13. Jh. aus Bruchsteinen errichtet wurde. In demselben Material wurde 1613 der 37 m hohe **Salzturm** erbaut. Er gehörte einst zur Stadtmauer und beherbergte die Wohnung des Türmers, der hier Brandwache halten musste. Ebenfalls ein Rest der Befestigung ist der Pfännerturm mit seinem Pyramidendach.

Kartentipp:
ADFC-Regionalkarte Magdeburg & Umgebung,
1:75.000, ISBN 978-3-96990-087-1, € 9,95
Digital für Smartphones und Tablets:
www.fahrrad-buecher-karten.de/rk-digital

37 Im Elbe-Saale-Winkel

Von Schönebeck über Barby

Wellness-Touren Info

ca. 51 km ohne Abstecher. Regionale Radweg-Beschilderung sowie teils Beschilderung als Elberadweg. Einige Hügel, aber keine größeren Steigungen. Die Route führt meist über separate Radwege, einige Passagen auf losem Untergrund.

Start / Ziel: Solequell Bad Salzelmen in Schönebeck, www.solepark.de

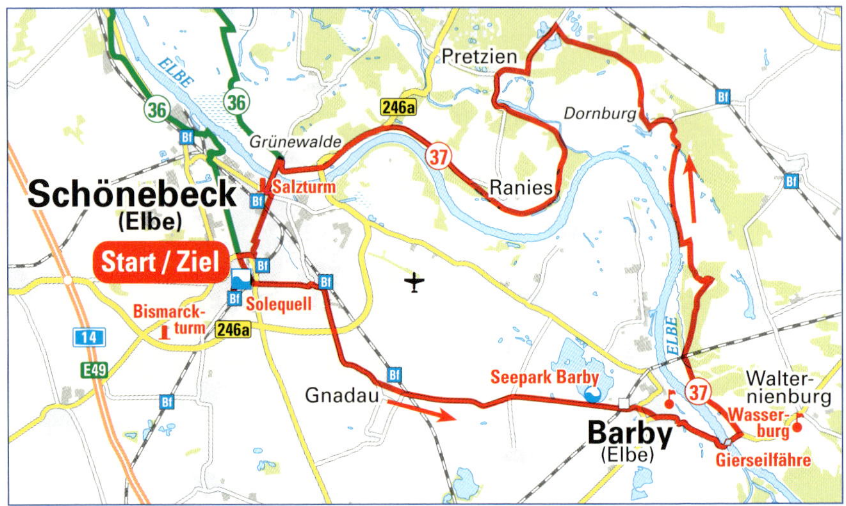

Auf dieser Rad-Runde steht der Naturgenuss im Vordergrund, wenn wir Teile des Elberadwegs kennenlernen. Mit Barby haben wir aber auch einen kulturellen Leckerbissen auf dem Weg.

Das Gesundheits- und Erholungsbad **Solequell** liegt direkt am Rande des Kurparks von Bad Salzelmen. Schon seit 1802 wird hier die Natursole mit heilender Wirkung eingesetzt. Mehr über die Geschichte erfahren wir im **Kunsthof Bad Salzelmen**. Hier können wir nicht nur ein „Siederdiplom" erwerben, sondern auch an Führungen teilnehmen. Auch ein Spaziergang durch den schönen Kurpark vorbei am Soleturm und am **Gradierwerk** trägt zum Wellness-Feeling bei.

Los geht's am Solepark von Salzemen, den wir wieder über die Heinrich-Heine-Straße, rechts Dr.-Tolberg-Straße und links Eggersdorfer Straße verlassen. Die etwas unübersichtliche Kreuzung verlassen wir rechts über den kleinen Weg und über die Bahnschienen hinweg. Von der folgenden Calbesche Straße zweigen wir links in die Paul-Illhardt-Straße ein. In Felgeleben zwei mal rechts und durch Gnadau nach Barby.

Unser Start- und Zielort Bad Salzelmen kann auf eine interessante Geschichte zurückblicken: Eins gab es die beiden eigenständigen Ortschaften Salzel und Elmen – bis diese unter dem Namen „Groß Salze" zusammengeführt wurden. Erst seit 1926 gibt es den heutigen Namen und seit 1932 gehört Bad Salzelmen

Salzige Luft am Gradierwerk von Salzelmen

zur Stadt Schönebeck (Elbe). Seit mehr als 800 Jahren wird an dieser Stelle Salz gewonnen. Das weiße Gold sorgte für einen großen Reichtum in der Stadt, vor allem natürlich bei den Salzsiedern, die auch „Pfänner" genannt wurden. Das stattliche **Kurmittelhaus** und die Kurverwaltung zeugen davon, dass die Sole auch seit vielen Jahren zu Heilzwecken eingesetzt wird. Die Ortsmitte ziert natürlich auch eine Pumpe, die auf dem **Marktplatz** steht. Drum herum stehen einige historische Gebäude und etwas abseits ragt der alte **Bismarckturm** in die Höhe. Auf dem Programm sollte aber auch etwas Kultur stehen. Die können wir im **Salzlandmuseum** optimal mit unserem Wellness-Ort verbinden.

Tipp: Wer eine Abkühlung sucht, findet diese direkt neben unserem Radweg: Kurz vor Barby lockt der **Seepark Barby** mit einem Badestrand.

Die kleine Stadt Barby überrascht uns mit einer wunderbaren und von Sehenswertem geprägten Innenstadt. Strahlend weiß präsentieren sich das **Rathaus** mit seiner tollen Treppe und die **Marienkirche**. Ganz anders hingegen ist der Baustil der **Johanneskirche**, die mit schlanken und hohen Fenstern ausgestattet wurde. Nicht sehr komfortabel, dafür architektonisch interessant ist die Elbquerung auf der 757 m langen **Eisenbahnbrücke** mit einem Steg für Fußgänger und Radfahrer. Weniger auffällig, weil im dichten Wald versteckt, ist das barocke **Schloss Barby**, das im 17. Jh. von einer Burg zur Residenz umgebaut wurde.

Viel zu sehen gibt's auf dieser Runde

Weiter geht´s von Barby, das wir über den Markt zum Elbe-Ufer hin verlassen. Nach wenigen Metern queren wir die Elbe mit der Gierseilfähre. Am anderen Ufer links – so gelangen wir auf den Elberadweg, der uns durch Dornburg, Pretzien, Ranies, nach Grünwalde bringt. Hier nutzen wir die Brücke, um nach Schönebeck zu radeln, das wir geradeaus durchqueren, um zum Solepark zurück zu kehren.

Auf unserer Tour nutzen wir eine **Gierseilfähre**, um über die Elbe zu gelangen. Sie verläuft direkt an der Mündung der Saale in die Elbe. Nur wenige Meter hinter der Gierseilfähre erhebt sich die **Wasserburg** von Walternienburg

Kartentipp:
ADFC-Regionalkarte Magdeburg & Umgebung,
1:75.000, ISBN 978-3-96990-087-1, € 9,95
Digital für Smartphones und Tablets:
www.fahrrad-buecher-karten.de/rk-digital

38 Idylle an der Lausitzer Neiße

Von Krauschwitz über Rietschen

Wellness-Touren Info

ca. 62 km ohne Abstecher. Regionale Radweg-Beschilderung sowie teils Beschilderung als Oder-Neiße- bzw. als Frosch-Radweg. Hügelige Tour, aber keine größeren Steigungen. Die Route führt meist über separate Radwege, einige Passagen auf losem Untergrund.

Start / Ziel: Erlebniswelt Krauschwitz, www.badeparadies.com

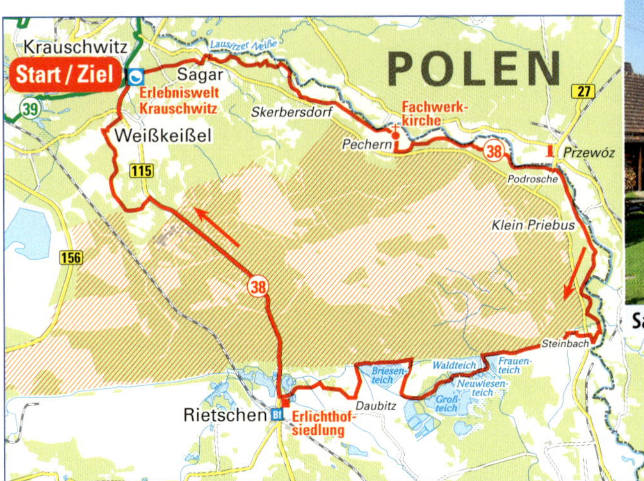

Saunieren in Schrotholzhäusern

Wasser ist das bestimmende Element unserer Rad-Runde: Zunächst folgen wir auf dem tollen Radweg dem Verlauf der Neiße, dann tauchen wir in einer Teichlandschaft ein. Zu sehen gibt es außer sehr viel Natur auch etwas, wenn wir durch die kleinen Orte kommen – Kirchen, Gutshäuser und vieles mehr wartet darauf, entdeckt zu werden.

Die „**Erlebniswelt Krauschwitz**" bietet nicht nur Wellness auf höchstem Niveau: Wer etwas Action sucht, stürzt sich im Erlebnisbad in den Wildwasserkanal oder auf der 45 m langen Rutsche nach unten, zieht seine Bahnen auf der 25-m-Bahn, spielt Beachvolleyball oder Beachsoccer.

Los geht's an der Erlebniswelt Krauschwitz, die wir auf der Görlitzer Straße nach rechts verlassen, um wenige Meter später rechts in die Heinrich-Heine-Straße einzubiegen, die als Hüttenstraße nach Sagar führt. Hier biegen wir zweimal links ab, queren die Skerbersdorfer Straße geradeaus und treffen auf den Oder-Neiße-Radweg, dem wir nach rechts folgen. Die Radschilder leiten uns durch Skerbersdorf, Pechern, Podrosche, Klein Priebus nach Steinbach. Hier verlassen wir die Neiße und folgen den Schildern des Frosch-Radwegs nach Rietschen.

Wir rollen ganz entspannt auf dem **Oder-Neiße-Radweg**, der einen Teil des Fernradwegs D12 markiert. Er führt über 630 km von der Quelle in Tschechien bis zur Mündung der Oder im Stettiner Haff. Wir rollen oft in unmittelbarer Nähe zum Wasser und blicken immer wieder auf die üppig-grüne Natur auf beiden Seiten des Flusses.

Der kleine Ort Pechern wurde bereits 1398 in den Urkunden als Rundweiler ver-

Eine Region mit „bewegter" Vergangenheit

merkt. Heute begeistert uns Pechern mit einer wunderschönen **Fachwerkkirche**.

Tipp: Ausweise dabei? Na dann steht bei Podrosche einem kleinen Abstecher auf die andere Seite der Neiße nichts im Wege. Dort wartet der Ort Przewóz mit einer verwinkelten, weißen **Kirche**, einer Burg, einer Stadtmauer und einem **Hungerturm**. Der Hungerturm war im Mittelalter ein Gefängnisturm, der andernorts auch Faulturm genannt wurde.

Kaum haben wir die Neiße verlassen, tauchen wir ein in dichten Wald und radeln durch ein idyllisches **Teichgebiet**. Frauen-, Wald-, Neuwiesen-, Groß- und Briesenteich sind nur einige der vielen Wasserflächen. Direkt an unserem Weg liegt die Forest Village Ranch, in der wir uns in den Wilden Westen versetzt fühlen.

Inmitten dieser grünen und blauen Oasen der Ruhe überrascht uns **Schloss Daubitz**, das aus einem alten Rittergut hervorging und später zu einem Barockschloss umgebaut wurde.

Kartentipp:
ADFC-Regionalkarte Oberlausitz,
1:75.000, ISBN 978-3-96990-142-7, € 10,95
Digital für Smartphones und Tablets:
www.fahrrad-buecher-karten.de/rk-digital

Rietschen ist mit rund 2.500 Einwohnern einer der größeren Orte unserer Rad-Runde. Ansehen sollten wir uns unbedingt die **Erlichthofsiedlung**, ein interessantes Museumsdorf. Etwas südlich des Ortes liegt das farbenfrohe **Herrenhaus Teicha**.

Weiter geht´s von Rietschen, das wir auf dem Radweg neben der B155 verlassen. Links vorbei an Weißkeißel kommen wir rasch wieder zu unserer Erlebniswelt Krauschwitz, wo die Tour endet.

Kurz vor dem Ende unserer Tour liegt rechterhand Weißkeißel, das ebenso wie viele andere Orte der Region zum **sorbischen Siedlungsgebiet** gehört. Als Sorben bzw. Wenden wird eine westslawische Volksgruppe bezeichnet, die hier heimisch ist und ihre Traditionen bis heute lebt. Das können wir nicht nur an den zweisprachigen Ortsschildern erkennen.

39 Den Fröschen hinterher

Von Krauschwitz über Bad Muskau

Wellness-Touren Info

ca. 40 km ohne Abstecher. Regionale Radweg-Beschilderung sowie teils Beschilderung als Frosch- bzw. Fürst-Pückler-Radweg. Hügelige Tour, aber keine größeren Steigungen. Die Route führt meist über separate Radwege, einige Passagen auf losem Untergrund.

Start / Ziel: Erlebniswelt Krauschwitz, www.badeparadies.com

Den ersten Teil unserer Tour dominiert der geniale Gartenbau-Architekt Fürst Pückler, denn nicht nur unsere Erlebniswelt Krauschwitz findet ihre Wurzeln bei ihm – auch Bad Muskau wäre ohne den Fürsten nicht das geworden, was es heute ist. Hinter Bad Muskau radeln wir durch hügelige, ruhige Natur sowie durch kleine und große Orte mit reichlich Sehenswertem.

Fürst Hermann Pückler-Muskau und seine Gattin Lucy lebten getreu dem Motto: „Das einzige Gut, was dem Leben Wert gibt, ist neben Geld die Gesundheit". Was zum Teil eher kapitalistisch, vor allem aber nach gesundem Menschenverstand klingt, wurde von den beiden im 18. Jh. mit dem Bau des **Hermannsbades** realisiert. Schon damals wurden die Eisenvitriolquelle und das Moor für heilende Zwecke genutzt. In der heutigen „**Erlebniswelt Krauschwitz**" finden wir wieder ein „fürstliches Solebad". Atemwege, Haut, Stütz- und Bewegungsapparat freuen sich über die Wirkung der Thermalsole mit einem Salzgehalt von 3%. Auch das **Gradierwerk** nutzt das salzhaltige Tiefenwasser – in dem Holzbau tröpfelt es über Kiefern- oder Lärchenholz und sorgt beim Verdampfen für allerbeste Luft.

Nachdem sich unsere Lungen erfreut haben, widmen wir uns dem **Saunadorf**, das eher so aussieht, wie ein kleiner Bauernhof. In den Schrotholzhäusern finden wir ganz exotische Saunen wie die zweistöckige Rauchsauna, eine KELO-Sauna oder eine Tiroler Zirbensauna.

Nun wird es aber Zeit, für den Beauty- und Wellness-Teil des Besuchs: Die kosmetischen

Das Schloss in Bad Muskau liegt eingebettet in einem herrlichen Park

Behandlungen sorgen für eine „Rundum-Erneuerung" und im **VitaSalis** tauchen wir ein in die Welt eines türkischen Hamam, das **Massage-Angebot** lässt wohl kaum einen Wunsch offen, dann gleiten wir in eines der wohltuenden **Bäder**. Balinesisches Spa, Birken-Bier-Bad, Kleopatra-Bad oder Rosenblüten-Bad: Hier ist Entspannung garantiert.

Los geht's an der Erlebniswelt Krauschwitz, die wir entlang der Görlitzer Straße nach rechts verlassen. So rollen wir parallel zum Flüsschen Legnitzka, bleiben an der B 115, die teils mit Radweg ausgestattet ist, und gelangen nach Bad Muskau.

Schon im Jahre 1400 war in den Akten von einem Kruswica die Rede, aus dem das heutige Krauschwitz hervorging. „Birnendorf" bedeutet der Ortsname in Sorbischer Sprache. Weithin sichtbar ist der **Barbaraturm**, der einst Wasserturm für die Keulahütte war. Und genau diese Keulahütte blickt auf eine lange Historie: Einen Eisenhammer gab es an dieser Stelle wohl schon um 1440, aus dem später ein Eisenhüttenwerk entstand. Heute bietet die **Keulahütte GmbH** Krauschwitz als Gießereiunternehmen wichtige Arbeitsplätze für die Region.

War er nun ein Exzentriker, ein Eiskenner, war er ein Genießer, ein Frauenliebhaber, ein Reiseschriftsteller oder war er ein genialer Landschaftsarchitekt? Die Rede ist vom 1785 geborenen **Hermann Pückler-Muskau**, der von den Landschaftsgärten in England so begeistert war, dass er genau einen solchen Garten hier in Muskau anlegen wollte. Es entstand ein Park, der bei der Erbauung eher an „unbezahlbare Visionen" denken ließ, denn es wurden Wasserläufe, Seen und Hügel angelegt, ja sogar die Neiße wurde nach seinen Plänen umgeleitet und ein ganzes Dorf verlegt. Aber es entstand tatsächlich etwas einzigartiges, das im Jahr 2004 zum **UNESCO Weltkulturerbe** erklärt wurde. Und so flanieren wir heute durch eine 830 ha große

Fürst Pückler schuf echte Gartenträume

Parklandschaft mit großen Wasserflächen, durch dichte Wälder und wir schreiten über toll gestaltete **Brücken**, die meist die Namen von Damen tragen, die dem Fürst einst wichtig waren. Übrigens wurden die einst bedeutenden Sichtachsen auch auf polnischer Seite inzwischen wieder freigelegt.

Nachdem wir die Natur ausgiebig genossen haben, widmen wir uns dem prunkvollen **Neuen Schloss**, das inmitten einer standesherrschaftlichen Hofanlage steht. Die Residenz entstand zunächst als dreiflügelige Anlage im Stile des Barock und wurde bis 1866 „zeitgemäß" im Look der Neorenaissance umgestaltet. Wenn sich der Südflügel im Wasser des Sees spiegelt, werden Märchenträume zur Realität. Zu der gesamten Anlage gehörten auch noch das Gartenpalais, das **Alte Schloss**, der Marstall und die **Orangerie**. Wir brauchen also viel Zeit, um alles ausreichend in Augenschein nehmen zu können. Danach widmen wir uns noch der Villa Schönblick, dem Wasserturm an der Berliner Chaussee und der Kirchenruine im **Bergpark**.

In Bad Muskau bietet sich ein kurzer Abstecher auf die polnische Seite der Neiße an, denn dafür rollen wir über einen 2015 fertiggestellten Radweg, der auf der **ehemaligen Bahntrasse** angelegt wurde, die über die Neißebrücke verlief.

Weiter geht´s von Bad Muskau. Hier entdecken wir die Schilder des Frosch-Radwegs, die uns entlang der Gablenzer Straße aus der Stadt heraus und durch Gablenz, Kromlau und Halbendorf nach Schleife geleiten. Hier biegen wir hinter den Gleisen links ab, biegen bei Trebendorf links in die Alte Dorfstraße ein, um hinter den Teichen rechts nach Weißwasser zu radeln. Die Innenstadt verlassen wir ein kurzes Stück entlang der Schienen, folgen dann links weiter der Rothenburger Straße, die zum Uferweg wird. Am Ende des Teichs rechts und auf etwas schwierigem Untergrund geradeaus nach Krauschwitz, wo unsere Tour an der Erlebniswelt Krauschwitz endet.

Sehr sehenswert ist der **Azaleen- und Rhododendronpark** Kromlau. In der üppigen grünen und blühenden Natur sticht die **Rakotzbrücke** heraus, die auch „Teufelsbrücke" genannt wird. Das erstklassige Fotomotiv war auch schon in internationalen Spielfilmen zu sehen. Dabei werden im Park das Kavaliershaus und **Schloss Kromlau** leider oftmals übersehen.

Ganz in der Nähe unserer Strecke liegt der Halbendorfer See. Wo sich einst das Riesenloch des Tagebaus „Trebendorfer Felder" erstreckte, ist ein Naherholungsparadies mit

Teuflisch aufregend: Die Teufelsbrücke

Badestränden, Campingplätzen und Wasserskianlage entstanden.

Die Stadt Weißwasser ist älteren Eishockey-Fans ein Begriff, denn die **SG Dynamo Weißwasser** gewann die DDR-Meisterschaft so oft wie kein anderer Verein. Dabei muss auch erwähnt werden, dass es zwischen 1970 und 1990 außer diesem Verein in der DDR-Oberliga nur Dynamo (Ost-) Berlin gab.

Tipp: Mit wenigen Pedalumdrehungen erreichen wir eine tolle Attraktion außerhalb der Stadt Weißwasser: Der 30 m hohe „**Turm am Schweren Berg**" steht am Rande des Tagebau-Gebietes. Der etwas mühsame Aufstieg wird belohnt von einer grandiosen Fernsicht. Dabei entdecken wir viel Grün in den bereits renaturierten Regionen, den entstehenden **Hermannsdorfer See** und die teils noch vorhandene „Wüste" des Braunkohle-Tagebaus.

Kartentipp:
ADFC-Regionalkarte Oberlausitz,
1:75.000, ISBN 978-3-96990-142-7, € 10,95
Digital für Smartphones und Tablets:
www.fahrrad-buecher-karten.de/rk-digital

Weißwasser kann auf eine sehr wechselhafte Geschichte zurückblicken: Aus dem kleinen Heidedorf wurde durch die Industrialisierung eine Großstadt mit mehr als 38.000 Einwohnern. Glasraffinerien, Ziegeleien und elf Glashütten zogen viele Menschen in den „Glasmacherort".

Mit dem Niedergang der Betriebe zogen die Menschen zum Teil wieder fort, so dass Weißwasser heute nur noch rund 15.000 Einwohner zählt. Der **Glasmacherbrunnen**, das **Glasmuseum** und die bunte **Glasmacherstele** erinnern an die einst blühende Stadt. Ansehen können wir uns außerdem den eckigen Wasserturm neben der Schwimmhalle und die putzigen Bewohner des **Tierparks**.

40 Was hat die Turmuhr geschlagen?

Von Leipzig über Naunhof

Wellness-Touren Info

ca. 33 km ohne Abstecher. Regionale Radweg-Beschilderung sowie teils Beschilderung als Parthe-Mulde-Radroute sowie als Grüner Ring Leipzig. Keine größeren Steigungen. Die Route führt meist über separate Radwege, einige Passagen auf losem Untergrund.

Start / Ziel: Sachsen-Therme, www.sachsen-therme.de

Los geht's an der Sachsen-Therme, die wir entlang der Riesaer Straße nach links verlassen, um an der nächsten Ecke rechts in die Hans-Weigel-Straße einzubiegen und über die Schienen hinweg zu radeln. Kurz darauf links in die Topasstraße, die immer wieder rechts und links abknickt und am Ende in den Schulweg übergeht. An der querenden Engelsdorfer Straße rechts, dann links in den Kirchweg, geradeaus über die Querstraße und den Schildern „Grüner Ring Leipzig" folgend via Baalsdorf, Kleinpösna, Seifertshain und Fuchshain nach Naunhof.

Exotische Museen, kühle Badeseen, ein wenig bekannter Flussradweg und vieles mehr werden wir auf unserer kleinen Rad-Runde kennenlernen. Langweilig wird es hier bestimmt nicht!

Auspowern ist angesagt im 25 m langen **Sportbecken** der Sachsen-Therme. Danach lassen wir uns im Strömungskreisel treiben oder stürzen uns in der 120 m langen **Wasserrutsche** hinunter – dabei können wir wählen, ob wir „uns das ansehen wollen" oder lieber in der **Black Hole** ins Unbekannte gleiten.

Die Sachsen-Therme entführt uns in die Tropen

Unser Weg führt uns auch durch Seifertshain, wo wir dem außergewöhnlichen **Sanitäts- und Lazarettmuseum** einen Besuch abstatten können. Es lohnt sich, die Tour so zu planen, dass wir sonntags am frühen Nachmittag hierher kommen, denn seit 2013 wird hier

Schloss Brandis muss sich eigentlich gar nicht verstecken

gezeigt, welche Waffen zu welchen Verletzungen führen und wie diese dann operiert und behandelt werden können. Doch auch, wenn wir nicht zur rechten Zeit hier entlang radeln, bietet die Sanitätsscheune mit dem Pfarrhaus und der Kirche ein schönes Fotomotiv.

Ein wenig sind wir schon überrascht, dass wir neben unserem Weg mehrere **Windmühlen** entdecken – bei Fuchshain gibt es gleich zwei davon.

Das Zwischenziel unserer Rad-Runde ist das rund 9.000 Einwohner zählende Städtchen Naunhof. An einem Übergang über den **Fluss Parthe** entstand schon früh eine Siedlung, die sogar von einer Wasserburg und Festungsanlagen geschützt wurde. Leider fielen die meisten Bauwerke dem 30-jährigen Krieg zum Opfer.

Und auch in Naundorf gibt es etwas „Exotisches" zu entdecken: Im Jahre 2001 wurde ein Museum für Bürotechnik und schon 1995 das **Turmuhren-Museum** eröffnet. Hier können wir uns auf die Spuren der Zeitmessung begeben – das Museum schlägt die Bücher bis ins Jahr 3000 v.Chr. zurück und berichtet, dass die ersten Turmuhren etwa um 1300 erbaut wurden.

Weiter geht´s von Naunhof, das wir auf dem Grünen Ring Leipzig entlang der Wurzener, dann links Ammelshainer Straße verlassen. Die Schilder geleiten uns zwischen Ammelshainer- und Naunhofersee her und über die A14 hinweg nach Beucha. Hier haben wir auch noch die Schilder der Parthe-Mulde-Radroute zur Verfügung. Von hier radeln wir links durch Wolfshain, rechts Zweenfurth, Borsdorf und links Sommerfeld wieder zurück zur Sachsen-Therme, wo wir die Tour beenden.

Kartentipp:
ADFC-Regionalkarte Leipzig und Umgebung,
1:75.000, ISBN 978-3-87073-833-4, € 8,95
Digital für Smartphones und Tablets:
www.fahrrad-buecher-karten.de/rk-digital

Die weniger bekannte **Parthe-Mulde-Radroute** begleitet uns zurück Richtung Leipzig. Sie zeichnet den Verlauf des Flusses Parthe nach, der im Leipziger Rosental in die Weiße Elster mündet.

Tipp: Ein Abstecher führt nach Brandis mit seinem **Barockschloss** und einem Schlosspark, der auf 3 ha viel Platz für Ruhe und Entspannung bietet. Etwas außerhalb liegt der 142 ha messende **Solarpark Waldpolenz**.

Hinter Naundorf rollen wir genau zwischen dem **Ammelshainersee** und dem **Naunhofersee** entlang, die beide eine Einladung zu einer Abkühlung im kalten Nass bieten.

41 Badeurlaub in Leipzig

Von Leipzig über Markkleeberg

Wellness-Touren Info

ca. 47 km ohne Abstecher, Abkürzung möglich. Regionale Radweg-Beschilderung sowie teils Beschilderung als Grüner Ring Leipzig bzw. als Elster-Radweg. Hügeliger Verlauf, aber keine größeren Steigungen. Die Route führt meist über separate Radwege, einige Passagen auf losem Untergrund.

Start / Ziel: Sachsen-Therme, www.sachsen-therme.de

Wasser ist eines der dominierenden Elemente unserer knapp 50 km langen Radtour, die uns von der Sachsen-Therme zum traumhaften Leipziger Seenland führt. Nachdem wir die Sommerfreuden am Wasser ausgiebig genossen haben, rollen wir am Flusslauf der Weißen Elster in die Innenstadt von Leipzig, wo wir „im Kulturangebot baden" können.

Ankommen, abschalten, entspannen – dieser Slogan der „**Sachsen-Therme**" von Leipzig fasst zusammen, was für uns eine perfekte Symbiose aus Wellness, Beauty und Action auf einer beeindruckenden Fläche von 18.000 qm bedeutet. Unter dem Dach der Palmen finden wir eine **subtropische Erlebniswelt** mit Innen- und Außenschwimmbädern sowie Whirlpools. Mit üppigem Grün präsentiert sich der weitläufige **Saunagarten**, in dem Ruheliegen zur Erholung einladen. Und wenn es zu kalt ist, blicken wir aus dem Ruhesaal durch große Fenster in den Garten. Drum herum bieten verschiedene Saunen ein intensives Schwitzen für alle Arten von Befindlichkeiten. In der Eukalyptussauna werden unsere Körper nicht nur entschlackt, sondern auch unsere Atemwege befreit. Vielfältige Aufgüsse und **Schlammanwendungen** komplettieren das Angebot. Ganzkörper-, Baobab-Nuss-, Jade-Roller und Wellness-Schröpf- bis Fußreflexzonenmassagen und viele weitere Techniken – hier kümmern sich professionelle Hände um unsere Entspannung.

„Von Kopf bis Fuß auf Pflege eingestellt" ist der **Beauty Spa Bereich** in der Sachsen-Therme. Das Angebot reicht von Honig & Moor- oder Bürstenbehandlungen über Relax-Kosmetikbehandlung, Tiefenreinigung für die Haut, Maniküre bis Pediküre.

„Weißes Haus" – selten passt ein Name so perfekt!

Los geht's an der Sachsen-Therme, die wir entlang der Riesaer Straße nach links verlassen, um an der nächsten Ecke rechts in die Hans-Weigel-Straße einzubiegen und über die Schienen hinweg zu radeln. Kurz darauf links in die Topasstraße, die immer wieder rechts und links abknickt und am Ende in den Schulweg übergeht. An der querenden Engelsdorfer Straße rechts, dann links in den Kirchweg, geradeaus über die Querstraße und den Schildern „Grüner Ring Leipzig" folgend via Baalsdorf, Holzhausen und Liebertwolkwitz nach Wachau. Hier links zum Markkleeberger See, rechts am Ufer entlang und über die Knotenpunkte 10 und 22 nach Markkleeberg.

In Markkleeberg fallen uns das monumentale **Rathaus**, das Westphalsche Haus und das **Torhaus** auf, das auf eine ehemalige Wasserburg zurückgeht. Nicht weniger strahlend ist das **Weiße Haus im agra-Park**. Die Parkanlage wurde einst auf Wunsch des Konsuls und Zeitungsverlegers Paul Herfurth angelegt. Im weithin sichtbaren **Wasserturm** wurden Wohnungen eingerichtet – ein Ecksofa passt hier vermutlich nicht hinein.

Überregional bekannt ist der **Markkleeberger See** der zum Leipziger Seenland gehört und wie die anderen Seen auch aus dem ehemaligen Tagebaugebiet entstand. **Picknickplätze**, Badestellen, **Kanupark** mit zwei anspruchsvollen Wildwasserstrecken und vieles mehr machen ihn zu einem beliebten Naherholungsziel.

Tipp: Das Wetter kann uns Radlern ja schnell einen Streich spielen: Zu warm? Dann ab ins Wasser der Badeseen! Zu regnerisch? Dann einfach in die **Bahn** und mit dem Zug in die Leipziger Innenstadt. Am Bahnhof können wir dann wieder „einsteigen" in den Tourverlauf. Dieser Tipp ist auch für alle bedeutsam, die nicht mit den Fahrrädern durch die komplette Innenstadt von Leipzig radeln mögen.

Eine echte Attraktion ist der **Bergbau-Technik-Park** auf einem ehemaligen Abraumgelände. Wenn wir vor dem 49 m hohen und 204 m langen „Absetzer" stehen, bekommen wir einen guten Eindruck von den Ausmaßen, wie hier einst die Erde von links nach rechts gebaggert wurde.

Prachtbau, Plattenbau und Toppmodernes: In Leipzig finden wir alles auf engstem Raum

Weiter geht´s von Markkleeberg, das wir über den Knotenpunkt 40 verlassen, um am Nordufer des Cospudener Sees (Knoten 39, 26) entlang zu radeln. Von hier folgen wir den Schildern des Elster-Radwegs Richtung Innenstadt von Leipzig. Nach Querung des Elsterflutbetts verlassen wir den Elster-Radweg auf dem Radweg Kohle-Dampf-Licht, um mit der Parthe-Mulde-Radroute rechts am Bahnhof vorbei Leipzig wieder zu verlassen. Über Tauchaer-, rechts Cleudner-, rechts Wodanstraße, geradeaus Portitzer und weiter geradeaus Paunsdorfer Allee gelangen wir wieder an die Kreuzung mit der Riesaer Straße. Hier nur ein paar Meter nach rechts und wir beenden unsere Radtour an der Sachsen-Therme.

Auch der 4 qkm große **Cospudener See** ist ein sichtbares Zeugnis davon, dass hier ab 1981 Braunkohle gefördert wurde. Viele Familien mussten für diese riesigen Löcher umgesiedelt werden, auch für die Umwelt bedeuteten die Tagebaue einen gravierenden Einschnitt. Nach nur 9 Jahren war damit Schluss – dann begann die Rekultivierung. Und so entstand direkt vor den Toren Leipzigs eine Landschaft mit 70 qkm Wasserfläche, die sich auf mehrere Seen verteilen. Der Cospudener See ist zwar nicht der größte des Leipziger Seenlandes, aber einer der touristisch am besten ausgebauten: **Segeln**, surfen, paddeln, Beachvolleyball, **Wasserski** oder einfach nur relaxen und baden ist hier angesagt.

Universitäts- und Messestandort, kulturelles Zentrum, die Achse wichtiger Verkehrsverbindungen, kraftvolle Wirschaftsunternehmen und vieles mehr: Das sind die Gründe, warum Leipzig seit Jahren auf Wachstumskurs ist und zur einwohnerstärksten Stadt des Freistaats Sachsen avancierte. Dabei kann die Metropole auf eine lange Historie blicken – die wichtigsten Einträge in den Geschichtsbüchern finden sich natürlich 1989, denn die **Montagsdemonstrationen** sorgten im Umfeld der Nikolaikirche für das friedliche Zusammenwachsen von Ost- und Westdeutschland.

Das markanteste Gebäude der Innenstadt ist ohne Frage das **Neue Rathaus**, das seit 1905 reich verziert und strahlend weiß Platz für die Stadtverwaltung bietet. Nicht minder aufwändig gestaltet ist die **Alte Börse** und rund herum finden wir viele weitere historische Gebäude, die meisten wurden im Jugendstil oder im Stile des Historismus gestaltet. Auf unserem Besichtigungsprogramm stehen natürlich auch die schon erwähnte **Nikolaikirche**, die **Russische Gedächtniskirche** und die zahlreichen Museen. Den Brückenschlag zur alljährlich in Leipzig stattfindenden internationalen Buchmesse schlägt das **Deutsche Buch- und Schriftmuseum**, das die weltweit älteste Ausstellung ihrer Art ist.

Das Neue Rathaus strahlt Würde und Eleganz aus

Auch den Besuch in einem der Leipziger Parks sollten wir nicht vergessen. Erste Wahl ist dabei der im 16. Jh. angelegte 3,5 ha große **Botanische Garten der Uni Leipzig**. Mit rund 10.000 Pflanzenarten ist er einer der ältesten Botanischen Gärten der Welt.

Das Wahrzeichen der Stadt liegt etwas außerhalb der City: Das 1913 eingeweihte **Völkerschlachtdenkmal** erinnert an die sogenannte Völkerschlacht, die 1813 vor den Toren der Metropole stattfand und dazu beitrug, dass Napoleons Regentschaft beendet wurde. Sagenhafte 91 m ist es hoch und vermittelt uns nach 500 Stufen des Aufstiegs einen tollen Fernblick.

Am Wegesrand liegt **Schloss Abtnaundorf**, das Mitte des 18. Jhds. in einem großen Landschaftspark im Stile der Neorenaissance errichtet wurde. Das Anwesen entstand aus dem Gut Naundorf, einem Klostergut des Petersklosters Merseburg - das erklärt den außergewöhnlichen Namen. Nach einer wechselvollen Geschichte können wir hier heute eine schicke Eigentumswohnung kaufen – sofern eine frei ist.

Kartentipp:
ADFC-Regionalkarte Leipzig und Umgebung,
1:75.000, ISBN 978-3-87073-833-4, € 8,95
Digital für Smartphones und Tablets:
www.fahrrad-buecher-karten.de/rk-digital

42 Sektempfang an der Unstrut

Von Bad Sulza über Freyburg

Wellness-Touren Info

ca. 57 km ohne Abstecher, Abkürzung möglich. Regionale Radweg-Beschilderung sowie teils Beschilderung als Saale- bzw. als Unstrut-Radweg. Mehrere Steigungen im zweiten Teil, die umfahren werden können, dann keine größeren Steigungen. Die Route führt meist über separate Radwege, einige Passagen auf losem Untergrund.

Start / Ziel: Toskana Therme, Bad Sulza, www.toskanaworld.net/de/10/therme-bad-sulza/therme

Weitere Wellness-Einrichtungen entlang der Strecke: kösalina – Kurmittelzentrum in Bad Kösen

Die „Toskana des Ostens" mit der gleichnamigen Therme

Entlang der Flüsse Ilm, Saale und Unstrut wartet eine sehr abwechslungsreiche Tour auf uns, die mit Highlights wie dem Naumburger Dom oder der Sektkellerei Rotkäppchen gespickt ist.

Auf unsere Tour rund um die Toskana Therme radeln wir durch die mit sanften Bergen modellierte Kulturlandschaft zwischen den weltberühmten Städten Naumburg, Jena und Weimar, die auch gerne als „**Toskana des Ostens**" bezeichnet wird. Unsere Unterkunft können wir nebenan im **Hotel** buchen und durch den Bademantelgang direkt zu unserer Wellness-Oase schreiten.

Los geht's an der Toskana-Therme, die wir nach rechts auf der Wunderwaldstraße verlassen. Nach dem zweiten Rechtsknick links in den Weg, dann zweimal rechts „Am Gradierwerk" und parallel der Schienen. Geradeaus über die querende Landstraße und über die Schienen, dann links weiter den Schienen folgend. Bevor der Ilmtal-Radweg vor der Saale im Rechtsbogen weiter verläuft, biegen wir links ab, überqueren nach rechts die Saale und stoßen bei Kleinheringen wieder auf den Saale-Unstrut-Elster-Rad-Acht. Durch Saaleck, Bad Kösen und Naumburg erreichen wir entlang der Saale und später Unstrut die Stadt Freyburg.

Naumburg ist eines der Top-Reiseziele des Landes: Einst umgaben eine **Wehrmauer** und ein **Stadtgraben** die Stadt, wovon der **Wenzelsturm** zeugt, der nicht nur Wachturm sondern auch Glockenturm der Stadtkirche war. Das **Marientor** führt in den mittelalterlichen Stadtkern mit Maria-Magdalenen-Kirche, Stadtmuseum „Hohe Lilie", **Nietzsche-Haus**, Apothekenmuseum, **Stadtkirche St. Wenzel**, vielen historischen Gebäuden und **Renaissance-Rathaus**.

Das wichtigste Ziel aller Gäste aber ist der **Naumburger Dom St. Peter und Paul**. Weltberühmt sind die **zwölf Stifterfiguren** im Westchor. Ab 1250 wurden die lebensgroßen Figuren aus Kalkstein gefertigt.

Die Stifterfiguren vom Naumburger Dom sind weltberühmt

Es bleibt spannend, denn hinter Naumburg rollen wir an der Unstrut durch das **Weinanbaugebiet** Unstrut-Saale und erreichen die Heimat einer Legende: In Freyburg wird der berühmte **Rotkäppchen-Sekt** hergestellt. Nachdem wir für die Zeit nach unserem Wellness-Abend eine Flasche in die Radtaschen verstaut haben, widmen wir uns der Innenstadt mit der Stadtkirche St. Marien und dem eleganten **Rathaus**. Hoch über uns thront das kolossale **Schloss Neuenburg**. Der etwas mühsame Aufstieg lohnt sich, denn die Höhenburg zeigt uns eine Vorburg, eine Kernburg, Doppelkapelle und einen Bergfried, der Dicker Wilhelm genannt wird.

Weiter geht´s von Freyburg, das wir auf der anderen Seite der Unstrut auf dem Unstrut-Radweg Richtung Balgstädt verlassen, um hier vor dem Ort geradeaus auf den Hasselbachradweg wechseln. Es geht kräftig bergauf durch Größnitz, Städten und Niedermöllern und wieder hinunter nach Bad Kösen. Von hier rollen wir auf unserem Hinweg bis Bad Sulza. Hier beenden wir die Tour an der Toskana Therme.

Wir radeln durch das **Naturschutzgebiet „Tote Täler"**. Wenn wir zur richtigen Zeit hier sind, entdecken wir bis zu 25 Orchideenarten.

Tipp: Hinter Freyburg wird es steil, daher liegt die Überlegung nahe, auf dem **Hinweg** durch die Täler wieder retour zu radeln.

In Bad Kösen erholen wir uns in der salzigen Luft des 325 m langen **Gradierwerks**. Mit frischem Atem schauen wir uns dann die **Lutherkirche** und das Berghotel Wilhelmsburg an, die beide in neugotischem Stil erbaut wurden. Mehr über den Ort und die Region erfahren wir im Heimatmuseum, das im **Romanischen Haus** untergebracht ist.

Kartentipp:
ADFC-Regionalkarte Saale-Unstrut, 1:75.000, ISBN 978-3-96990-093-2, € 9,95
Digital für Smartphones und Tablets:
www.fahrrad-buecher-karten.de/rk-digital

43 Ein (er-)leuchtendes Ziel

Von Bad Sulza über Jena

Wellness-Touren Info

ca. 62 km ohne Abstecher, Abkürzung möglich. Regionale Radweg-Beschilderung sowie teils Beschilderung als Ilm-, Saale- bzw. als Thüringer-Mühlen-Radweg. Mehrere Steigungen im zweiten Teil, die umfahren werden können, dann keine größeren Steigungen. Die Route führt meist über separate Radwege, einige Passagen auf losem Untergrund.

Start / Ziel: Toskana Therme, Bad Sulza, www.toskanaworld.net/de/10/therme-bad-sulza/therme

Weitere Wellness-Einrichtungen entlang der Strecke: geschSpa Finnlandsauna in Jena

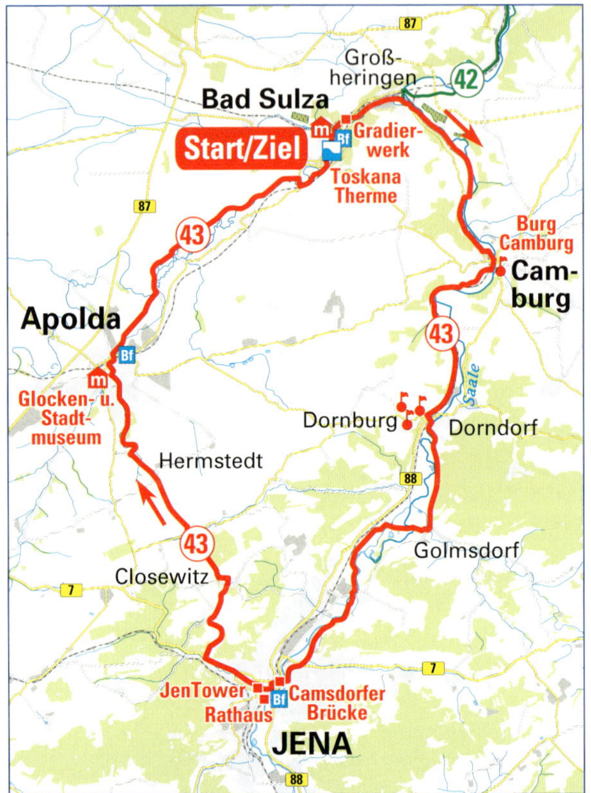

Diese Tour ist eine echte Herausforderung: Damit ist nicht der Berg gemeint, den wir auf der Rückfahrt bezwingen müssen – den können wir nach Wunsch auch umfahren. Nein, es gibt auf diesen 62 Kilometern ungemein viel zu sehen, so dass die Zeit im Nu verfliegt. Das Saale-Tal präsentiert uns nicht nur einen ausgezeichneten Radweg, sondern auch viele Burgen und Schlösser auf den umliegenden Bergen.

Ankommen, in eine andere Welt abtauchen, zu sich finden. Die „**Toskana Therme**" in Bad Sulza stellt sich voll und ganz unter diesen hohen Anspruch und schafft dafür eine perfekte Symbiose aus Licht- und Klangeffekten, Wärme und Heilwasser. Schon die Architektur lässt von außen erahnen, dass uns im Innern innovative Ansätze erwarten. „Liquid Sound" hat als Expo-Weltprojekt ein neues Kapitel der Wasserkunst geschrieben. Unter einer Badekuppel, die einem Konzertsaal gleicht, tauchen wir ein in wohlig-warmes Wasser und werden mit traumhafter Musik zum Unterwasserhören verführt – herrlich! So beeindruckt besuchen wir eine der großen Saunen und blicken von dort ins Freie oder unter eine Decke, an der Kalmare „vorbeischwimmen". Von hier geht's dann in den **Wellnesspark**, in dem wir aus einem reichen Angebot von kosmetischen Behandlungen und Verwöhnprogrammen wählen können. Wie wäre es denn mit einer Lava Shells Massage mit Venusmuscheln, einer Rückenbehandlung mit Meersalz-Lavendel-Peeling oder einem indischen Ritual der Ohrkerzen-Anwendung?

Der 37 m hohe Bergfried thront über´m Saaletal

Los geht's an der Toskana-Therme, die wir wie bei der Tour zuvor nach rechts auf der Wunderwaldstraße verlassen. Wir rollen wieder um das Gradierwerk herum zum Ilm-Radweg, der schon bald hinter Großheringen auf den Saale-Radweg trifft, dem wir parallel zur Saale folgen. Dieser geleitet uns durch Camburg, Dornburg, (nach Wechsel der Uferseite) Dorndorf und Golmsdorf nach Jena.

Gleich zu Beginn unserer Tour gesellen wir uns an die Gleise der „**Pfefferminzbahn**". Den Namen bekam die Bahnstrecke von Straußfurth nach Großheringen, weil der Ort Kölleda zum Zeitpunkt des Bahnbaus eines der Hauptanbaugebiete von Kräutern war.

Gleich neben unserem Radweg steht die Ruine der **Cyriakskirche** zu Camburg. Sie stammt aus der Zeit um 1030 und wäre damit eines der ältesten Gebäude Thüringens. Deutlich auffälliger ist **Burg Camburg**. In herrlicher Lage überblickt sie das Saaletal und präsentiert dort oben einen 37 m hohen Bergfried.

Kaum haben wir uns von diesem Anblick „erholt", wartet der nächste Höhepunkt auf uns: Gleich drei Schlösser erwarten uns im kleinen Ort Dornburg: Das **Alte Schloss** entstand 1522 auf einer alten Burganlage, daneben steht das im 18. Jh. erbaute **Rokoko-Schloss** und noch ein Stück weiter das **Renaissance-Schloss**, das auch als Goethe-Schloss bezeichnet wird.

Noch würdevoller können wir die Innenstadt von Jena kaum erreichen, denn wir rollen über die **Camsdorfer Brücke**, der ältesten Steinbogenbrücke Jenas. Sie zählt zu den „**Sieben Wundern**". Diese sind: Ara – die Altarunterführung der Stadtkirche, Caput – die Schnapphans-Figur an der Rathausuhr, Draco – der siebenköpfige Drache, Mons - der Berg „Jenzig", Vulpecula Turris – der Fuchsturm und Weigeliana Domus – das Weigelsche Haus.

Jena wird gerne als „**Lichtstadt**" bezeichnet, weil hier seit mehr als 150 Jahren lichtbasierte Technologien entwickelt werden. Jedes Jahr werden hier zahllose Patente angemeldet, wodurch Jena ein Hotspot der High-Tech-Industrie ist. Symbolisch passt dazu der 160 m hohe **Jentower**. Erbaut wurde er als Forschungszentrum des Weltkonzerns Zeiss, inzwischen nutzt die Uni das Gebäude.

43

Jena ist „herausragend“…

…auch in der Altstadt

Doch Jena „kann nicht nur modern“: Wir entdecken Reste der alten **Stadtmauer**, wie den Roten Turm oder den **Anatomieturm**, in dem Goethe den Zwischenkieferknochen entdeckte. Vom Johannistor ist es nicht weit bis zum Historischen Stadtkern mit weitläufigem Marktplatz und gotischem **Rathaus** und Pulverturm.

Tipp: Hinter Jena wird es richtig steil. Wer also nicht zu den „Bergziegen“ zählt, sollte auf dem **Saale-Radweg** wieder nach Bad Sulza zurückfahren. Nach Apolda können wir auch später noch einen Abstecher durch das Ilmtal unternehmen. Eine andere Variante wäre, mit der Bahn von Jena nach Naumburg zu fahren und von dort mit dem Rad zurück nach Bad Sulza.

Weiter geht´s von Jena, das wir ab dem Markt über die Straßen Kollegienstraße, rechts Leutragraben, links Krautgasse, links Bach-, geradeaus Semmelweis-, rechts Loder-, links August-Bebel- und links Erfurter Straße verlassen. Gegen Ortsende von der ansteigenden Straße rechts in den Cospedaer Grund, der deutlich steil ansteigt. In Closewitz, links, weiter bergauf und dann durch Hermstedt und Schöten wieder bergab nach Apolda. Der Rest ist dann weniger anstrengend: Durch Nauendorf, Wickerstedt, Eberstedt und Darnstedt rollen wir auf dem Napoleon-Radweg zurück nach Bad Sulza, wo unsere Tour an der Toskana Therme endet.

In Apolda müssen wir unbedingt das **Glocken- und Stadtmuseum** besuchen, denn die Stadt blickt auf eine mehr als 250 Jahre lange Tradition des Glockengießens zurück. Deutlich farbenfroher zeigt sich die „Dame“ auf der Promenadenstraße der ehemaligen Landesgartenschau. Sie geht mit einen **Dobermann** Gassi – die Hunderasse wurde einst hier in Apolda gezüchtet. In der Innenstadt finden wir viele historische Gebäude, unter ihnen das Haus Louis Bamberg, das **Stadthaus**, die Lutherkirche oder das herrlich-bunte Ensem-

Die Weinstraße Saale-Unstrut beginnt genau hier am Weintor

ble rund um den weitläufigen **Marktplatz**. Schon seit dem 12. Jh. thronte eine Burg über der Stadt, die später zum **Schloss** umgestaltet wurde. In der bestens restaurierten Anlage befindet sich heute ein Kulturzentrum. Einen ganz anderen kulturellen Ausflug in die jüngere Vergangenheit unternehmen wir im **Museum Olle DDR**, das in einer alten Baracke untergebracht ist. Etwas abseits blickt der **Bismarckturm** weit über´s Land.

Am Ende unserer Tour müssen wir uns noch in Bad Sulza umsehen: Hier entdecken wir das 1994 eingeweihte **Thüringer Weintor**. Es weist uns darauf hin, dass wir hier am Beginn der Weinstraße Saale-Unstrut stehen, die über Bad Kösen, Naumburg, Freyburg und Laucha nach Nebra führt und damit diese bedeutende Weinregion erschließt.

Nur wenige Meter entfernt steht das **Gradierwerk Louise**. Hier rieselt salzhaltiges Wasser an einem großen Holzgerüst über Schwarzdorn-Zweige. Die **salinentechnischen Anlagen** von Bad Sulza gehören auch auf unser Besuchsprogramm, denn sie sind die umfangreichsten ihrer Art in Deutschland. Mehr zu dieser Geschichte Bad Sulzas erzählt uns das **Salinen- und Heimatmuseum**, das in der ehemaligen Salinenschenke untergebracht ist. Genauso spannend ist hier die **historische Apotheke**, in der wir nachvollziehen können, wie 1893 Tinkturen, Salben und Tabletten hergestellt wurden. Im idyllischen Park gibt es auch einen Wohnmobilstellplatz, ein Freibad und das Wahrzeichen der Stadt: Die **Trinkhalle im Kurpark** strahlt uns bestens erhalten im feinsten Jugendstil entgegen. Bevor es in die Toskana Therme geht, besuchen wir das **historische Inhalatorium**. Der verschnörkelte Bau wurde 1903 feierlich durch den Badedirektor eingeweiht.

Kartentipp:
ADFC-Regionalkarte Saale-Unstrut,
1:75.000, ISBN 978-3-96990-093-2, € 9,95
Digital für Smartphones und Tablets:
www.fahrrad-buecher-karten.de/rk-digital

44 Ein Schloss in Hufeisenform

Von Bad Rodach über Hildburghausen

Wellness-Touren Info

ca. 52 km ohne Abstecher. Regionale Radweg-Beschilderung sowie teils Beschilderung als Rodach-Itzgrund- bzw. Werra-Radweg sowie Iron Curtain Trail. Hügelige Tour, die eine gewisse Grundkondition erfordert. Die Route führt meist über separate Radwege, einige Passagen auf losem Untergrund.

Start / Ziel: ThermeNatur Bad Rodach, www.therme-natur.de

Los geht's an der ThermeNatur, die wir links über die Thermalbadstraße und links Heldburger Straße verlassen. In der Stadtmitte rechts Braugasse, links Fahrstraße, links auf die Hildburghäuser Straße und den Schildern des Rodach-Itzgrund-Radwegs folgend durch Adelhausen, Eishausen und Stressenhausen nach Hildburghausen.

Es klingt schon fast nach „Etikettenschwindel", wenn wir unsere Touren im bayerischen Bad Rodach beginnen und dies dann unter „Thüringen" einsortieren. Allerdings rollen wir auf den Touren abwechselnd in beiden Bundesländern und besuchen auch die sehenswerten Orte in Thüringen – die oft einen eher fränkischen Eindruck hinterlassen.

Nach der Radtour bietet unser Besuch in der „**ThermeNatur Bad Rodach**" eine willkommene Möglichkeit zur perfekten Regeneration. Dazu gehört natürlich auch, dass wir unsere körperlichen Reserven wieder auffüllen. Dazu bieten das Thermen-Restaurant, die VitaBar, der ThermenGrill und das FrischeRestaurant immergrün kulinarische Genüsse für jeden Geschmack.

Perfekte Regeneration in der „ThermeNatur"

Schon nach wenigen Minuten ziehen wir unsere Kreise auf thüringischem Terrain und erreichen später die ehemalige Residenzstadt Hildburghausen. Strahlend weiß, mit prachtvollem Rundturm und Arkaden ausgestattet empfängt uns das **Rathaus**, dessen älteste Teile aus dem 13. Jh. stammen. Vom einst mächtigen Schloss Hildburghausen sind nach starken Zerstörungen im Zweiten Weltkrieg leider nur noch der weitläufige **Schlosspark** und der Keller erhalten. Daher widmen wir uns der wuchtigen **Stadtkirche** und den farbenfrohen Gebäuden in der Innenstadt.

Weiter geht´s von Hildburghausen, das wir auf der Wiesenstraße bzw. Dammstraße den Schildern des Werratal-Radwegs folgend verlassen. So kommen wir durch Veilsdorf und Harras zur A73. Noch vor der Autobahn rechts nach Herbartswind. Dann bleiben wir wieder vor der Autobahn und biegen rechts auf den Radweg „ICT", dem Iron Curtain Trail. Dieser geleitet uns durch Grattstadt und Heldritt nach Bad Rodach, wo wir die ThermeNatur ansteuern, um die Tour zu beenden.

Wir radeln auf hügeliger Strecke nach Harras und sehen uns die hübsche **Kirche St. Jakobus** an. Auch das Restaurant im Fachwerkhaus mit dem grell-grünen Nachbarhaus kann sich sehen lassen.

Tipp: Wenn wir dem Werratal-Radweg hinter der Autobahn ein paar Minuten folgen, gelangen wir nach Eisfeld. **Schloss Eisfeld** thront an der höchsten Stelle des Ortes. Als es im 13. Jh. auf den Resten einer alten Wehranlage erbaut wurde, führte man das Schloss mit einem hufeisenförmigen Grundriss aus. Wo einst die Landesvögte residierten und später Herzogin Sophia Albertine von Sachsen-Hildburghausen ihren Witwensitz bezog, ist heute eine kulturelle Nutzung angesagt.

Zu Füßen des Schlosses werden uns mit der **Dreifaltigkeitskirche St. Nikolai** und dem fachwerkgeschmückten **Pfarrhaus** daneben weitere Fotomotive präsentiert.

Kartentipp:
ADFC-Regionalkarte Coburg/Bamberg,
1:75.000, ISBN 978-3-96990-143-4, € 10,95
Digital für Smartphones und Tablets:
www.fahrrad-buecher-karten.de/rk-digital

Eisfeld ist ein lohnenswerter Abstecher

Rund um den ehemaligen 127 km langen innerdeutschen Grenzstreifen fanden seinerzeit nicht viele Aktivitäten statt. So konnte sich eine üppige Vegetation entwickeln, die als „**Biotopverbundachse Grünes Band**" erhalten werden soll. Von dieser Historie berichtet auch der Themenradweg „ICT", der „**Iron Curtain Trail**". Er zeichnet den Verlauf des ehemaligen „Eisernen Vorhanges" nach und verläuft als „EuroVelo Route EV13" über 9.950 km quer durch Europa.

45 Stippvisite in der Schlösserstadt

Von Bad Rodach über Coburg

Wellness-Touren Info

ca. 60 km ohne Abstecher. Regionale Radweg-Beschilderung sowie teils Beschilderung als Rodach-Itzgrund-Radweg sowie als Radweg Burgenstraße. Vor allem im zweiten Teil mehrere Steigungen, die umfahren werden können. Die Route führt meist über separate Radwege, einige Passagen auf losem Untergrund.

Start / Ziel: ThermeNatur Bad Rodach, www.therme-natur.de

Weitere Wellness-Einrichtungen entlang der Strecke: Terrassentherme in Bad Colberg

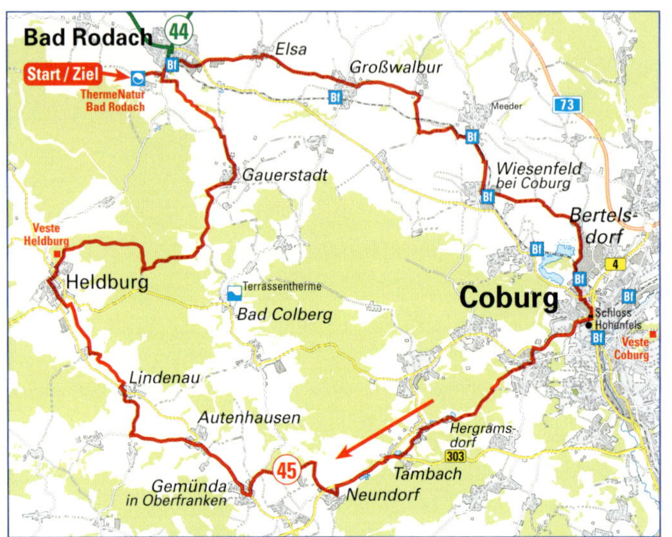

Heute erwartet uns eine sehr interessante, aber auch anstrengende Tour: Auf hügeliger Strecke rollen wir durch Thüringen und Franken, um die wunderschöne Schlösser- und Burgenstadt Coburg zu erkunden. Auf dem Rückweg wartet mit der Veste Heldburg ein weiterer Höhepunkt auf uns.

In unserer „**ThermeNatur**" erwartet uns eine Zeremonie, die es in dieser Form deutschlandweit kein zweites Mal gibt: „**KaMaLiCa**" – das sind die chemischen Elemente, die „im Wasser des Glücks" enthalten sind: Kalium, Magnesium, Lithium und Calcium werden dem Heilwasser der Therme zugegeben und sorgen damit für eine Zusammensetzung, die wir andernorts nicht nochmals so finden. Der Hintergrund: Die beiden Bad Rodacher Heilquellen wurden „angezapft", als in noch tieferen Schichten eine Mineralquelle entdeckt wurde, in der genau die erwähnten Elemente enthalten sind. Die gleichzeige Förderung dieser Quelle mit den Heilwässern konnte technisch nicht realisiert werden, weil sich die Wässer dabei mischten. Und so entstand dieser spezielle „**SoleCocktail**".

Neben den vielen Heilanwendungen des Solewassers, mit dem zielführende Kure durchgeführt werden, können wir natürlich alle Annehmlichkeiten eines umfassenden Sauna- und **Wellnessangebots** genießen: Ayurveda, Aromamassagen, Hot-Stone-Massagen und natürlich eine breite Palette an **Beauty-Anwendungen** lassen keinen Wunsch unerfüllt.

Los geht's an der ThermeNatur, die wir links über die Thermalbadstraße und links Heldburger Straße verlassen. Noch vor der Stadtmitte rechts auf die August-Grosch-Straße und den Schildern des Rodach-Itzgrund-Radwegs folgend durch Elsa, Großwalbur, Meeder, Wiesenfeld und links Bertelsdorf nach Coburg.

Gleich mehrere prunkvolle Schlösser und Burgen liegen an unserem Wegesrand – Schloss Tambach

Gleich zu Beginn unserer Tour radeln wir am Kurpark vorbei, den es noch gar nicht lange gibt. Erst 1972 wurde die mit 34°C **wärmste Thermalquelle im Norden Bayerns** erschlossen. Schon vier Jahre später wurde das erste Thermal-Bewegungsbad eingeweiht und im Jahre 1999 erfolgte die Adelung zum Heilbad.

Seitdem darf sich die Stadt Bad Rodach nennen – doch auch ohne die Kureinrichtungen wäre der Ort eine Reise wert: Rund um den brunnengeschmückten **Marktplatz** finden wir wunderschöne, historische Gebäude wie das **Rathaus** mit seinem aufwändig gestalteten Giebel, das Alte Gerichtsgebäude, welches einst den Herzögen während der Jagdzeit als Unterkunft diente und natürlich das mitten in Bad Rodach positionierte **Jagdschloss**. Im Jahre 1749 wurde es für Herzog Franz Josias erbaut, der ebenso wie seine Nachfolger gerne in diese Region zum Jagen kam.

Im ersten Teil unserer Tour rollen wir über den **Rodach-Itzgrund-Radweg**, der über weite Strecken im Tal des Flüsschens Itz verläuft und oftmals über einen perfekten Asphalt-Belag verfügt. Der Radweg wurde als Verbindung zwischen dem Coburger Land und dem Maintal angelegt.

Weiter geht´s von Coburg, das wir auf dem Burgenradweg unterhalb Schloss Hohenfels an der deutlich ansteigenden Straße „Kürengrund" entlang verlassen. Hier entdecken wir auch die Schilder des Radwegs Burgenstraße, die uns via Hergramsdorf, Tambach, Neundorf, Gemünda in Oberfranken, Autenhausen, Lindenau, Bad Colberg-Heldburg und den Radweg Burgenstraße geradeaus verlassend weiter über Gauerstadt zurück nach Bad Rodach führen. Die Schilder zur ThermeNatur geleiten uns zurück zum höher gelegenen Startpunkt unserer Rundtour.

Schon von weitem erblicken wir die 160 m über der Stadt angelegte **Veste Coburg**: Sie ist perfekt erhalten und mit einer Ausdeh-

45

Geschafft: Angekommen auf der Veste Coburg

nung von 135 m Breite und 260 m Länge **eine der größten Burgenanlagen Deutschlands**. Vermutlich gab es an dieser exponierten Stelle bereits im Jahr 1225 eine erste Festung, die nach und nach mit Befestigungsringen, Rondellen und weiteren Wehranlagen nachgerüstet wurde. Der Aufstieg (auch mit Bus möglich) ist anstrengend, aber sehr lohnenswert, denn etwas Vergleichbares finden wir in Deutschland kaum ein zweites Mal. Und die Rundumsicht ist von hier oben einfach unglaublich – es ist, als säßen wir im Hubschrauber!

Aber wir müssen uns auch Zeit nehmen für die **Europastadt Coburg**, die diesen Titel trägt, weil sie sich besonders dem Gedanken der Europäischen Verständigung gewidmet hat.

Hier gibt es eine ganze Menge zu sehen, wie die **Moritzkirche**, die Heiligkreuzkirche, und das **Stadthaus** mit dem Prinz-Albert-Denkmal. Direkt am Schlossplatz gruppieren sich das herrliche **Residenzschloss Ehrenberg**, der Hofgarten, das Palais Edinburgh und das Landestheater. Im Westflügel des Schlosses entdecken wir die barocke **Schlosskirche**.

Die **Altstadt** von Coburg wird von einer gut erhaltenen **Stadtmauer** bewacht, die über drei Tore verfügt. Im Innern der Stadtbefestigung finden wir viele historische Gebäude, repräsentative **Villen** und Gartendenkmäler. Kaum zu glauben, aber in und um Coburg gibt es noch eine ganze Reihe kleinerer und größerer **Schlösser**, wie zum Beispiel das Burg Lustschlösschen, das Rosenauschlösschen oder **Schloss Hohenfels**.

Tipp: Hinter Coburg wird es anstrengend, denn wir haben gleich mehrere deutliche **Steigungen** zu meistern, die eine gute Kondition oder ein E-Bike erfordern. Daher ist es eine Überlegung wert, auf dem Hinweg wieder zurück zu radeln. Hier gibt es zwar auch einige Hügel, die sind aber deutlich einfacher zu fahren.

Wir rollen auf dem Radweg „**Burgenstraße**“, der sich von Mannheim bis Bayreuth quer durch den Süden der Republik schlängelt. Auf 860 km gibt es eine ganze Menge Steigungen zu bezwingen, aber auch unglaublich viel zu sehen. Wir rollen auf einem Teilstück, das auf der Hompage „burgenstrasse.de“ als finale Tour 6 empfohlen wird. Allein auf diesem rund 200 m langen Stück werden 11 Städte geführt, in denen es Burgen bzw. Schlösser zu besichtigen gibt.

In der Coburger Innenstadt können wir besonders schön einkehren

Zu den Orten gehört auch Heldburg, das direkt auf unserer Route liegt. Hoch über den Häusern thront auf einem 403 m hohen Felsen die **Veste Heldburg**. Schon im Jahre 1317 wurde an dieser Stelle eine Burg erwähnt, die 1374 in den Besitz der Familie Wettin gelangte. Bis 1920 wechselten die Besitzer nicht mehr. Zu DDR-Zeiten wurde die Anlage bis zu einem Großbrand im Jahre 1982 als Kinderheim genutzt. Inzwischen ist alles wieder restauriert, der Aufstieg aber sehr mühsam. (Daher sei empfohlen, bereits im Ort rechts abzuzweigen und mit weniger Steigung auf der kleinen Straße nach Bad Colberg zu fahren.) Letzteres ist kein Zufall, denn die Veste Heldburg wurde auch als „Fränkische Leuchte" bezeichnet, denn von hier gab es Blickkontakt mit anderen Burgen, was bei drohender Gefahr eine Möglichkeit bot, Feuerzeichen zu übermitteln.

In der Veste ist seit 2016 das **Deutsche Burgenmuseum** untergebracht, das uns die „Faszination Burg" hautnah präsentiert.

Nach der entspannten Abfahrt können wir einen kleinen Schlenker fahren und den Ort Bad Colberg anzusehen, in dem 1907 eine stark salzige Thermalquelle gefunden wurde. Folgerichtig wurden eine **Sprudelhalle** und weitere **Kuranlagen** errichtet, die bis heute erhalten werden konnten und mit dem Bau der **Terrassentherme** auch eine zeitgemäße Erweiterung bekamen. Übrigens: In der DDR konnten ortsfremde Personen Bad Colberg als „Randgebiet" nur mit Sondererlaubnis erreichen.

Kartentipp:

ADFC-Regionalkarte Coburg/Bamberg, 1:75.000, ISBN 978-3-96990-143-4, € 10,95

Digital für Smartphones und Tablets:
www.fahrrad-buecher-karten.de/rk-digital

46 Die unzähligen Schleifen der Lahn

Von Bad Ems nach Limburg

Wellness-Touren Info

ca. 51 km ohne Abstecher. Regionale Radweg-Beschilderung sowie größtenteils Beschilderung als Lahn-Radweg. Eine lange, anstrengende Steigung mit 200 Hm, die bei Bahnnutzung vermieden werden kann. Die Route führt meist über separate Radwege, einige Passagen auf losem Untergrund.

Start: Emser Therme, Bad Ems, www.emser-therme.de

Ziel: Limburg, Bahnhof

Der Lahn-Radweg begleitet uns auf der Radtour flussaufwärts. Hier hat sich der Fluss teils 200 m tief in das Rheinische Schiefergebirge eingegraben, was für tolle Eindrücke sorgt.

Direkt am Radweg liegt die Emser Therme

Mit einem Glas Sekt in der Hand anstoßen und dabei mit Partner bzw. Partnerin im riesigen **Luxusbad** Ruhe, Entspannung und Zweisamkeit genießen. Unsere Körper tauchen dabei ein ins Cleopatrabad mit Milch, ins Kaiserbad mit Ölen, ins Orientbad mit Feigen oder ins Vinobad mit Extrakten aus der Chardonnay-Traube. Diese einzigartigen Momente und noch viel mehr können wir in der **Emser Therme** erleben.

Los geht's an der Emser Therme von Bad Ems, von der wir direkt über den Lahn-Radweg nach rechts vorbei an Dausenau, Nassau und Obernhof nach Laurenburg radeln. Hier geht ein Weg an der Lahn weiter, der ausgebaut werden soll, doch dieser ist teils recht schwer befahrbar. Der offizielle Lahn-Radweg zweigt links ab, führt rund 200 Hm nach oben und via Scheidt und Holzappel wieder hinunter nach Geilnau an der Lahn. Ab hier verläuft der Weg wieder eben nach Diez.

Dausenau – klein, aber fein

Der kleine Ort Dausenau verzückt uns mit seinen sehenswerten Gebäuden, die sich an der Lahn entlangziehen. Der **Westliche Torturm**, das **Alte Rathaus**, das **Wirtshaus an der Lahn** und weitere prachtvolle Fachwerkgebäude verführen uns zu einem ersten Aufenthalt.

Dann sehen wir schon von weitem **Burg Nassau** weit oben auf dem Berg. Es ist der Stammsitz der Grafen von Nassau und zugleich die Stammburg des niederländischen Königshauses Oranien-Nassau. Ein Besuch der Burg ist mit einem anstrengenden Aufstieg verbunden. Daher bleiben wir unten im Ort, der nicht nur Einkehrmöglichkeiten, sondern auch ein fachwerkgeschmücktes **Rathaus** zu bieten hat. Direkt nebenan liegt das in Privathand befindliche Steinsche Schloss.

Tipp: Der offizielle Lahn-Radweg führt bei Laurenburg einen steilen **Berg** hinauf, solang der neue Radweg an der Lahn nicht fertig ist. Daher ist es ratsam, bei Laurenburg in die Bahn zu steigen und die eine Haltestelle nach Balduinstein mit dem Zug zurückzulegen.

Die Ursprünge von Diez reichen bis in die Altsteinzeit. Wir gelangen über die alte **Brücke** über die Lahn hinweg zum **Grafenschloss**, deren Geschichte bis ins 11. Jahrhundert zurückreicht. Auch die **Stiftskirche** von 1289 und die Reste der **Stadtmauer** liegen in unmittelbarer Nähe. Im Norden der Innenstadt gibt es mit dem **Schloss Oranienstein** eine Reise in die barocke Zeit.

Weiter geht´s von Diez auf dem bestens beschilderten Lahn-Radweg durch Oranienstein nach Limburg. Hier rollen wir zum Hauptbahnhof und lassen uns in rund 40 Minuten zum Bahnhof Bad Ems – West fahren. Auf der anderen Flussseite liegt die Emser Therme, wo unsere Tour endet.

In Limburg spannt sich eine rund 600 Jahre alte Brücke mit Tor über die Lahn. Rund 500 v. Chr. siedelten wohl die ersten Kelten an der Stelle des heutigen Domplatzes. Auf diesem sogenannten Domberg wurde unter den Merowingern zunächst eine Befestigung, später eine Burg erbaut. Von der ehemaligen Stadtmauer ist noch der kreisrunde **Katzenturm** erhalten. An der höchsten Stelle der Altstadt steht der **Limburger Dom**. Er gilt als eines der Meisterwerke des spätromanischen Baustils. Auch das im 13. Jh. erbaute Schloss und die vielen bestens erhaltenen Fachwerkhäuser bieten uns reichlich Fotomotive.

Kartentipp:
ADFC-Regionalkarte Koblenz/Bonn/Mittelrheintal,
1:75.000, ISBN 978-3-96990-021-5, € 9,95
Digital für Smartphones und Tablets:
www.fahrrad-buecher-karten.de/rk-digital

47 Kaiser Wilhelm hoch zu Ross

Von Bad Ems über Koblenz

Wellness-Touren Info

ca. 40 km oder 20 km eine Strecke, jeweils ohne Abstecher. Regionale Radweg-Beschilderung sowie größtenteils Beschilderung als Lahn- bzw. als Rhein-Radweg. Keine größeren Steigungen. Die Route führt meist über separate Radwege, einige Passagen auf losem Untergrund.

Start / Ziel: Emser Therme, Bad Ems, www.emser-therme.de

Bad Ems gehört zu den „11 Great Spas of Europe" – eine Adelung, die auf eine lange Geschichte zurück blickt, denn im 19. Jh. gaben sich hier, in einer der „Sommerhauptstädte Europas", prominente Gäste die Klinke des Kursaals in die Hand. Auf dem Lahn- und dem Rhein-Radweg erreichen wir Koblenz mit dem berühmten Deutschen Eck.

Waren Sie schon einmal in einer Fluss-Sauna? Nein? Na dann wird es Zeit, die „**Emser Therme**" im wunderschönen Lahntal zu besuchen: Aus der Panoramasauna blicken wir durch große Fenster auf den Fluss, das rauschende Wehr und die umliegenden Berge und auf dem Sonnendeck liegen wir „direkt auf der Lahn". Die **FlussSauna** ist nur ein Teil des tollen SaunaParks, in dem wir auch Garten-, Salz-, Klangsauna, Sanarium und Dampfband finden. Dann gleiten wir in das heilende Emser Thermalwasser und genießen den Aufenthalt in der **Thermenlandschaft** mit Kräuterdampfbad, Salzinhalation, Innen- und Außenbecken sowie mit Warmsprudelbecken und vielem mehr.

Die totale Entspannung bringt uns dann das **Wasserschwebebett**, bevor wir uns den verschiedenen Massagen und Kosmetischen Anwendungen widmen.

Los geht's an der Emser Therme von Bad Ems, wo wir direkt Anschluss an den Lahn-Radweg haben, dem wir nach links an Fachbach vorbei flussabwärts Richtung Koblenz folgen. Auf

Hier kurten schon Kaiser, Könige und andere „Promis"

bester Trasse radeln wir durch das teils enge Tal, leider ab und an in direkter Nähe zur B260. Nachdem wir die B42 in Lahnstein unterquert haben, erreichen wir die Rheinmündung und den Rhein-Radweg. Diesem folgen wir rechts flussabwärts und überqueren bei Asterstein den Rhein, um in einem Bogen ans andere Ufer zu gelangen. Nur noch wenige Meter am Ufer entlang und wir haben das Deutsche Eck von Koblenz erreicht.

Bei der Auswahl der Touren in diesem Buch waren einige Destinationen „gesetzt". Zweifelsohne gehörte auch Bad Ems zu diesen Zielen, denn Bad Ems gehört zu den „**11 Great Spas of Europe**". Dieser Verbund hat zum Ziel ins Weltkulturerbe der UNESCO aufgenommen zu werden. Hier im Tal der Lahn begann die Geschichte im 19. Jh., als Bad Ems zu den „**Sommerhauptstädten Europas**" zählte. Seinerzeit gab sich die Prominenz die Klinken der Hotels in die Hand. Kaiser, Könige, Adelige, Komponisten, darunter so klangvolle Namen wie König Georg IV. von England, König Oskar II. von Schweden und Norwegen, Kaiserin Eugenie von Frankreich, Zar Alexander II., Dostojewski oder Goethe. Diesen Berühmtheiten konnte man seinerzeit ganz nah auf der Kurpromenade von Bad Ems begegnen.

Wenn wir Richtung Innenstadt rollen, funkeln auf der anderen Uferseite die goldenen Kuppeln der russischen Kirche, diesseits der Lahn kommen wir vorbei an der Kurwaldbahn, einer **Standseilbahn** zum Kurgebiet auf der Bismarckhöhe. Dann erreichen wir die Spielbank, an die sich Kurtheater, **Kursaalgebäude** und das barocke **Badeschloss** nahtlos aneinanderreihen. Und schon können wir bestens nachvollziehen, warum Bad Ems ein Treff der Schönen und Reichen war. Die kamen natürlich auch hierher, um das Heilwasser zu genießen. Und das sprudelte damals wie heute an vielen Stellen „aus dem Boden": In der Brunnenhalle, heute im Foyer des Grand Hotels, zapfen wir das „**Emser Kränchen**", den vielleicht berühmtes Tropfen. Nur wenige Meter weiter geht es einige Stufen hinunter zur **Römerquelle** und gleich um die Ecke schießt die 57 °C heiße Fontäne des **Robert-Kampe-Sprudels** in die Höhe – beeindruckend!

Mutter Mosel mündet in den guten Vater Rhein…

Auch dem **Kurpark** müssen wir einen Besuch abstatten: Hier finden wir das Kaiser-Wilhelm-Denkmal, Haus Vier Türme und das **Badhaus** am Kurpark und am Ende das **Rathaus** mit seinem Glockenspiel. Auch abseits der Kureinrichtungen gibt es prunkvolle Gebäude zu entdecken, die von der glorreichen Geschichte von Bad Ems zu berichten wissen. Wer Details dazu erfahren möchte, besucht das Kur- und Stadtmuseum, überraschender sind das Emser **Bergbaumuseum** und das **Beatles-Museum** mit angeschlossenem Café.

Die Historie von Koblenz reicht bis zu einer Besiedelung um 1000 v. Chr. zurück. Besser belegt ist allerdings ein römisches Erdkastell namens „apud confluences“, das hier in den Jahren zwischen 14 und 37 n. Chr. aktiv betrieben wurde.

International bekannt ist das Deutsche Eck – hier endet die 544 km lange Reise der Mosel, deren Wogen sich hier mit den Fluten des Rheins vermischen. Genau an dieser Stelle stand im 15. Jh. ein Gebäude der Deutschherrenkommende. 1897 setzte man das **Reiterstandbild Wilhelms I.** auf einen mehrfach gestuften Sockel. Nach der Zerstörung im 2. Weltkrieg wurde an dieser Stelle 1955 mit Mauerresten ein Mahnmal der deutschen Einheit erschaffen. Seit dem 2.9.1983 sitzt aber Wilhelm wieder an altgewohnter Stelle auf seinem Ross.

Vom Deutschen Eck gelangen wir rasch in die historische Innenstadt von Koblenz. Hier finden wir am Florinsmarkt das „**Alte Kauf- und Danzhaus**“, in dem heute das **Mittelrhein-Museum** untergebracht ist. Übrigens: Der „**Augenroller**“ unter der Turmuhr soll an den 1536 hingerichteten Raubritter Lutter von Kobern erinnern. Das Mittelrhein-Museum ist auch in den Räumen des **Bürresheimer Hofes** von 1660 untergebracht. Nicht weit entfernt steht die **ehemalige kurfürstliche Burg**, in der sich heute die Stadtbibliothek und das Stadtarchiv befinden.

Nachdem wir die City erkundet haben, erwägen wir einen Aufstieg zur **Festung Ehrenbreitstein**, die auf dem anderen Rheinufer hoch über der Stadt auf einem Felsen thront. Es handelt sich um die **zweitgrößte erhaltene Festung Europas**! Um dorthin zu gelangen, können wir mit den Rädern steil hinauf kurbeln, oder die Bikes unten sichern und mit der Rheinseilbahn hinauffahren – beste Aussichten sind schon bei der Fahrt über den Rhein garantiert!

Tipp: Wer dem Charme von Koblenz erlegen ist, kann von Koblenz mit der Bahn zurück nach Bad Ems fahren.

...stets behütet von der Festung Ehrenbreitstein

Am Deutschen Eck beginnt auch der exzellente **Moselradweg**. Schon nach wenigen Minuten verengt sich das Tal, Weinberge ragen zu beiden Seiten in schwindelerregende Höhen empor und hübsche Weinorte laden uns zur Einkehr und Weinprobe ein. Winningen ist dabei der erste typische Weinort mit einem **Wein- und Heimatmuseum**.

Weiter geht´s vom Deutschen Eck in Koblenz, das wir genauso wieder verlassen, wie wir herkamen. Wir rollen also auf dem Rhein-Radweg flussaufwärts, queren diesen nach einer schwungvollen Kurve auf die Brücke hinauf und radeln auf der anderen Seite weiter Richtung Lahnstein. Bei der Mündung treffen wir wieder auf den Lahntal-Radweg, der uns nach wenigen Minuten wieder zurück zu unserer Emser Therme geleitet.

Auf der anderen Seite der Lahn liegt die herrliche Altstadt von Lahnstein, die noch heute von seinem alten **Zollturm** dominiert wird. Direkt daneben steht eine der berühmtesten Gasthäuser Deutschlands, das **Wirtshaus an der Lahn**. Gastwirt Baltasar Kalkofen ließ die Gaststätte im Jahre 1697 errichten. Auf den wuchtigen Bruchsteinen wurde ein Fachwerkhaus erbaut, das bestens zum Zollturm nebenan passt. Nachdem wir uns auch den **Hexenturm**, die Johanniskirche und **Schloss Martinsburg** angesehen haben, liebäugeln wir mit dem Gedanken, auf den steilen Felssporn hoch über zu uns zu kurbeln, denn dort oben wacht **Burg Lahneck** über die Flussmündung.

Das Wirtshaus an der Lahn

Kartentipp:
ADFC-Regionalkarte Koblenz/Bonn/Mittelrheintal, 1:75.000, ISBN 978-3-96990-021-5, € 9,95
Digital für Smartphones und Tablets:
www.fahrrad-buecher-karten.de/rk-digital

48 Hier ist gut Kirschen essen!

Von Bad Kreuznach nach Ingelheim

Wellness-Touren Info

ca. 36 km plus 1,5 km vom Bahnhof zur Therme, jeweils ohne Abstecher. Regionale Radweg-Beschilderung sowie größtenteils Beschilderung als Nahe- bzw. als Rhein-Radweg. Hügeliger Verlauf, aber keine größeren Steigungen. Die Route führt meist über separate Radwege, einige Passagen auf losem Untergrund.

Start: Crucenia-Thermen, Bad Kreuznach, www.kreuznacherstadtwerke.de/wellness-vor-der-haustuer/crucenia-thermen

Ziel: Ingelheim, Bahnhof

Weitere Wellness-Einrichtungen entlang der Strecke: Bäderhaus und Wellness Paradise in Bad Kreuznach

Das Bäderhaus ist ein Zentrum der Entspannung

Eine herrliche Tour führt uns von unseren Crucenia-Thermen durch die weinberggesäumten letzten Kilometer des Lahntals nach Bingen. Nachdem wir die Geschichte des Mäuseturms kennengelernt haben, geht´s ab in die Kirschen.

Wie der Name schon vermuten lässt, kann Bad Kreuznach auf eine lange Historie als Kurort zurückblicken. Das Mekka aller Wellness- und Kurbedürftigen liegt im Bad Kreuznacher Kurviertel. Hier stehen die „**Crucenia-Therme**", das „**Bäderhaus**" und die „**Salzgrotten**" direkt beieinander und präsentieren uns ein einzigartiges Spektrum von Anwendungen.

Schon von weitem erkennen wir die Kuppeldächer des in bester Lage direkt am Ufer der Nahe gelegenen Thermalbades. In zwei Innen- und Außenbecken können wir in 33 °C warmem Wasser baden und uns in Wassermassageliegen und Infrarotkabinen verwöhnen lassen.

Das historische Bäderhaus nebenan gilt mit seiner Sauna- und Wellnessanlage als eines der größten und schönsten in Deutschland. Die Adelung vom Deutschen Saunabund zur „**Premiumsauna**" spricht für das außergewöhnliche Angebot: Es gibt nicht nur eine große Auswahl an Saunen und Dampfbädern, sondern auch ein Maurisches Bad und ein ori-

Von der Crucenia-Therme blicken wir direkt auf die Lahn

entalisches Hamam. Auch bei den Beautyanwendungen haben wir die Qual der Wahl – am besten lassen wir uns einfach komplett von Kopf bis Fuß verwöhnen.

Bis heute können wir erkennen und hautnah fühlen, wie glorreich die Geschichte von Bad Kreuznach verlief, denn die Altstadt bietet uns einzigartige Fotomotive – die schönsten Bilder bieten die **Alte Nahebrücke**, die im 15. Jh. mit Häusern überbaut wurde, und die „Alte Neustadt". Der Begriff klingt etwas paradox., denn viele der Bauten stammen aus dem Mittelalter. Als **Klein Venedig** wird das ehemalige Gerberviertel bezeichnet, das sich am Zusammenfluss von Nah und Ellerbach befindet. Wo einst Wasser und Luft verunreinigt waren, empfangen uns heute zu Füßen der altehrwürdigen Kauzenburg mittelalterliche Häuser und zahlreiche Gaststätten.

Direkt am Ufer der Nahe liegt das **Doktor Faust Haus** aus dem Jahre 1507. Johann Georg Faust soll hier verweilt haben, während er sich einen Namen als Magier, Astrologe aber auch als Wunderheiler machte. Angeblich soll er Goethe als Vorbild gedient haben, als dieser die Faustwerke kreierte.

Los geht's an der Crucenia-Therme, bei der wir direkt Anschluss an den Nahe-Radweg haben. Wir folgen dem Verlauf nach links flussabwärts und werden von den präzisen Schildern auf die andere Uferseite geführt und dann auf besten Wegen durch Bretzenheim, Gensingen, Grolsheim, Dietersheim und Büdesheim nach Bingen geleitet.

Auf unserem Weg nach Bingen werden wir aufmerksam auf das „**Mahnmal Feld des Jammers**". Das weithin sichtbare Kreuz erinnert daran, dass es hier einst ein Kriegsgefangenenlager gab.

Auch Bretzenheim zählt zum Weinanbaubereich Nahetal – wir können das an den vielen Weinfeldern um uns herum erkennen, auf denen 17 Winzer ihre Reben pflegen. Überregional bekannt ist die **Eremitage** etwas außerhalb des Ortes. Eine heidnische Kultstätte wurde hier bereits zu vorchristlicher Zeit in den Fels geschlagen. Später wurde die faszinierende Anlage von den Römern, dann von den Christen und als Kloster genutzt - die Eremitage Bretzheim gilt damit als **einziges Felsenkloster nördlich der Alpen**!

48

Stimmt die Sage vom Mäuseturm?

Bingen liegt genau an der Stelle, wo sich die Nahe nach ihrer 120 Kilometer langen Reise in die Wogen des Rheins ergießt. Klar, dass eine solch strategisch günstige Lage alsbald für eine Besiedlung sorgte. Vermutlich stammt der Ortsname aus dem keltischen Wort Bingium, was soviel wie „Loch im Fels" bedeutet. Damit ist ein Bezug auf das **Binger Loch** gegeben, dass sich als Untiefe des Rheins direkt hinter dem berühmten Mäuseturm verbirgt. Damit wären wir schon bei der wichtigsten Sehenswürdigkeit der Stadt: Der **Binger Mäuseturm** steht auf der gleichnamigen Insel mitten im Rhein direkt gegenüber der Burg Ehrenfels. 25 Meter ragt der Turm in die Höhe und diente einst als Wach- und Wehrturm, aber auch als Zollturm.

Dass der Turm im 10. Jh. durch den gestrengen Erzbischof Hatto II. errichtet wurde, ist vermutlich nur eine Sage. Diese hat aber durchaus Unterhaltungswert und stimmt auch zur heutigen Zeit nachdenklich: In der Amtszeit von Hatto II. herrschte eine große Hungersnot, doch er verwehrte den Armen den Zugriff auf seine Kornkammern. Um ein Exempel zu statuieren, ließ er die bettelnden Menschen in eine Scheune sperren, die von seinen Gefolgsleuten angezündet wurde. Für Schreie der Totgeweihten hatte der Erzbischof nur den Spruch „Hört Ihr, wie die Kornmäuslein pfeifen?" übrig. Sofort strömten unzählige Mäuse der Region herbei – der Erzbischof flüchtete auf die Insel und wähnte sich in Sicherheit. Doch die Mäuse folgten ihm und fraßen ihn bei lebendigem Leibe. Heutzutage ist es deutlich ruhiger geworden in Bingen. Der Mäuseturm ist nach wie vor die schönste und wichtigste Sehenswürdigkeit, doch auch die **Basilika**, die Burg Klopp und die **Rochuskapelle** müssen wir uns angesehen haben. Der **Alte Krahn** direkt am Ufer zeugt davon, dass es hier einst florierenden Handel gab.

Auf den Besuchsplan gehört auf jeden Fall auch das **Historische Museum am Strom**, denn hier wird auch die Geschichte der **Hildegard von Bingen** erzählt. Sie revolutionierte mit naturheilkundlichen Maßnahmen die Medizingeschichte und stellte bis heute gültige Behandlungsmethoden auf.

Die Ingelheimer Burgkirche ist weithin sichtbar

Weiter geht's von Bingen, das wir auf dem Rhein-Radweg verlassen, um stets in Flussnähe durch Gaulsheim nach Ingelheim zu gelangen, das wir Richtung Autobahn auf der Hiwwel-Route erreichen. Am Ingelheimer Bahnhof steigen wir in den Zug und fahren in einer guten Viertelstunde wieder zurück nach Bad Kreuznach. Vom Bahnhof aus folgen wir den Schildern an den Brückenhäusern vorbei zurück zur Crucenia-Therme, wo unsere Radtour endet.

Nach entspannter Fahrt auf dem Rhein-Radweg erreichen wir Ingelheim, das auf eine Geschichte als Kaiserpfalz zurückblicken kann. Diese Geschichte ist nach wie vor sichtbar und greifbar, denn in der Innenstadt finden wir viele Reste des ehemaligen **Kaiserbaus**, der für Karl den Großen Ende des 8. Jhds. errichtet wurde. Dazu zählen der Nordtrakt, die **Pfalzkirche** und Teile der **Wehrmauer**. Hoch in den Himmel ragt die **Burgkirche**, die als eine der schönsten und am besten erhaltenden Wehrkirchen der Region gilt.

Bei unseren Radtouren an Rhein und Mosel entdecken wir große Plantagen, auf denen **Süß- und Sauerkirschen** angebaut werden. Die können wir entweder auf den verschiedenen Bauernhöfen bequem einkaufen oder zur rechten selberpflücken. Die regionalen Landwirte haben sich darauf verständigt, dass sie lediglich mit natürlichen Dünge- und Pflanzenstärkungsmitteln agieren und auf Pestizide verzichten. Das macht die Kirschen gleich noch viel leckerer. Nicht zuletzt deshalb ist Ingelheim der **größte Umschlagplatz für Kirschen in Europa** geworden.

Kartentipp:
ADFC-Regionalkarte Rheinhessen,
1:75.000, ISBN 978-3-96990-014-7, € 9,95
Digital für Smartphones und Tablets:
www.fahrrad-buecher-karten.de/rk-digital

49 Wein, Berg und Gesang

Von Bad Kreuznach über Waldböckelheim

Wellness-Touren Info

ca. 29 km ohne Abstecher. Regionale Radweg-Beschilderung sowie teils Beschilderung als Nahe-Radweg. Hügeliger Verlauf. Die Route führt meist über separate Radwege, einige Passagen auf losem Untergrund.

Start / Ziel: Crucenia-Thermen, Bad Kreuznach, www.kreuznacherstadtwerke.de/wellness-vor-der-haustuer/crucenia-thermen

Weitere Wellness-Einrichtungen entlang der Strecke: Bäderhaus und Wellness Paradise in Bad Kreuznach

Wir rollen über den Nahe-Radweg durch ein Meer von Weinreben – neben uns ragen die Berge teils steil in die Höhe. Auch am Wegesrand gibt es vieles zu erleben – wie z.B. im Salinenpark, dem größte Freiluft-Inhalatorium Europas.

Ideal, um wieder zu Kräften zu kommen, ist eine Einkehr in **Metzlers Culinarium**, das sich auch in der Therme befindet. Hier gibt es Gaumengenüsse für jeden Geschmack. Wer nach dem Radeln eher eine Wohltat für die Lungen braucht, besucht die **Crucenia Totes Meer Salzgrotte**. Die Luftfeuchtigkeit beträgt maximal 50% und die Temperatur 22 °C - so können 10 Gäste in normaler Straßenbekleidung 45 Minuten lang auf bequemen Liegen beste Luft atmen.

Los geht's an den Crucenia-Thermen, die wir nach links auf dem Nahe-Radweg flussaufwärts verlassen. Nach wenigen Minuten kommen wir am Salinental vorbei, dann rollen wir vorbei an Bad Münster am Stein-Ebernburg und Niederhausen nach Schloßböckelheim.

Auch „abseits von Thermen und Wellness" kann Bad Kreuznach auf eine lange Geschichte zurückblicken: Zunächst siedelten hier die Kelten, bevor es sich die Römer bequem machten. Und wie bequem sie es sich machten: Um das Jahr 243 herum entstand ein prunkvoller Palast, den es so nördlich der Alpen kein zweites Mal gab. Leider sind nur noch Reste vorhanden, die im **Museum „Römerhalle"** ausgestellt sind. Im Mittelalter entwickelte sich Bad Kreuznach zu einem Königs- und Reichshof in der Ära des Fränkischen Reiches.

Tipp: Ganz im Sinne des Wellness-Gedankens zieht uns der erste Weg in Bad Kreuznach hinaus ins Salinental. Hier stehen gleich sechs bis zu 9 m hohe **Gradierwerke**, die eine Gesamtlänge von 1.100 m bilden. Damit ist es das **größte Freiluft-Inhalatorium Europas**. Schon die Kelten haben hier aus den salzhaltigen Quellen das weiße Gold gewonnen. Das erste Gradierwerk wurde im Salinental übrigens 1732 errichtet, um Salz zu gewinnen.

Für seine Brückenhäuser ist Bad Kreuznach überregional bekannt

Bad Münster am Stein gehört noch zur Stadt Bad Kreuznach, kann aber auch auf eine eigene Tradition als **heilklimatischer Kurort und Mineralheilbad** zurückblicken. Noch heute strahlt das **Kurmittelhaus** Eleganz aus. Auch hier im Ort wird die im Boden vorkommende Sole schon lange genutzt. Heute wird sie nicht mehr mit Wasserrädern, sondern mit Pumpen zu den **Gradierwerken** gefördert, wo sie über Schwarzdornwände plätschert und heilende Lift verbreitet. Spektakulär scheint die Ruine der **Burg Rheingrafenstein** auf dem gleichnamigen Felsen über uns zu schweben. Auch der schroffe **Rotenfels** vermittelt Ehrfurcht und Faszination zugleich.

Schloßböckelheim liegt malerisch im teils tief eingeschnittenen Tal der Nahe, das hier mit unzähligen **Weinreben** übersät ist. Etwas außerhalb liegt der **Heimbergturm** auf dem 302 m hohen gleichnamigen Berg – ein Aufstieg verspricht muskulöse Waden und eine herrliche Fernsicht.

Weiter geht's in Schlossböckelheim, wo wir die Nahe und den Nahe-Radweg verlassen, um mit einer anstrengenden Steigung auf die Weinheimer Höhe nach Weinsheim zu kurbeln. Hier zweigen wir rechts ab auf den „Kleinbahn-Radrundweg" und radeln durch Rüdesheim/Nahe wieder zurück nach Bad Kreuznach. Hier peilen wir die Thermen an, wo unsere Rad-Runde endet.

Ein kleiner Umweg führt durch Waldböckelheim, einem hübschen **Weinort**. Sehr fotogen erhebt sich die oberhalb des Ortes stehende **Bergkirche** aus den umliegenden Weinbergen.

Kartentipp:
ADFC-Regionalkarte Pfalz Nord/Hunsrück/Nahe, 1:75.000, ISBN 978-3-87073-934-8, € 9,95
Digital für Smartphones und Tablets:
www.fahrrad-buecher-karten.de/rk-digital

50 Deutsch-Französische Freundschaft

Von Kleinblittersdorf über Bliesbruck

Wellness-Touren Info

ca. 33 km ohne Abstecher. Regionale Radweg-Beschilderung sowie teils als Saarland-Radweg sowie als Glan-Blies-Radweg. Mehrere Steigungen, die eine gewisse Grundkondition erfordern. Die Route führt meist über separate Radwege, einige Passagen auf losem Untergrund.

Start / Ziel: Saarland Therme, Kleinblittersdorf, www.saarland-therme.de

Bei dieser Tour sollten wir trotz Europäischer Union die Ausweise nicht vergessen, denn wir radeln beiderseits der Saar mal auf deutschem, mal auf französischem Boden. Auf den ersten rund 18 km haben wir dabei den ausgezeichneten Radweg unter den Pneus, bevor wir uns auf den etwas hügeligen Rückweg begeben, der uns durch kleine, französische Orte führt. Gegen Ende der Tour können wir je nach Lust und Laune einen Abstecher in die Innenstadt von Saargemünd unternehmen und erfahren, dass hier einst ein fragiles Handwerk betrieben wurde.

Der Besuch der „**Saarland-Therme**" wird zu einer exotischen Reise: Von der großen Pool-Landschaft blicken wir durch schmale, aber sehr hohe Fenster ins Freie, während originale marokkanische Holzsäulen und Mosaike in den Bädern für orientalisches Feeling sorgen. Auch die anderen Bereiche sind klar strukturiert und maurisch-andalusisch geprägt. Für hitzige Momente sorgt das Saunaparadies mit gleich neun verschiedenen Saunen. Rituale mit Eis, Früchten, Salz oder Honig ergänzen das schweißtreibende Angebot. Gekonnte Handgriffe sorgen bei den Massagen für die Regeneration,

In der Saarland Therme ...

... können wir bei außergwöhnlichen Events entspannen

die unsere Muskeln und Gelenke nach der anstrengenden Radtour brauchen. Natürlich fehlen auch Spezialitäten wie Arganöl oder eine Himalaya Hot Stone Massage nicht.

Das Wasser, in dem wir es uns gut gehen lassen, stammt aus einer **Solequelle** in Rilchingen. In allen Becken funkelt dieses **Thermalwasser** mit seiner heilenden Wirkung. Die Wirkung des Salzes wird auch im Sole-Inhalationsraum genutzt, in dem alle frei durchatmen können. Was für Menschen mit Atemwegsproblemen gut ist, kann für strapazierte Radler auch nicht schlecht sein.

Wenn wir die Saarland-Therme zur richtigen Zeit besuchen, können wir auch einem der tollen Events beiwohnen, die immer wieder hier angeboten werden. Bei den „**Orientalischen Nächten**" tauchen wir in einen Thermentraum aus tausendundeiner Nacht. In der **Nacht der Lichter** tauchen Kerzen die Thermenlandschaft in mystisches Licht, sobald die Dämmerung eingesetzt hat, und bei der **langen Saunanacht** gibt es nicht nur Spezialaufgüsse, sondern auch textilfreies Baden bis 2 Uhr nachts.

Los geht's an der Saarland-Therme, die wir über den Kreisel geradeaus und über die Querstraße hinweg in die Dr.-Kirbs-Straße verlassen. Am Kreisel links (In der Lach) und am nächsten Kreisel rechts. So gelangen wir ans Ufer der Blies, die wir überqueren, um hinter der Brücke links abzuzweigen. Hier haben wir Anschluss an den Saarland-Radweg, dem wir flussaufwärts folgen. So tangieren wir die Orte Blies-Guersviller, Blies-Schweyen sowie auf der anderen Seite der Blies Bliesmengen-Bolchen und erreichen auf dieser Seite bleibend über Habkirchen Bliesbruck.

Wir rollen durch das Gebiet, in dem das Flüsschen **Blies** in den Saar mündet – was an den zahlreichen Ortsnamen mit „Blies" deutlich wird. Die Blies entspringt einer Quellregion bei Nohfelden in Rheinland-Pfalz, wo auch die Nahe gleich nebenan ihre Reise antritt. Nach rund 100 km vermischen sich ihre Fluten mit denen der Saar – dabei führt sie so viel Wasser, dass sie als der größte Nebenfluss der Saar gilt. Das **Bliestal** hatte einst eine starke wirtschaftliche Bedeutung: Auf dem Wasser wurden Flöße nach Saarbrücken gebracht und am gesamten Flusslauf erinnern zahlreiche **Mühlen** oder deren Ruinen daran, dass Wasserkraft schon von unseren Vorfahren intensiv genutzt wurde. Zwar ganz ohne Abgase, aber doch mit nachhaltigen Eingriffen in die Natur, denn das Flussbett musste für die Mühlen stark verändert werden.

Um heutzutage die teils seltene Flora und Fauna rund um die Blies zu erhalten, wurde im Jahre 2009 das **UNESCO-Biosphärenreservat Bliesgau** gegründet. In diesem Zusammenhang werden befestigte Ufer wieder renaturiert und alte Pflanzen wieder angesiedelt.

50

Tipp: Es sind nur wenige Pedalumdrehungen an der Blies entlang: So gelangen wir in Reinheim zum **Europäischen Kulturpark**, einem Archäologiepark, der sich beiderseits der deutsch-französischen Grenze erstreckt. Auf dem weitläufigen Gelände sind u.a. eine alte Siedlung und ein **keltisches Fürstinnengrab** zu entdecken. Auch die Reste von **römischen Thermen** sind hier zu bewundern.

Die Region war immer stark bewehrt

Unser Saarland-Radweg wechselt immer wieder zwischen französischem und deutschem Ufer der Saar. So liegen Blies-Guersviller und Blies-Schweyen auf französischer, Bliesmengen-Bolchen und Habkirchen auf deutscher sowie Bliesbruck wieder auf französischer Seite. Schöne kleine **Kirchen** finden wir in jedem der Orte. In Habkirchen lohnt es sich nachzusehen, ob das **Zollmuseum** gerade geöffnet ist. Das Museum könnte kaum besser untergebracht sein, denn wir finden es im ehemaligen Zollhäuschen an der Fußgängerbrücke, die über die Saar ins französische Frauenberg führt. Die Exponate widmen sich dem Alltag der Zöllner die über viele Jahre hier ihren Dienst verrichteten.

Ein Ausflug auf die andere Uferseite lohnt sich, denn dazu nutzen wir die „**Freundschaftsbrücke**" und erreichen Frauenberg. Über dem Ort thront die Ruine des **Chateau de Frauenberg**. Die Burg wurde im 13. und 14. Jh. errichtet und leider weitgehend zerstört. Reste des Palas, des Turmes und der Wehrmauer sind noch erhalten. Der Aufstieg lohnt sich auch, um die kleine Kapelle dort oben zu besuchen und um die Aussicht über das Saartal zu genießen.

Weiter geht´s von Bliesbruck, das wir geradeaus über die Rue de Millery und dann rechts auf der Ligne de Sarreguemines à Bliesbruck verlassen, bevor es ordentlich bergauf nach Blies-Ébersing geht. Wir folgen der Velo visavis. Folpersviller, Neunkirch und Blies liegen auf unserem Weg zurück nach Sarreguemines und an die Saar. Hier queren wir den Fluss und folgen dem Ufer der Saar nach rechts, um mit der nächsten großen Autobrücke wieder die Seite zu wechseln. Links in die Rue Alexandre de Geiger erreichen wir die Blies und fahren auf demselben Weg zurück zur Saarland-Therme, auf dem wir herkamen.

Nachdem wir das Flusstal verlassen haben, kurbeln wir den Berg hinauf und erblicken rechts neben bzw. unter uns die Blies und Blies-Ébersing mit seiner schlanken **Kirche Saint-Hubert**.

Wie wär´s mit Urlaub auf dem Hausboot?

Ein kleiner Umweg führt in die Innenstadt von Sarreguemines, das auf Deutsch „Saargemünd" genannt wird. Der Ortsname ist rasch erklärt denn ganz in der Nähe mündet die Blies in die Saar und im altdeutschen sprach man hier früher von „Gemund". Die Paradeseite der Stadt ist das Saarufer, an dem sich das aufwändig gestaltete **Casino** erhebt. Auf der Außenterrasse lässt es sich bestens mit Blick auf´s Wasser einkehren. Auch den großen mit Säulen verzierten Justizpalast müssen wir uns ansehen.

Die prunkvolle **Villa Utzschneider** ist das sichtbare Zeugnis dafür, dass Sarreguemines einst international bekannt war für seine Keramikproduktion. Paul Utzschneider kaufte 1799 eine bereits 1790 gegründete Töpferei und baute ein Imperium auf. Schon wenige Jahre später wurden 7 Öfen betrieben, die 170 Arbeitern den Lebensunterhalt sicherten. Es entstand eine Arbeitersiedlung mit Gärten, die bis heute erhalten werden konnte. Für eine weitere Expansion arbeitete man später mit Villeroy und Boch zusammen, doch mit dem Zweiten Weltkrieg ging leider auch der Niedergang der Produktion einher.

Von dieser Geschichte, aber auch von den Anfängen der Industrie und deren Bedeutung für die Stadtgeschichte erzählt das **Keramikmuseum**, das in den Räumen der historischen **Bliesmühle** untergebracht ist.

Kartentipp:
ADFC-Regionalkarte Saarland,
1:75.000, ISBN 978-3-96990-010-9, € 9,95
Digital für Smartphones und Tablets:
www.fahrrad-buecher-karten.de/rk-digital

51 Gute Aussichten!

Von Kleinblittersdorf über Güdingen

Wellness-Touren Info

ca. 31 km ohne Abstecher. Regionale Radweg-Beschilderung sowie teils als Saar- bzw. als Saarland-Radweg und Velo visavis. Im letzten Drittel eine kräftige Steigung, die eine gewisse Grundkondition erfordert. Die Route führt meist über separate Radwege, einige Passagen auf losem Untergrund.

Start / Ziel: Saarland Therme, Kleinblittersdorf, www.saarland-therme.de

Nachdem wir auf französischer Seite rund 10 km am Ufer der Saar auf dem Saarland-Radweg zurückgelegt haben, zweigen wir ab auf deutschen Boden und haben eine kräftige Steigung zu meistern. Die Mühen lohnen sich, denn oben warten herrliche Aussichten und die Wintringer Kapelle.

Wer die perfekte Flucht aus dem Alltag und der Hektik sucht, bucht in der **Saarland Therme** das Angebot des **Privat-Spa**. Hier suchen wir als Paar eines der „Packages" aus, die getreu der äußeren Gestaltung „Marrakesch" oder Casablanca" heißen. Die individuellen Wellness-Anwendungen sind der ideale Auftakt für eine schöne Zeit zu zweit im Kerzenschein.

Los geht's an der Saarland Therme, die wir über den Kreisel geradeaus und über die Querstraße hinweg in die Dr.-Kirbs-Straße verlassen. Am Kreisel links (In der Lach) und am nächsten Kreisel rechts. So gelangen wir ans Ufer der Blies, die wir überqueren, um hinter der Brücke rechts abzuzweigen. Wir überqueren die Saar und haben hier Anschluss an den Saar- bzw. den Saarland-Radweg, dem wir nach rechts flussabwärts folgen. Nach rund 10 entspannten Kilometern wechseln wir wieder das Ufer und gelangen nach Güdingen.

Im ersten Teil der Tour radeln wir auf dem Saar- bzw. auf dem Saarland-Radweg. Während der erstgenannte dem Verlaufe des Flusses bis zu seiner Mündung in die Mosel folgt, ist der 350 km lange **Saarland-Radweg** etwas ganz Besonderes: Auf ehemaligen Bahntrassen, auf Treidelpfaden, aber auch auf teils bergigen Radwegen verläuft die Rad-Runde teils auch in Frankreich und Luxemburg.

In Güdingen widmen wir uns zunächst der Staustufe an der Saar. Das **Schleusenwärterhäuschen** steht samt der Schleuse und dem Wehr unter Denkmalschutz.

Das Saarland hält für uns Radler einige Anstiege bereit

Ansehen müssen wir uns auch die **evangelische Kirche** mit dem strahlend weiß getünchten Saal und separatem Glockenturm. An der Stelle der heutigen Kirche gab es schon um 800 ein erstes Gotteshaus.

Weiter geht's von Güdingen, das wir auf dem Velo visavis über die Bühler, rechts Ferchinger und erneut rechts Theodor-Heuss-Straße verlassen. Wir halten uns rechts und kreuzen zweimal die A6, dann geht es erst leicht, dann kräftig bergauf. In Eschringen folgen wir weiter dem Velo visavis und zweigen rechts Richtung Bliesransbach ab, biegen dann aber rechts auf den Dragonerweg ab, der uns unterhalb der Wintringer Kapelle entlang und dann als Wehrholzer Weg hinunter nach Auersmacher führt. An der nächsten T-Kreuzung biegen wir rechts ab, links Saarlandstraße, rechts Ruppertstraße, schräg rechts, links, links und wir fahren immer geradeaus direkt zurück zu unserer Saarland-Therme.

Die Mühen des teils anstrengenden Aufstiegs haben sich gelohnt: Vom Dragonerweg bieten sich herrliche **Aussichten** über die Landschaft.

Tipp: Nicht weit von unserem Weg entfernt liegt die **Wintringer Kapelle**, die im 15. Jh. zu einer Wallfahrtskapelle ausgebaut wurde. Sie liegt auf dem Jakobsweg und gehörte daher für die Pilger stets als offizielle Station zu ihrem weiten Weg.

Rund um die Wintringer Kapelle kommt man auf historische Vorbilder zurück: Schon die Römer nutzten die Region, um Weinreben anzubauen. Auf dem **Wintringer Hof** wird nach Bioland-Richtlinien Landwirtschaft auf ökologischer Basis betrieben. Der Hof gehört der **Lebenshilfe Obere Saar e.V.**, die vor allem Menschen mit Behinderung und deren Angehörige unterstützt. Neben dem Ackerbau wird auch Viehzucht betrieben. Auf den Weiden entdecken wir auch Glanrinder, die schon fast ausgestorben waren.

Kartentipp:
ADFC-Regionalkarte Saarland,
1:75.000, ISBN 978-3-96990-010-9, € 9,95
Digital für Smartphones und Tablets:
www.fahrrad-buecher-karten.de/rk-digital

52 Anstrengend, aber sehr unterhaltsam: Der Burgen-Radweg

Von Sinsheim über Bad Rappenau

Wellness-Touren Info

ca. 49 km ohne Abstecher. Regionale Radweg-Beschilderung sowie teils Beschilderung als Radweg Burgenstraße. Mehrere Steigungen, die eine gewisse Grundkondition erfordern. Die Route führt meist über separate Radwege, einige Passagen auf losem Untergrund.

Start / Ziel: Thermen & Badewelt Sinsheim, www.badewelt-sinsheim.de

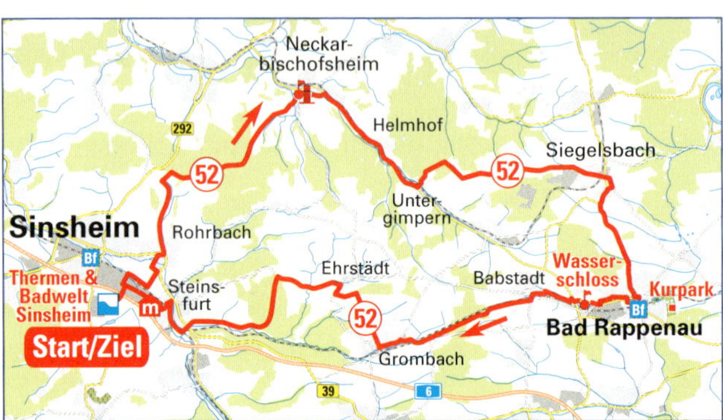

Das Streckenprofil verrät es: Wenn wir im wunderschönen Kraichgau radeln, kommen wir nicht ohne Steigungen durch den Tag. Mit ein paar Schiebe-Einlagen oder mit E-Bike sind die rund 49 km aber auch für weniger Trainierte durchaus zu meistern. Es warten herrliche Aussichten, uralte Burgen und die traditionsgeladene Kurstadt Bad Rappenau, die uns nicht nur mit einem herrlichen Wasserschloss, sondern auch mit guter Luft am Gradierwerk verwöhnt. Am Ende der Radtour wartet eine Thermen- und Badewelt, die uns von der ersten Minute an begeistert.

Einfach wunderbar, hier in der Karibik! Diese oder ähnliche Gedanken fliegen uns sofort zu, wenn wir die „**Thermen & Badewelt Sinsheim**" besuchen, denn allein der Strand mit Sand, 34°C warmem, türkisfarbenem Wasser, Lagune, Bar, und 400 Südsee-Palmen lässt karibische Gefühle aufkommen. Im Sommer kommt das „Cabrio-Dach" zum Einsatz – Innen- und Außenpools werden dann zu einem einzigen Badeparadies. Da wundert es uns nicht, dass die Thermen & Badewelt in vielen unterschiedlichen Prämierungen abräumte, z.B. die Auszeichnung als „Beste Therme" oder die „Goldene Pinie Tropen- und Erlebnisbäder".

Schmuckes Entrée in der Thermen- und Badewelt

Komplett neue Wege beschreitet die Anlage mit der virtuellen Welt von „**Bluphoria**". Realität und Fantasie verschmelzen, wenn wir uns der einzigartigen Vereinigung aus digitalem und sinnlichem Erleben hingeben – einfach herrlich!

Ein Ausflug in die Geschichte bietet Neckarbischofsheim

Doch auch die Vitaltherme und die **Saunawelt** sind keinesfalls „alltäglich“: elf völlig unterschiedlich gestaltete Saunen widmen sich verschiedenen Themen. Und so schwitzen wir in z.B. Weinfass-Saunen, im Holzstadl, im Hünenring, im Wiener Kaffeehaus, in der Kino-Sauna oder auf dem Saunaboot. Die **Koi-Sauna** im japanischen Stil ist dabei das Highlight: Vor unseren Augen schwimmen Koi-Fische, darüber wird der Blick frei auf die umliegende Landschaft. Und das alles auf einer Fläche von 166,6 qm – das ist Weltrekord!

Los geht's an der Thermen & Badewelt Sinsheim, die wir an den vielen Parkplätzen vorbei auf der anderen Seite der Dietmar-Hopp-Straße auf dem separaten Fuß- und Fahrradweg nach rechts und über die A6 hinweg verlassen. Hinter der A6 rechts parallel zur Neulandstraße und links in den Schwimmbadweg, wir folgen dem Weg rechts über die Schienen, dann rechts in den Weg. Am Ende des Museumsgeländes, also noch vor der Bahnhaltestelle links – so treffen wir auf die „Burgenstraße“. Dann am Querweg „Im Tal“ links, nächster Weg rechts, später an der Heilbronner Straße links, direkt in der Linkskurve geradeaus in die Bruchstraße, auf der wir durch Rohrbach radeln. Den Schildern der Burgenstraße folgend meistern wir die erste, sehr kräftige Steigung und gelangen hinunter nach Neckarbischofsheim.

Wir rollen über die unendlich groß erscheinenden Parkplätze, die nicht nur zu unserer Wellness-Destination, sondern zum Stadion der TSG Hoffenheim gehören, an dem wir vorbeiradeln.

Überregional bekannt ist das **Technik-Museum Sinsheim**, an dem wir direkt entlangradeln. Weithin sichtbar sind die als Originale ausgestellten Flugzeuge Concorde und Tupolew, doch auf dem Gelände gibt es noch zahlreiche weitere Fluggeräte zu entdecken, die teilweise auch begehbar sind. Auch 300 Oldtimer, darunter wertvolle Stücke von Mercedes, Corvette und Maybach, werden

52

Die Concorde sollte einst das Fliegen revolutionieren

ausgestellt. 40 Renn- und Sportwagen, 200 Motorräder, 27 Lokomotiven, 150 Traktoren, Militärfahrzeuge, aber auch eine komplett erhaltene Dampfmaschine lassen uns in der Vergangenheit schwelgen und die Gegenwart im Nu verfliegen.

Tipp: Etwas links von uns liegt die Innenstadt von Sinsheim, die von tollen Fachwerkhäusern geprägt wird. Das **Alte Rathaus**, Haus Stammer, das Gerberhaus oder das Haus **Zum Schwarzen Bären** sind nur einige der prachtvollen Gebäude. Als Wahrzeichen gilt allerdings der **Stiftsturm**. Er wurde im Jahre 1524 auf dem Michelsberg errichtet, wo auch das Stift Sinsheim steht.

Schon von weitem sichtbar ist der sogenannte **Hohe Turm** von Neckarbischofsheim, der einst zur Stadtbefestigung gehörte, die sich einst schützend um die Stadt legte. Der fünfeckige Turm hat übrigens zwei Gesichter: Von der Bergseite sehen wir ausschließloch Bruchsteine, zur Stadt hin entdecken wir Bereiche mit Fachwerk.

Ebenfalls aus dem Mittelalter stammt das **Alte Schloss**, das seinerzeit noch eine Burg war und sich heute malerisch im Teich spiegelt. Größter, aber etwas unspektakulärer gestaltet sich das Neue Schloss, während sich das **Alexanderschloss** farbenfroh gibt und Platz für das Rathaus bietet.

Weiter geht´s von Neckarbischofsheim den Schildern der Burgenstraße folgend durch Helmhof, Untergimpern und mit einer weiteren Steigung durch Wagenbach nach Siegelsbach. Hier verlassen wir die Burgenstraße und fahren von der Bahnhofstraße geradeaus in die Lindengasse, rechts Alte Heidelberger Straße, rechts Staugasse und dann auf der Hauptstraße nach links weiter. Auf leicht abschüssiger Strecke erreichen wir Bad Rappenau. Auf hügeliger Strecke kurbeln wir via Babstad (nach wenigen Kilometern treffen wir wieder auf die Burgenstraße), Grombach, rechts Ehrstädt und Steinsfurt zurück zum Technikmuseum von Sinsheim. Ab hier folgen wir den Schildern zurück zum Stadion bzw. zur Thermen- und Badewelt Sinsheim, wo unsere Rad-Runde endet.

In Siegelsbach widmen wir uns dem schönen Ensemble aus dem ehemaligen katholischen **Fachwerk-Schulhaus** und der Kirche im Hintergrund, bevor wir uns auf die Suche nach Schloss Siegelsbach begeben, das sich mitten im Ort befindet.

Die Herren von Gemmingen gönnten sich ein hübsches Wasserschloss

Schon die Römer hinterließen ihre Spuren rund um das heutige Bad Rappenau. Später prägten die Herren von Gemmingen die Geschichte der Stadt – sichtbar wurde dies am **Wasserschloss**, das 1603 an dem Ort erbaut wurde, wo zuvor schon ein Schloss stand. Die Anlage spiegelt sich auf drei Seiten im Wasser und gibt mit den Ecktürmen ein herrliches Fotomotiv ab. Von hier ist es nicht weit bis zur **Stadtkirche**, die direkt neben dem Neuen Rathaus steht, das mit seinen Rundungen gefällt. Direkt vor dem **Rathaus** erstreckt sich der Marktplatz mit dem kugeligen **Marktbrunnen** – von hier erkunden wir die weiteren historischen Gebäude der Stadt, wie das ehemalige Schulhaus oder den fachwerkgeschmückten Dominikanerhof.

Die Verleihung des Titels „Bad" hat Bad Rappenau dem Salz zu verdanken: Georg Christian Heinrich Rosentritt ließ im Jahre 1822 tief bohren und stieß 175 m tief auf eine große Salzkammer. Es war die Begründung der **Rappenauer Saline**, die der Stadt allerdings keine Einnahmen brachte, da sie dem Staat gehörte. 1834 war es aber dann Großherzogin Sophie von Baden, die ihren Namen gab für die Gründung des Sophienbades. Nachdem ein Salinen-Solbad und ein Dampfbad etabliert waren, strömten auch die Gäste nach Bad Rappenau – und mit ihnen das Geld.

Es gehört also zum Pflichtprogramm, das wir uns auch die Kureinrichtungen ansehen. Über das Antlitz des Kurmittelhauses werden sich die Geister scheiden, doch das neue, moderne Kurhaus, das **Salinenamtsgebäude**, das Pumpenhäuschen, das Tretrad (auch „Salinenkuh" genannt) und der weitläufige **Kurpark** mit See sorgen rasch für Begeisterung. Zum Abschluss des Stadtbesuchs setzen wir uns auf eine der Bänke vor dem **Gradierwerk**, lassen die salzhaltige Luft in unsere Lungen strömen und sorgen so für die nötige Energie für die Weiterfahrt.

Kartentipp:
ADFC-Regionalkarte Heilbronner Land/Stuttgart Nord, 1:75.000, ISBN 978-3-87073-969-0, € 9,95
Digital für Smartphones und Tablets:
www.fahrrad-buecher-karten.de/rk-digital

53 Tour de Murg und Bäderviertel

Von Baden-Baden über Rastatt

Wellness-Touren Info

ca. 37 km ohne Abstecher, regionale Radweg-Beschilderung sowie teils Beschilderung als Tour de Murg. Eine merkliche, aber nicht allzu schwere, 3 km lange Steigung am Ende der Tour. Die Route führt meist über separate Radwege, einige Passagen auf losem Untergrund.

Start / Ziel: Caracalla Therme, Baden-Baden, www.carasana.de

Weitere Wellness-Einrichtungen entlang der Strecke: Friedrichsbad – das Römisch-Irische Bad in Baden-Baden

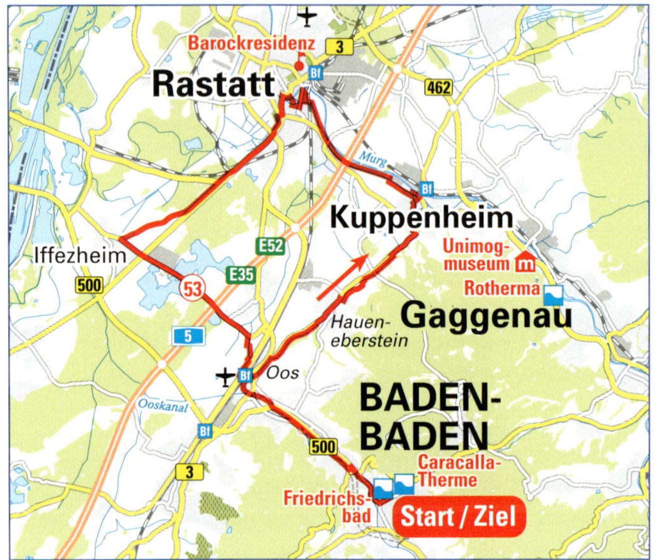

Kaum zu glauben, aber mitten in der herrlichen Altstadt von Baden-Baden finden wir auf rund 4.000 qm mit der „**Caracalla Therme**" eine Thermal-Landschaft, die uns Wellness vom Allerfeinsten präsentiert: Die verschiedenen Innen- und Außenbecken bieten uns heilendes Thermalwasser, während Sole-Inhalationsraum und Aromadampfbad für eine freie Nase sorgen. Richtig heiß wird es in der weitläufigen Saunalandschaft mit ihren außergewöhnlichen Ruheräumen. Das **CaraVitalis** konzentriert sich auf Wellness & Beauty. Neben dieser „Lounge" in der Therme gibt es auch im benachbarten **Friedrichsbad** Wellness-Räume. 17 Wohlfühl-Stationen sorgen hier für totale Entspannung. Das Highlight des Friedrichsbades ist aber ohne Frage der **Badetempel**, der auf eine mehr als 140-jährige Badetradition zurückblicken kann. Noch älter wird es unter dem Bad, denn hier können wir hautnah erleben wie die Römer vor 2.000 Jahren das Baden erfanden. Die **Caracalla-Therme** wurde übrigens Mitte der 1980er Jahre neben dem historischen Friedrichsbad erbaut – das Wasser stammt aus der Thermalquelle des Friedrichsstollens.

Es gibt wohl kaum eine andere Kurstadt in Deutschland, die so bekannt und sogleich so mondän ist, wie Baden-Baden. Schon die Römer kamen hierher und pflegten die Badekultur. Inzwischen gibt sich der Jet-Set in den schicken Hotels die Klinke in die Hand. Doch auch „Normalos" sind gerne gesehen in der Stadt, die uns mit historischen Fassaden, einer langen Shopping-Meile und hervorragenden Einkehrmöglichkeiten empfängt. Und mittendrin stehen sie: Die Caracalla Therme und direkt nebenan das Friedrichsbad. Steinerne und dennoch topmoderne Zeugen einer jahrhundertealten Tradition.

Baden mit Tradition

Los geht's an der Caracalla Therme, die wir über den Paracelsusweg verlassen, geradeaus weiterfahren, um dann rechts der Baumallee (Sophienstraße) zu folgen. Am nachfolgenden Leopoldsplatz halten wir uns rechts und verlassen die Innenstadt auf der Luisenstraße/Lange Straße. Mit ihr gesellen wir uns ans Ufer des Flusses Oos, dem wir nun einige Zeit folgen – oft meist auch die mehrspurige Straße direkt neben uns. Nach einiger Zeit erreichen wir den Bahnhof Baden-Baden in Oos, vor dem wir uns rechts halten (Ooser Luisenstraße) und via Haueneberstein nach Kuppenheim und dann links auf dem Radweg Tour de Murg an der Murg entlang nach Rastatt radeln.

Kilometerlang ist der Park an der Lichtentaler Allee

Das Flüsschen **Oos** entdecken wir inmitten der Kurstadt Baden-Baden. Das „hell leuchtende Wasser" – Ausawa – so nannten die Kelten den Fluss, der sich durch die kilometerlangen Parkanlagen der Lichtentaler Allee zieht. Auch auf unserer Radtour wird er uns ein treuer Begleiter sein.

Gar nicht weit entfernt von unserer Route liegt der sogenannte **Ooswinkel**. An der Schwarzwaldstraße wurde zwischen den Hausnummern 1 und 41 Anfang des 20. Jhds. eine Siedlung angelegt. Im Stile einer Gartenstadt sollte sie zu einem „Heim in gesunder Umgebung" für die Arbeiter aus Baden-Baden werden. Und so entstand zur Kapellmattstraße hin eine Mischung aus Wohnanlagen und großen Gärten, die mit diversen Wegen durchzogen werden.

53

Erst Jagdschloss, dann Residenz des Markgrafen von Baden-Baden

Tipp: Wenn wir der „**Tour de Murg**" ein Stück in die andere Richtung folgen, passieren wir zunächst Gaggenau, wo es seit vielen Jahren eine große Produktionsstätte von Mercedes gibt. Etwas außerhalb von Gaggenau finden wir das **Unimog-Museum** und die „**Rotherma**". Dieses Thermalbad mit Saunapark bietet ausgefallene Wellness-Angebote wie Pantai Lunar eine Kräutertempelmassage, Lomi Lomi oder eine Hawaiianische Ölmassage.

Noch ein Stück weiter an der Murg entlang erreichen wir Gernsbach mit seiner wunderschönen Altstadt. Tolle **Fachwerkfassaden**, Teile der Stadtmauer, der Storchenturm, das Alte Rathaus und eine mittelalterliche Kulisse am Flussufer machen den Abstecher sehr lohnenswert.

Der Radweg an der **Murg** ist nicht nur herrlich in beide Richtungen zu fahren, sondern als Flussradweg deutlich weniger frequentiert, so dass wir hier ganz entspannt rollen können.

Rastatt empfängt uns mit einem **barocken Stadtkern**, der vom **Residenzschloss** der Markgrafen von Baden-Baden dominiert wird. Es liegt eingebettet in eine **Gartenanlage**, was ein Indiz darauf ist, dass sich Markgraf Ludwig Wilhelm I. von Baden hier einst ein Jagdschloss errichten ließ, das später zum Residenzschloss erweitert wurde. Schnell erkennen wir, warum das Ensemble gerne als Badisches Versailles bezeichnet wird. Ansehen müssen wir uns in Rastatt noch das wehrgeschichtliche Museum und das höher gelegene ehemalige Teehaus der Markgrafen, **Pagodenburg** genannt. Gleich in der Nähe steht der alte 47 m hohe **Wasserturm**, der bis 1990 für eine stabile Wasserversorgung der Stadt diente. Zu seinen Füßen liegt die Fußgängerzone mit dem sehenswerten **Historischen Rathaus** am Marktplatz. Gar nicht weit entfernt stehen die Stadtkirche St. Alexander und der **Alexisbrunnen**.

Weiter geht´s von Rastatt, das wir am Stadtpark vorbei entlang der Kehler Straße verlassen, um in Iffezheim links auf die Hauptstraße abzubiegen. Geradeaus auf die Badener Straße und zwischen Kiesteichen her erreichen wir wieder den Bahnhof von Oos. Ab hier folgen wir einfach derselben Strecke wieder zurück zur Caracalla Therme, auf der wir herkamen.

Iffezheim wird mehrmals im Jahr zum Treffpunkt der Reichen und Schönen: Sehen und gesehen werden, dazu erstklassiger Pferdesport – das sind die Galopprennen von Iffezheim. Während es sich viele der Prominenten danach in Baden-Baden gut gehen lassen, freuen wir uns darüber, dass der Ortskern von Iffezheim eher weniger bekannt ist. So haben wir reichlich Platz, um das farbenfrohe **Rathaus** und die Pfarrkirche St. Britta zu bewundern.

Abends ins Theater...

Baden-Baden ist einfach klasse: Eine lange Fußgängerzone lädt zum Shoppen und zahlreiche Restaurants laden zur gemütlichen Einkehr ein. Kurgäste flanieren durch die Straßen und den endlos scheinenden Park an der **Lichtentaler Allee**. Hier gibt es das **Kurhaus** und die Trinkhalle zu sehen, reichlich Platz zum Sonnen, Skulpturen ansehen und außer zarten Rosen ragen hier einige der mächtigsten **Mammutbäume** in den Himmel.

Schon die Römer nutzten unter Kaiser Caracalla die Heilquellen bereits von den Römern und legten eine Siedlung an, die wegen der Burg namens Hohenbaden „Baden" getauft wurde. Nachdem die Markgrafschaft zum Großherzogtum wurde, benannte man das ganze Bundesland mit dem Namen.

Und auch in der Folge schien die Stadt unter einem guten Stern zu stehen, denn der Zweite Weltkrieg hinterließ kaum größere Spuren. Aus diesem Grunde präsentiert sich die Innenstadt wie aus einem Guss: Das Flair der Kurarchitektur aus der Zeit vom 19. / 20 Jh. zieht uns rasch in seinen Bann. Highlights sind dabei das **Palais Hamilton**, das Festspielhaus, das Theater oder die vielen historischen Fassaden an der Flaniermeile. Wer sich die Pracht einmal von oben ansehen mag, fährt mit der **Merkurbahn** auf den Merkur, der allerdings nicht im All, sondern auf 669 m Höhe liegt. Vom Aussichtsturm schweift der Blick weit über den Schwarzwald und das Rheintal.

...und zuvor ins Kurhaus von Baden-Baden

Kartentipp:

ADFC-Regionalkarte Elsass/Oberrhein Nord,
1:75.000, ISBN 978-3-87073-898-3, € 9,95
Digital für Smartphones und Tablets:
www.fahrrad-buecher-karten.de/rk-digital

54 Über den Kraterrand

Von Aalen nach Nördlingen

Wellness-Touren Info

ca. 48 km plus 3 km vom Bahnhof zurück zur Therme, ohne Abstecher. Regionale Radweg-Beschilderung sowie teils als Kocher-Jagst-Radweg sowie als Schwäbische-Alb-Weg. Eine kräftige Steigung im ersten Drittel, dann keine größeren Steigungen mehr. Die Route führt meist über separate Radwege, einige Passagen auf losem Untergrund.

Start: Limes-Thermen in Aalen, www.limes-thermen.de

Ziel: Nördlingen, Bahnhof

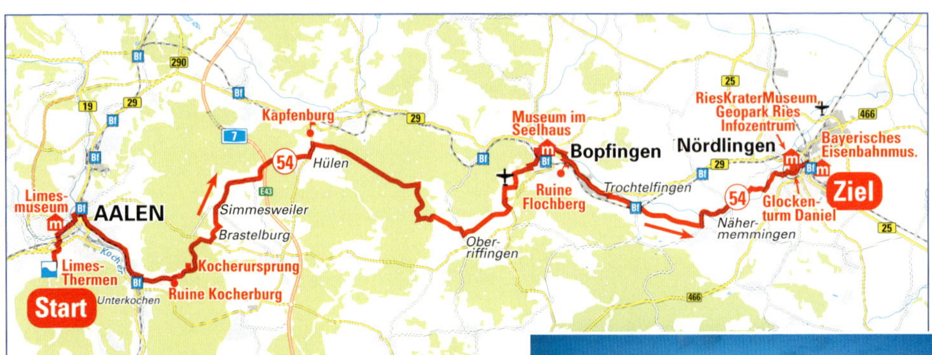

Der Name der Tour verrät es bereits: Wir rollen dort hin, wo vor sehr langer Zeit ein Meteorit einschlug und einen riesigen Krater formte. Die Route führt uns genau über den Kraterrand, was für eine kräftige Steigung im ersten Streckendrittel sorgt. Danach rollen wir auf besten, leicht hügeligen Wegen, ehe es in entspannter Fahrt hinunter zu einer einzigartigen Stadt geht.

Aus 650 Metern Tiefe wird es an die Erdoberfläche befördert, nachdem es rund 14.000 Jahre im Innern der Erde schlummerte: Das Heilwasser der „**Limes-Thermen**" von Aalen. Es enthält Fluoride, Calcium, Natriumsulfat und weitere chemische Elemente, die bei Erkrankungen von Herz und Kreislauf, von Rücken, Muskeln und Gelenken zur Linderung der Leiden sorgen. Beim Besuch der Thermen können wir wählen: 34°C warmes Wasser im Weißen oder im Blauen Pavillon, 37° warmes Wasser im Grottenbecken, 35 °C im Außenbecken oder 18 °C im Kaltbecken – eine Wohltat ist es immer für uns.

Wellness wie einst bei den Römern…

…erleben wir in der Limes-Therme

Nachdem wir unsere Körper so schön vorbereitet haben, geht es in eine der schweißtreibenden Saunen, wobei die **Panorama-Sauna** ihrem Namen alle Ehre macht: Wir blicken aus großen Fenstern über die Innenstadt von Aalen und unsere Nasen werden von verschiedenen Düften umschmeichelt.

Auch das **Wellness-Angebot** der Limes-Thermen verspricht Außergewöhnliches: Bei den Ganzkörperanwendungen können wir z.B. wählen zwischen Kräutern, Joghurt-Creme, Algen, Naturmoor, Kokosmasse oder anderen Essenzen. Schon vor über 5.000 Jahren wussten die Menschen in Mesopotamien und China über die tolle Wirkung von Massagen. Dieses Brauchtum können wir auch hier genießen, wenn wir mit Hot Stone, Bürsten, Stempeln oder einfach mit wissenden Händen behandelt werden.

Schöne Motive bietet die Aalener Innenstadt

Los geht's an den Limes-Thermen, die wir über die Osterbucher Steige hinunter zur Stadtmitte verlassen. Vor der B29 rechts, dann links unter der B29 her. Wir biegen rechts in die Obere Bahnstraße und verlassen diese direkt wieder nach links, um die Bahnschienen wie auch eine weitere breite Straße durch einen Tunnel zu unterqueren. Danach ein Stück geradeaus, an der querenden Gartenstraße rechts und dann in die Innenstadt. Hier rollen wir zum Bahnhof und kreuzen rechts neben dem Bahnhofsgebäude die Schienen, um direkt dahinter nach einem Linksbogen rechts auf die Hirschbachstraße abzubiegen. Nun haben wir den Kocher-Jagst-Radweg erreicht, der uns zunächst parallel der Bahn, dann links hinaus aus der Stadt führt. Mit einer starken Steigung kurbeln wir hinter Unterkochen an der Kocherburg vorbei nach oben. Bei Brastelburg ist der Berg geschafft, dann rollen wir auf hügeliger Strecke den Schildern des Kocher-Jagst-Radwegs folgend via Simmisweiler, Hülen und ab hier rechts auf dem Schwäbische-Alb-Radweg über Oberriffingen mit rasanter Abfahrt hinunter nach Bopfingen.

Die Innenstadt von Aalen findet ihr Zentrum am **Marktbrunnen**. Hier entdecken wir das **Historische Rathaus**, in dem das „**Urweltmuseum Aalen**" untergebracht ist. Gekrönt wird es vom filigran gearbeiteten „**Spionturm**". An der anderen Ecke des Marktplatzes finden wir

54

Die Kapfenburg liegt schweißtreibende 130 m über dem Ort

das Alte Rathaus und in den umliegenden Straßen weitere Sehenswürdigkeiten wie die **Stadtkirche St. Nikolaus** oder das **Bürgerspital** mit feinstem Fachwerk.

Aalen war schon zur Mittelsteinzeit besiedelt. Später kamen die Kelten und bauten eine Viereckschanze, gefolgt von den Römern die ein Kastell anlegten. Schließlich lag die Stadt am Obergermanisch-Raetischen Limes, der 2005 von der UNESCO als Weltkulturerbe eingestuft wurde. Über 550 km zog sich der Limes an der Nordgrenze des römischen Reiches entlang, um es vor Eindringlingen zu schützen. Mehr davon erzählt uns das Aalener **Limesmuseum**.

Am Wegesrand liegen die Ruine der **Kocherburg** oben auf einem Felssporn und der **Kocherursprung**, an dem einer der Quellflüsse des Kochers beginnt, der später in den Neckar mündet. Genau genommen ist es nicht nur eine Quelle, sondern gleich mehrere Stellen, an denen Wasser aus dem Karstboden quillt. Da das Wasser oftmals stark schäumt, wurde hier auch vom „Weißen Kocher" gesprochen.

Eine starke Steigung signalisiert uns sehr deutlich, dass wir uns auf dem Weg zum Kraterrand befinden. Lange konnte man die 348 qkm große, kreisrunde Vertiefung nicht erklären. Erst seit 1960 ist klar, dass hier vor etwa 16,6 Millionen Jahren ein Meteorit niederging, der einen Durchmesser von 1,5 km hatte. Seinerzeit wurde alles im Umkreis von 100 km komplett zerstört. Was bis heute blieb, ist der riesige Krater, der als „**Nördlinger Ries**" bezeichnet wird.

Tipp: Ein kleiner Umweg führt von Hülen weiter geradeaus nach Lauchheim – schon von weitem sehen wir die 130 m über dem Ort thronende **Kapfenburg**. Doch auch ohne die Mühen des Aufstiegs zur Burg lohnt sich der Abstecher, denn wir finden hier die wuchtige **Pfarrkirche St. Petrus und Pauls**, Reste der ehemaligen Stadtbefestigung, wie z.B. das Obere Tor oder einen Turm mit spitzer Haube. Ganz in der Nähe wurde ein Alemannisches Gräberfeld gefunden, dessen Stücke aber in anderen Museen gezeigt werden.

Bopfingen empfängt uns mit einem wundervollen Ortsbild rund um den Marktplatz. Dazu zählen auch das **Rathaus** und die **Stadtkirche St. Blasius**. Museumsfreunde besuchen die Historische Kräuterkammer, das Museum zur Geschichte der Juden oder das Museum im Seelhaus. Mit deutlich mehr Kletterarbeit verbunden sind Besuche der Ruine Flochberg, der **Wallfahrtskirche Unser Lieben Frau vom Roggenacker** oder von Schloss Baldern.

Nördlingen ist eine Reise in die Vergangenheit

Weiter geht´s von Bopfingen, das wir entlang der Neuen Nördlinger Straße verlassen. Die Schilder des Schwäbische-Alb-Radwegs bzw. des Ries-Radwegenetzes geleiten uns auf fast ebener Strecke vorbei an Trochtelfingen und Nähermemmingen nach Nördlingen. Hier peilen wir den Bahnhof an, steigen in den Zug und lassen uns in rund 1 ¼ Stunden wieder zurück nach Aalen bringen. Vom Hauptbahnhof Aalen aus sind es dann nochmals rund 3 km mit einer letzten Steigung zurück zu den Limesthermen.

Die **Trochtelfinger Heimatstube** zeigt uns Exponate aus dem regionalen Umfeld. Toll anzusehen sind die vielen **Fachwerkhäuser**, das weiße Rathaus und der rustikal wirkende Hohe Turm in der Stadtmitte.

In Nördlingen wartet ein spektakuläres Finale auf uns: Als erstes erreichen wir die kreisrunde Stadtmauer, deren Wehrgang auf der gesamten Länge von 2,6 km begehbar ist und als **besterhaltene Stadtmauer Deutschlands** gilt. Das Bollwerk mit 11 Türmen, zwei Bastionen und fünf Toren steht hier bereits seit 1327. Kaum haben wir die Mauer hinter uns gelassen, erreichen wir lebendiges Mittelalter. Rund um den Marktplatz gesellen sich prachtvolle Häuser und die **St.-Georgs-Kirche** mit ihrem markanten Glockenturm, der hier nur „**Daniel**" genannt wird. Nachdem wir uns den besonders herausragenden Gebäuden wie Klösterle, Wintersches Haus, **Fürstenherberge**, Rathaus, **Brot- und Tanzhaus** oder Gerberhaus gewidmet haben, besuchen wir das **Geopark Ries Infozentrum**, um uns über die „Ries-Katastrophe" zu informieren, die einst für nachhaltige Veränderungen der Region sorgte. Auch das **Stadtmuseum**, das Bayerische Eisenbahnmuseum und das Museum „My little Guitarworld" mit mehr als 100 Gitarren und anderen Instrumenten sind einen Besuch wert.

Kartentipp:
ADFC-Regionalkarte Kocher-Jagst/Hohenlohe/Schwäb. Hall,
1:60.000, ISBN 978-3-87073-900-3, € 8,95;
ADFC-Regionalkarte Donau-Ries,
1:50.000, ISBN 978-3-96990-113-7, € 9,95
Digital für Smartphones und Tablets:
www.fahrrad-buecher-karten.de/rk-digital

55 Mit flotter Fahrt in die Hauptstadt des Breisgaus

Von Titisee nach Freiburg

Wellness-Touren Info

ca. 37 km ohne Abstecher, regionale Radweg-Beschilderung sowie teils Beschilderung als (Süd-) Schwarzwald-, Dreisam-Radweg bzw. Grüne Straße. Auf den ersten 13 km ansteigend, dann ausschließlich Gefälle. Die Route führt meist über separate Radwege, einige Passagen auf losem Untergrund.

Start: Badeparadies Schwarzwald, Titisee-Neustadt, www.badeparadies-schwarzwald.de

Ziel: Freiburg, Bahnhof

Wir entspannen in der Lagune…

…während die Kinder im Badeparadies toben

Nachdem wir auf den ersten dreizehn Kilometern einige kleinere Steigungen gemeistert haben, rollen wir entspannt durch das „Höllental" hinunter ans Ufer der Dreisam. Fast durchgängig steht uns ein beschilderter Radweg zur Verfügung, der uns am Ende zielsicher nach Freiburg geleitet. Auf unserem Weg liegen mit Titisee, Hinterzarten und Kirchzarten touristische Hotspots des Hochschwarzwalds. Schnell wird uns klar, warum die Gäste immer wieder gerne hierher kommen: Es ist einfach schön hier!

Ist das herrlich: Während wir am Palmenstrand liegen und unsere Blicke über die glitzernden Wogen des „**Badeparadieses Schwarzwald**" schweifen, bauen sich direkt hinter der riesigen Glasfassade die Berge des Hochschwarzwaldes auf. SO lässt es sich bestens relaxen! Wer etwas mehr Action braucht, saust auf einer der Hightech-Rutschen hinunter, genießt die Brandung im Wellenbad oder

Eine Seefahrt, die ist lustig – sowohl auf dem Titisee...

widmet sich der Poolbar. Ebenfalls sehr empfehlenswert: Auf einem Flaniersteg bzw. über Holzstege um den Natursee wandeln, im kalten Wasser des Außenbeckens abkühlen und anschließend in der 32°C warmen Blauen Lagune wieder aufwärmen.

Los geht's am Badeparadies Schwarzwald, das wir im Uhrzeigersinn um die Parklätze herum verlassen, um direkt hinter dem Badeparadies die Schienen zu kreuzen. Dahinter rechts und auf der Parkstraße in die Innenstadt von Titisee, die wir rechts über die Alte Poststraße wieder verlassen. Wir sind auf dem Südschwarzwald-Radweg, der sogleich merklich ansteigt, aber uns aus der Stadt hinaus führt. Die Schilder geleiten uns durch Hinterzarten nach Kirchzarten.

Der Titisee ist ebenso wie der zweite Schwester-Ortsteil Neustadt ein beliebter Fremdenverkehrsort. Touristen aus aller Welt werden mit Bussen hierher gebracht. Sie flanieren dann durch die kleine **Fußgängerzone** zum **Titisee**, in dem sich malerisch die Kulisse des Hochschwarzwaldes spiegelt. Er ist mit mehr als 1 qkm Wasserfläche der größte natürliche See des Schwarzwaldes. Der Feldberg-Gletscher sorgte seinerzeit dafür, dass dieses bis zu 20 m tiefe Gewässer entstand.

Gern fotografiert werden die für den Schwarzwald so typischen historischen Hausfassaden. Eine der schönsten ist die des **Hotel Bären**. Die höchste Erhebung, der 1.493 m hohe Feldberg, ist auch ganz in der Nähe und im Ort gibt es reichlich Möglichkeiten zur Einkehr und um Souvenirs zu kaufen.

Doch auch für Urlauber, die länger in der Region bleiben, gibt es hier viel zu entdecken: Toll gelegene Hotels, Ferienwohnungen und Campingplätze, **Badestrände** und natürlich auch einen Bootsverleih. Ebenso können wir uns mit der Bahn zum höchstgelegenen Bahnhof Deutschlands bringen lassen, um dem nahegelegenen **Schluchsee** einen Besuch abzustatten.

Waschechte Bahnfans wird es außerdem in die **Märklin-World** ziehen, die uns in die Geschichte der Modelleisenbahnen entführt.

Der Höhenluftkurort Hinterzarten ist bekannt für seine „Kaderschmiede": Auf der **Alder-Schanze** trainieren die besten deutschen Skispringer und die, die es noch werden wollen. Schon 1923 wurde die erste Schanze hier in Hinterzarten errichtet. Überhaupt ist Hinterzarten voll auf den Tourismus einge-

55

...als auch auf dem Schluchsee

stellt – es gibt hier alles, was das Urlauberherz begehrt. Dazu gehört natürlich auch ein Museum. Das **Schwarzwälder Skimuseum** ist im historischen, über 400 Jahren alten Hugenhof untergebracht. Wer noch mehr sehen mag, kann das kleine Feuerwehr- und das Spielzeugmuseum besuchen. Freunde der sakralen Kunst steuern die **Pfarrkirche Maria in der Zarten** an und werden im Innern überrascht, denn es gibt moderne und historische Elemente zu entdecken.

Nachdem wir Hinterzarten durchradelt haben, ist es bald geschafft –es geht nur noch bergab! Teilweise geht es recht steil hinunter, also bitte immer vorsichtig und mit Rücksicht auf andere Radler und Wanderer radeln! Der Begriff „**Höllental**" kommt schließlich nicht von ungefähr.

Kirchzarten bietet sich für eine Rast an. Bei der Gelegenheit schauen wir uns die **Talvogtei** an, die aus einem ehemaligen Wasserschloss der Freiburger Vögte hervorging. Auch auf die **Pfarrkirche St. Gallus** und auf das **Alte Rathaus** sollten wir einen Blick werfen. Bevor es talwärts geht, kehren wir in einer der Gaststätten ein, die sich rund um die Fußgängerzone gesellen.

Weiter geht´s von Kirchzarten, das wir mit dem Südschwarzwald-Radweg auf der Freiburger Straße verlassen, von der wir in einem Linksbogen nach dem Zubringer links auf die Straße „Am Engenberg" abzweigen. Das Gefälle ist nicht mehr ganz so stark, wenn wir uns im Tal der Dreisam zielscher immer am Ufer entlang und dann rechts über die Brücke in die Innenstadt von Freiburg begeben. Hier steuern wir nach links den Bahnhof an, steigen in den Zug und lassen uns in einer guten Dreiviertelstunde zurück nach Titisee gondeln. Vom Bahnhof aus sind es nur wenige Kurbelumdrehungen zurück zum Badeparadies.

Über weite Strecken radeln wir an der **Höllentalbahn** entlang. Mit bis zu 57,14% Steigung ist dies die **steilste Bahnstrecke Deutschlands**. Auf unserem Rückweg können wir dieses technische Wunder hautnah erleben, wenn wir in einem der Abteile Platz nehmen.

Mit Freiburg erreichen wir die mit rund 250.000 Einwohnern viertgrößte Stadt von Baden-Württemberg. Es dauert nicht lange, bis wir erkennen, warum sich die Menschen hier so wohl fühlen, denn die wunderschönen Gassen mit den historischen Gebäuden und den kleinen, plätschernden Bächen verbreiten ein mediterranes Feeling. Die „**Bächle**" gibt es schon seit dem Mittelalter. Sie werden vom Fluss namens Dreisam gespeist und schlängeln sich auf einer Gesamtlänge von mehr als 15 km durch die Altstadt.

Freiburg quillt über an Sehenswertem

Tipp: Von der Innenstadt Freiburgs führt eine sogenannte Umlaufbahn hinauf zum „Hausberg" der Stadt. Der 1.284 m hohe **Schauinsland** macht dabei seinem Namen alle Ehre: Die Aussicht von hier oben ist wirklich atemberaubend!

Ebenfalls etwas außerhalb der Innenstadt finden wir den **Schlossberg.** Mit seinem 2002 erbauten außergewöhnlichen **Schlossbergturm**. Die Ruhe suchenden Freiburger zieht es eher ins Naherholungsgebiet am Flückiger See.

Die Altstadt ist rund einen Quadratkilometer groß und bietet ungeheuer viel Sehenswertes, obwohl sie im Zweiten Weltkrieg zu weiten Teilen zerstört wurde. Leicht zu finden ist das **Freiburger Münster**, das seit 1827 auch Bischofsitz ist. Wer zur rechten Zeit hier ist, findet auf dem **Markt**, der rund um das Münster stattfindet, extravagante Leckereien. Wenn Sie ein Sammler seltener Geldscheine sind, wird Ihnen der 116 m hohe Münsterturm bekannt sein, denn er wurde Ende 2018 auf den Null-Euro-Schein gedruckt.

Gleich in der Nähe steht das **Historische Kaufhaus**. Das in auffallendem „ochsenblutrot" getünchte Gebäude wurde 1532 erbaut und zeigt uns die Figuren berühmter Habsburger. Auch das **Alte Rathaus**, in dem 1498 der Reichstag stattfand, das Staatstheater, das **Schwaben**- und das **Martinstor** oder die Alte Wache müssen wir uns unbedingt ansehen. Auch Fachwerk finden wir in der Altstadt – dabei ist die Alte Münsterbauhütte das älteste in diesem Baustil. Spannend sind auch die vielen **Plätze** in der Altstadt, die nicht selten mit fotogenen Brunnen ausgestattet wurden.

Kartentipp:
ADFC-Regionalkarte Freiburg,
1:75.000, ISBN 978-3-96990-140-3, € 10,95
Digital für Smartphones und Tablets:
www.fahrrad-buecher-karten.de/rk-digital

56 Anstrengender Hochschwarzwald

Von Titisee über Löffingen

Wellness-Touren Info

ca. 46 km ohne Abstecher, regionale Radweg-Beschilderung sowie teils Beschilderung als Südschwarzwald-, Schwarzwald- bzw. Schwarzwald-Panorama-Radweg. Hügeliger Verlauf mit mehreren Steigungen. Die Route führt meist über separate Radwege, einige Passagen auf losem Untergrund.

Start / Ziel: Badeparadies Schwarzwald, Titisee-Neustadt, www.badeparadies-schwarzwald.de

Der Tourtitel verrät es: Der zweite Teil der Runde ist etwas für „Bergziegen" oder E-Biker. Wer aber nur bis Löffingen fährt, hat nicht allzu viele Berge zu bewältigen und bekommt zur Belohnung viel zu sehen.

Das „**Palais Vital**" im **Badeparadies Schwarzwald** hält wirklich, was der Name verspricht: Im ersten Obergeschoss warten eine „**Welt der Saunen**", eine Vital-Lagune, ein „Champagner-Pool", ein Ruhebereich mit Schwarzwaldblick und vieles mehr. Eine Etage höher entspannen wir in vier Mineralien-Pools, bevor sich die Damen in die „**Venus SkyLounge**" zurückziehen, einer exklusiven Spa- und Wellness-Lounge. Auf insgesamt rund 6.000 qm Wellnessfläche werden vermutlich kaum Wünsche offen bleiben.

Los geht's am Badeparadies Schwarzwald, das wir im Uhrzeigersinn um den Großparkplatz herum verlassen, um geradeaus über den Meisenweg schräg links versetzt die Schienen zu queren. Dahinter ein Stück geradeaus, dann kreuzen wir nach links mit dem Schwarzwald-Radweg erst die eine, dann die andere Bundesstraße. Die Schilder führen uns nach Neustadt. Auf der Höhe des Bahnhofs biegen wir von der Gutachstraße links auf den Schwarzwald-Radweg ab, fahren an der Hauptstraße rechts und sofort wieder links, die 3. Straße rechts (Kirchweg), links in die Rudenbergerstraße und dann bergauf via Rudenberg und Friedenweiler am Klosterbach vorbei nach Löffingen.

Etwas anstrengend ist es schon, sich die Innenstadt von Neustadt anzusehen, denn es geht ständig auf und ab. Was wir im Bereich des historischen „**Hirschbuckel**" auch am Namen erkennen. Unübersehbar ist das strahlend weiße **Münster** mit dem 68 m hohen Turm. Drum herum gesellen sich schöne alte Gebäude, wie die ehemalige Postmeisterei, das **Klösterle** oder das Rathaus. Mehr über den Ort und die Region erfahren wir in den **Neustädter Heimatstuben**. Die Uhrmacher-

Der „Hirschbuckel" von Neustadt

werkstatt erinnert uns daran, dass wir auf der Deutschen Uhrenstraße unterwegs sind.

Tipp: Hinter Löffingen wird es richtig anstrengend, denn es geht um fast 250 Hm nach oben. Es ist also eine Überlegung wert, wieder durch das Tal mit dem **Rad** oder noch bequemer mit dem **Zug** zurück nach Titisee zu fahren.

Der knapp 8.000 Einwohner zählende Ort Löffingen verführt uns nicht nur mit seiner Gastronomie zu einem längeren Aufenthalt. Auch der Ortskern mit seinem schmucken **Rathaus** am gleichnamigen Patz und dem farbenfrohen **Maienländer Tor** macht einen Stopp lohnenswert.

Weiter geht´s in Löffingen über die Untere Hauptstraße, links Maienlandstraße und rechts Hinter dem Alenberg nach Dittishausen. Nun geht es deutlich bergauf – Unterbränd tangieren wir nur und kurbeln durch kleine Dörfer wie Kleineisenbach. In Schwärzenbach ist es geschafft – ab hier rollen wir entspannt durch Unterwirtshaus hinunter nach Neustadt. Die Schilder der Grünen Straße weisen uns den Weg zurück nach Titisee, wo unsere Tour am Badeparadies endet.

In Dittishausen sind wir bereits auf 850 m Höhe angekommen. In dem anerkannten **Luftkurort** können wir nicht nur bestens durchatmen, sondern uns auch im beheizten Freibad regenerieren. Wer rechtzeitig anfragt, bekommt eine Führung vom Wassermeister durch das **historische Pumpwerk**, das an dem Flüsschen Gauchach steht.

Nur wenige Meter neben unserem Radweg legt der **Kirnberg-See** mit Badestelle und Campingplatz. Vom kleinen Steg aus können wir in den kalten See springen und uns von den Mühen des Aufstiegs erholen.

Wer über genug Kraft bzw. Akkuleistung verfügt, kann einen Abstecher nach Bräunlingen unternehmen. Rund um das farbenfrohe **Rathaus** finden wir eine bestens erhaltene Altstadt, zu der auch die **Kirche Unserer Lieben Frau vom Berge Karmel** und das **Mühlentor** gehören. Das Tor ist Zeugnis davon, dass es einst eine Stadtmauer gab, von der wir bei genauem Hinsehen noch mehr Reste finden.

Kartentipp:
ADFC E-Bike-Karte Schwarzwald,
1:75.000, ISBN 978-3-96990-052-9, € 9,95
Digital für Smartphones und Tablets:
www.fahrrad-buecher-karten.de/rk-digital

57 Die Höhen des Bodanrück

Von Überlingen über Bodman-Ludwigshafen

Wellness-Touren Info

ca. 61 km ohne Abstecher, regionale Radweg-Beschilderung sowie teils Beschilderung als Bodensee-Radweg. Eine deutliche Steigung mit rund 60 Hm auf rund 6 km. Die Route führt meist über separate Radwege, einige Passagen auf losem Untergrund.

Start / Ziel: Bodensee-Therme, Überlingen, www.bodensee-therme.de

Es gibt nur wenige Wellness-Einrichtungen in Deutschland, die von der Lage her mit der **Bodensee-Therme** von Überlingen mithalten können: Aus der Sauna oder aus dem Pool blicken wir direkt über das weite Wasser des Bodensees – herrlich! Aus 1.006 m Tiefe wird das jahrtausendealte Wasser zu Tage gefördert und sorgt für eine heilende Wirkung. Zur Entspannung nach unseren Radtouren dienen Innen- wie Außenbecken, **Kneippbecken**, Strömungskanal, verschiedene Saunen und freilich **Massage- und Wellness-Angebote**. Wer komplett tie-

Eine Tour mit vielen Höhenpunkten wartet auf uns. Und das ist durchaus mehrdeutig zu verstehen, denn auch das Streckenprofil weist bei dem Teilstück über den Bodanrück eine „Spitze" auf. Entschädigt werden die Mühen mit Highlights wie Ludwigshafen-Bodman, Radolfzell, Konstanz und natürlich die Blumeninsel Mainau. Wenn zwischendurch die Puste ausgeht oder der Akku vom e-Bike leer ist, steigen wir aufs Schiff und kürzen ab.

Wohlig warmes Wasser umschmeichelt unsere Körper

Die Skyline von Überlingen verrät es: Hier gibt es viel zu sehen!

fenentspannt ist, kann direkt im „Roten Haus" übernachten, aber vielleicht reicht ja auch schon die Einkehr in eines der Restaurants.

Von der Sauna zum Abkühlen direkt in den Bodensee

Los geht's an der Bodensee-Therme wo wir direkt Anschluss an den Bodensee-Radweg haben. Dieser geleitet uns meist neben der Bahn, aber auch stets in Wassernähe, via Sipplingen und Ludwigshafen vor die Tore von Bodman.

Kaum losgeradelt, kommen wir am ehemaligen **Gelände der Landesgartenschau** von 2021 vorbei. Diese war bereits für 2020 geplant, musste wegen „Corona" um ein Jahr verschoben werden und stand auch dann noch unter diesem Zeichen. Dennoch kamen mehrere Hunderttausend Besucher, um sich die aufwändig gestalteten Gartenträume auf 11,5 ha Fläche anzusehen.

In Sipplingen bieten einige historische Häuser schöne Fotomotive, bevor wir bei Ludwigshafen das Ende des **Überlinger Sees** erreichen. Großherzog Ludwig von Baden sorgte für einen Eintrag in die Geschichtsbücher, denn er wollte als Badener ein Pendant zum Hafen von Friedrichshafen erschaffen, das auf Schwäbischem Grund lag. Doch die Idee fruchtete nicht so richtig, der Hafen blieb eher unbedeutend, so dass das heutige Ludwigshafen deutlich ruhiger daher kommt, mit seiner **Promenade** und demPark, aber dennoch gefällt.

Wenige Minuten später entdecken wir über uns **Schloss Bodman** das inmitten eines Parks liegt. Das **Heimatmuseum** im Rathaus von Bodman erzählt uns mehr über die Geschichte von Schloss, Ort und den herzoglichen Plänen. In Bodman liegt auch das Atelier des Bildhauers **Peter Lenk** – sein provokantestes Werk werden wir im Konstanzer Hafen bewundern können. Doch auch hier im Ort wurden einige Objekte ausgestellt.

Weiter geht´s von Bodman auf dem Bodensee-Radweg, der nun vom Ufer des Überlinger Sees weg führt und uns mit merklichen Steigungen durch Stahringen und Güttingen nach Radolfzell bringt. Nun wird es wieder einfacher: Immer am See entlang lotsen uns die Schilder durch Allensbach nach Konstanz. Hier müssen wir genauer auf die Schilder des Bodensee-Radwegs achten, die uns

Die Imperia begrüßt in Konstanz die einlaufenden Schiffe

mit einigen Hügeln durch Staad und Litzelstetten nach Dingelsdorf bringen. Hier nutzen wir die Fähre, um in wenigen Minuten nach Überlingen zu fahren. Nun müssen wir nur noch ein paar Minuten am Überlinger Ufer entlang radeln, um wieder zurück zur Therme zu gelangen.

Tipp: Wer in Konstanz mit der Kondition oder dem Akku am Ende ist, kann hier auch bereits auf das **Schiff** steigen und sich mit einigen Zwischenstopps nach Überlingen schippern lassen.

Dann wird es etwas anstrengender, denn wir radeln über den **Bodanrück**. Er ragt bis zu 693 m in die Höhe und teilt den Überlinger und den Untersee. Wer sich länger hier aufhält und das Fahrrad mal gegen die Wanderschuhe tauscht, entdeckt zum Überlinger See hin einige imposante und steil abfallende Schluchten.

Zurück am Bodensee, der hier Untersee heißt, werden wir von der Kreisstadt Radolfzell empfangen. Das markanteste Bauwerk ist das **Münster Unserer Lieben Frau**, das aus der Spätgotik stammt. Um den **Ratoldus-Brunnen** auf dem Marktplatz gruppieren sich weitere sehenswerte Gebäude, wie das **Rathaus**, das Österreichische Schlösschen, der **Pulverturm** als Rest der Stadtbefestigung oder das Scheffelschlösschen.

Hinter Radolfzell wird es toll: Diese Etappe am deutschen Ufer des Untersees wird als eine der schönsten des ganzen Bodensee-Radwegs bezeichnet. Über die Region und die **Halbinsel Höri** schrieb der begeisterte Hermann Hesse, sie sei „licht und hübsch, viel Obst und Wein, der sauer ist, bergaufwärts Wälder". Auch das nahe gelegene **Naturschutzgebiet Mettnau** ist von natürlicher Schönheit – auf jener Halbinsel sorgt ein **Naturschutzzentrum** für Erhalt und Information.

Konstanz empfängt uns am Hafen mit der **Imperia**. Der Künstler Peter Lenk schuf die „üppig ausgestattete" (käufliche) Dame, die in ihren Händen zwei nackte Gauklergestalten hält: in der einen den Kaiser und in der anderen den Papst. Lenk wollte mit der Kurtisane auf die „interessanten" Zustände während des Konzils aufmerksam machen: Wäh-

Insel Mainau wird im Sommer zu einem Blütenmeer

rend die wichtigsten und natürlich auch züchtigsten Vertreter der Kirche in der Stadt tagten, hatte das „horizontale Gewerbe" angeblich die höchsten Umsätze.

In der **Altstadt** von Konstanz schauen wir uns das **Münster** und eine große Anzahl historischer Häuser an. Darunter auch das elegante **Schnetztor** und das wuchtige **Konzilgebäude**. Letzteres beherbergte 1414-1418 den größten Kongress des Abendlandes mit 70.000 Teilnehmern. Dann ist Shoppen und Einkehren angesagt, denn die lange Fußgängerzone bringt uns vorbei an Mode- und Sportläden, Restaurants, Cafés und vielem mehr.

Konstanz ist übrigens mit über 80.000 Einwohnern die größte Stadt am Bodensee. Auf eine lange Geschichte zurückblicken kann sie auch, wie wir auf dem **Münsterplatz** am römischen Turmfundament erkennen können.

Wo wir beim Thema sind: Der Besuch des **Konstanzer Hafens** gehört nicht nur wegen des Wahrzeichens, der 1993 enthüllten **Imperia**, auf das Besuchsprogramm: Hier finden wir weitere Einkehrmöglichkeiten mit bester Aussicht und die Anleger für die Ausflugsschifffahrt.

Das Konstanzer Stadtgebiet grenzt direkt an das von Kreuzlingen, das auch eine historische Altstadt bietet. Ein kleiner Abstecher in die Schweiz ist also auch jederzeit möglich. Daher nicht vergessen, die Pässe mit auf die Tour zu nehmen!

Am Wegesrand liegt die 45 ha große **Blumeninsel Mainau**, die nicht nur für Blumenfreunde eines der wichtigsten Ziele am Bodensee ist: Auf dem höchsten Punkt erhebt sich in aussichtsreicher Lage das prachtvolle barocke **Deutschordensschloss**, um das herum ab Frühjahr eine blühende Oase entsteht. Rosen, tropische und mediterrane Pflanzen lassen lassen unsere Sinne Purzelbäume schlagen. Auch die reich ausgestattete Schlosskirche sollten wir nicht versäumen. Im Schmetterlingshaus flattern bunte und teils mächtig große Falter um unsere Nase, während wir auf botanische Kostbarkeiten blicken.

Kartentipp:
ADFC-Regionalkarte Bodensee,
1:50.000, ISBN 978-3-87073-977-5, € 9,95
Digital für Smartphones und Tablets:
www.fahrrad-buecher-karten.de/rk-digital

58 Affengeile Tour

Von Überlingen über Salem

Wellness-Touren Info

ca. 57 km ohne Abstecher, regionale Radweg-Beschilderung sowie teils Beschilderung als Bodensee-Radweg. Im ersten Teil keine, dann aber mehrere, wenngleich nicht allzu große Steigungen. Die Route führt meist über separate Radwege, einige Passagen auf losem Untergrund.

Start / Ziel: Bodensee-Therme, Überlingen, www.bodensee-therme.de

Los geht's an der Bodensee-Therme am Stadtrand von Überlingen. Hier haben wir direkt Anschluss an den Bodensee-Radweg. Die perfekte Kennzeichnung geleitet uns stets in Ufernähe via Nußdorf, Unteruhldingen, Meersburg und Hagnau nach Immenstaad.

Nach entspannten Radel-Kilometern am Bodensee wird es hügelig, aber nicht minder abwechslungsreich: Die historischen Bausubstanzen von Markdorf und Salem sorgen für Fotomotive und die drolligen Äffchen auf dem Affenberg lassen die Zeit im Nu verfliegen.

Sind wir in einem weitläufigen Park oder in einem Thermalbad? Diese Frage könnte glatt aufkommen, wenn wir im üppigen Grün im Saunagarten flanieren. Und wenn wir gut aufgeheizt sind, kühlen wir uns ab in „Deutschlands größtem Tauchbecken", denn wir tauchen direkt in die Fluten des Bodensees. Ein ebenso außergewöhnliches Erlebnis ist eine „Outdoor-Massage" – hier steht unsere Liege direkt am Ufer des Sees, so dass wir über das Wasser blicken, während uns kraftvolle Hände massieren.

Gleich zu Beginn der Tour rollen wir durch Überlingen, das als „Badisches Nizza" bezeichnet wird – an der **Seepromenade** spüren wir, warum das so ist. Ganz in der Nähe finden wir den Hafen mit seinem Lenk-Brunnen und die abwechslungsreiche **Altstadt** mit dem Münster, dem ehemaligen Kornhaus und dem Rathaus.

Hinter Nußdorf liegt links über uns die **Klosterkirche Birnau** – ein Halt ist hier Pflicht, denn die reichhaltige Ausstattung der Kirche und die Aussicht über den Bodensee ist einfach herrlich!

Noch historischer wird es in Unteruhldingen: Die **Pfahlbauten** lassen uns hautnah erleben, wie unsere Urahnen einst hier lebten.

Das nächste Superlativ folgt direkt: Meersburg, die „Perle des Bodensees", quillt über an Sehenswertem. In der **Burg** verbrachte die Dichterin Anette von Droste zu Hülshoff ihren Lebensabend. Gemeinsam mit dem **Neuen**

Schloss und der farbenfrohen **Altstadt** verführt uns Meersburg zu einem langen Aufenthalt.

Nachdem wir uns in Hagnau das **Spielzeugmuseum** angesehen haben, widmen wir uns in Immenstaad dem **Schwörerhaus** und der Pfarrkirche.

Meersburg wird zurecht als „Perle des Bodensees" bezeichnet

Tipp: Nachdem wir in Immenstaad den Bodensee-Radweg verlassen haben, wird es deutlich anstrengender: Der Streckenverlauf ist **hügelig** und teils rollen wir auf Nebenstraßen. Wer also mit Kindern unterwegs ist bzw. kein E-Bike unter sich hat, sollte erwägen, am **Bodensee** wieder retour zu radeln und einen Ausflug zum Affenpark mit öffentlichen Verkehrsmitteln zu unternehmen.

Weiter geht´s von Immenstaad, das wir auf der Happenweilerstraße verlassen, die schon im Ort ansteigt und die B31 überquert. Dahinter radeln wir weiter geradeaus durch die Hügel nach Markdorf. Von hier kurbeln wir links auf die Hauptstraße und durch Bermatingen, nach Salem, fahren nach links, am Schloss vorbei und gelangen mit weiteren Steigungen zum Affenberg. Nun nur noch eine Steigung bei Deisendorf und wir radeln wieder hinunter nach Nußdorf, wo wir auf den Bodensee-Radweg treffen. Der führt uns präzise nach rechts wieder zur Therme.

Das 817 erstmals erwähnte Markdorf liegt abseits der großen Touristenströme – und genau das macht die Stadt so attraktiv: Einkehren in der kleinen Fußgängerzone zwischen Untertorturm, **Hexenturm** und Obertor, staunen über die Architektur des **Bischofschlosses** und Ruhe finden in der **Pfarrkirche St. Nikolaus** – alles das ist möglich in Markdorf.

Im benachbarten Bermatingen schauen wir uns die gut erhaltenen Fachwerkhäuser an, die einen schönen Kontrast zur strahlend weißen Pfarrkirche St. Georg bilden.

Salem ist ein anerkannter Erholungsort, der von seinem etwas abseits gelegenen Schloss dominiert wird. Es ging aus dem ehemaligen Kloster Salem hervor und beherbergt das größte europäische **Feuerwehrmuseum**. Noch berühmter ist **Schloss Salem** aber für ein Internat, das seit über 100 Jahren eine der renommiertesten Privatschulen des Landes ist.

Der anstrengende Rückweg wird unterbrochen vom **Affenberg**. Rund 200 frei lebende **Berberaffen** sorgen für herrliche Unterhaltung bei den Menschen, besonders zur Fütterung.

Kartentipp:
ADFC-Regionalkarte Bodensee, 1:50.000, ISBN 978-3-87073-977-5, € 9,95
Digital für Smartphones und Tablets:
www.fahrrad-buecher-karten.de/rk-digital

59 Im Reich der Urvögel

Von Treuchtlingen über Solnhofen

Wellness-Touren Info

ca. 47 km ohne Abstecher, regionale Radweg-Beschilderung sowie teils Beschilderung als Altmühltal-Radweg. Eine kurze, sehr starke Steigung in der zweiten Tourhälfte, die umfahren werden kann. Die Route führt meist über separate Radwege, einige Passagen auf losem Untergrund.

Start / Ziel: Altmühltherme in Treuchtlingen, www.altmuehltherme.de

Aus mehr als 800 m Tiefe kommt das Wasser

Gleich zu Beginn unserer Radtour taucht der Fernradweg ein in einen der schönsten Abschnitte des Altmühltals – in beeindruckender Lage thront Burg Pappenheim über unseren Köpfen. Rund um Solnhofen werden wir in die Urgeschichte entführt, denn in den Steinbrüchen wurden spannende Fossilien entdeckt. Wer mag, legt eine Bergwertung ein und geht selber Steine klopfen.

In den 1970er und 1980er Jahren wurden verschiedene Bohrungen durchgeführt und schließlich stieß man recht überraschend in 812 m Tiefe auf eine 28 °C warme Mineralquelle. Diese speist heute die „**Altmühltherme Treuchtlingen**", in der wir nach der Tour bestens regenerieren können. Das 18.000 Jahre „gelagerte" Wasser findet ganz im Sinne der Bäderheilkunde ihre Anwendungen.

Los geht's an der Altmühltherme von Treuchtlingen, wo wir nach links direkt Anschluss an den Altmühltal-Radweg haben. Die Schilder weisen uns zuverlässig den Weg durch die Stadt und in Dietfurt über die Altmühl hinweg. Nachdem wir den Ort verlassen haben, erreichen wir einen der schönsten Abschnitte des Fernradwegs, denn wir rollen in eindrucksvoller Kulisse via Pappenheim und Zimmern nach Solnhofen.

Unübersehbar ist die 1050 erbaute **Burg Pappenheim** der Pappenheimer Reichsmarschälle. Seit dieser Zeit wechselte die Festung nicht ein einziges Mal ihren Besitzer! Den bes-

„Daran erkenne ich meine Pappenheimer" – es ist nicht nur die einzigartige Silhoutte der Stadt

ten Überblick über die Anlage gibt es durch ein Modell im **Burgmuseum**. Auch Flugschauen von Greifvögeln gibt es hier oben.

Beim Rundgang durch die 3 ha umfassenden Ruinen können wir die insgesamt 105 km langen Mauern, den Kanonenweg, den Burghof und den **Brunnen** bestaunen, der 60 m tief in den Felsen geschlagen wurde, um das Wasser der Altmühl zu erreichen. Wer noch höher hinaus mag, steigt auf den 30 m hohen **Turm** und genießt den herrlichen Ausblick über die Altmühlschlinge.

Fast jeder kennt Wallensteins berühmten Ausspruch „daran erkenn´ ich meine Pappenheimer" den ihm Friedrich Schiller in den Mund legte als er über den Adeligen namens Gottfried Heinrich sprach. Dieser gehörte zum Geschlecht der Pappenheimer, wurde aber 1594 im Treuchtlinger Schloss geboren. Schon mit 18 war er Schlossherr, mit 22 avancierte er zum Hofrat in Prag und setzte danach die Katholisierung in Treuchtlingen durch. Der vermeintlich berühmteste Pappenheimer war also ein Treuchtlinger! Der Ausspruch ist heute meist eher negativ belegt, obwohl Wallenstein einst voller Respekt und Wertschätzung über Gottfried Heinrich sprach.

Unterhalb der Burg erhebt sich das **Neue Schloss**. Es wurde ab 1819 erbaut und beherbergt die gräflich-pappenheimische Verwaltung. Noch heute ist es im Familienbesitz derer von Pappenheim. Radeln wir am Marktplatz links über die Altmühlbrücke, so gelangen wir zur **St. Galluskirche**, die zu den ältesten Gotteshäusern Frankens zählt. In der Nähe des **Marktplatzes** finden wir die **Pfarrkirche St. Maria** (12. und 15. Jh.) und das **Alte Schloss** aus dem 16. Jh. mit seinem dekorativen Portal. Pappenheim besitzt zudem den ältesten **jüdischen Friedhof** Deutschlands (ab 13. Jh.).

59

Ein kleiner Abstecher führt uns über Möhren mit seinem stattlichen Schloss

Ein Schild am Radweg verheißt: „**Solnhofen** – die Welt in Stein" und deutet darauf hin, dass 1987 der ehemalige Bürgermeister Friedrich Müller in den hiesigen Steinbrüchen die Versteinerung eines **Archaeopteryx**, eines Urvogels, fand. Es handelt sich dabei um ein mehrere Millionen Jahre altes, vogelähnliches Tier. Dieses Achaeopteriyx Lithographica genannte Wesen vereinte zwei Arten in sich: Federn und Flügel stammen vom Vogel, Schwanz und Krallen an den Flughäuten beweisen, dass es ein Reptil (Saurier) war. Es war also der Übergang des Sauriers zum Urvogel, der vor mehr als 100 Mio. Jahren vor unseren menschlichen Vorfahren in der Kreidezeit lebte. Die Evolutionstheorie von Charles Darwin aus dem Jahre 1859 war damit bestätigt. In den umliegenden Steinbrüchen wurden in den letzten 100 Jahren sechs Exemplare des Urvogels gefunden. **Im Bürgermeister-Müller-Museum** sind neben dem Urvogel weitere Funde aus der Kreidezeit ausgestellt. „Bewacht" wird es von einem Cheratosaurus.

Im Museum ist eine **Lithographieausstellung** Herrn Alois Seefelder gewidmet. Dem 1771 bis 1834 hier ansässigen Erfinder des Steindrucks wurde in Solnhofen auch ein Denkmal erbaut. Außer Drucken gibt es die Maschine zu sehen, die dafür gebaut wurde.

Die dokumentierte Geschichte Solnhofens geht übrigens ins 6. Jh. zurück, als Mönche hier eine Kirche bauten. Im Jahre 762 wurde der heilige Sola vom heiligen Bonifatius nach Solnhofen gesandt. Nach seinem Tode entstand um 830 jene **Sola-Basilika**, in deren Krypta sich einst der Sarg von Sola befunden haben muss. Er ist bis heute unentdeckt. Vom Langhaus der Kirche sind noch drei Säulen und zwei Pfeiler erhalten, die damals vor Ort gefertigt wurden. Diese Reste können wir von einer Plattform der neuen Kirche (1784) bewundern. Sie gehören zu den ältesten und bedeutendsten Baudenkmälern Deutschlands!

Tipp: Der zweite Teil der Tour ist spannend, aber auch sehr anstrengend, denn in Solnhofen geht es auf knapp 3 km rund **200 Höhenmeter** bergauf, dann geht es über eine Nebenstraße. Daher ist es eine Überlegung wert, auf dem **Altmühltal-Radweg** ohne Steigungen wieder zurück zu radeln.

Weiter geht´s in Solnhofen, das wir auf dem Altmühltal-Radweg verlassen. Bei Altendorf verlassen wir den Altmühltal-Radweg und rollen weiter nach Mörnsheim auf dem Schwäbische-Alb-Altmühltal-Radweg. Kurz vor Rög-

Historische Ansichten in Treuchtlingen

ling zweigen wir rechts ab auf den Regionalradweg SR 5, atmen tief durch und kurbeln steil hinauf nach Langenaltheim. Nachdem wir den Ort auf der Hauptdurchfahrtsstraße durchradelt haben, bleiben wir auf dem SR5 und rollen auf einer rasanten Abfahrt hinunter zur B2, überqueren diese und biegen hinter Höfen rechts ab. Mit zwei kleinen Hügeln erreichen wir durch Hürth wieder den Altmühltal-Radweg, auf dem wir rasch zurück zur Altmühltherme gelangen.

Nach dem Aufstieg rollen wir an verschiedenen Steinbrüchen und an **Langenaltheim** vorbei.

Langenaltheim wurde im 11. Jh. als „Altheim" im Zusammenhang mit einer Kirchweihe erwähnt. Das Ortsbild wird durch die Kirchen **St. Willibald** (17. Jh.) und **St. Johannis** (1752) geprägt. Das **Heimatmuseum** zeigt Exponate aus dem bäuerlichen Haushalt, aber auch aus den Steinbrüchen. Im **Museum Maxberg** sehen wir fossile Funde aus den Steinbrüchen und die ehemaligen Waschbecken eines Römerbades. Ganz in der Nähe gibt es auch Steinbrüche, in denen wir als Hobby-Archäologen unser Glück versuchen können – irgendetwas findet man hier immer!

Unweit unseres Rückweges liegt **Möhren** wo sich die Grafen von Möhren 1120 in die Besitzurkunde der **Burg** eintrugen. Das Schloss, das uns heute empfängt, stammt von 1711.

Treuchtlingen wurde bereits 8000 v.Chr. besiedelt. Funde aus dieser und anderer Perioden können wir im **Volkskundemuseum** besichtigen. Nach der germanisch-fränkischen Besiedelung (bis 1365) hatten die Adeligen von Pappenheim für über 200 Jahre das Sagen in Treuchtlingen. Veit von Pappenheim-Treuchtlingen ließ 1757 die untere Veste zum **Schloss** umbauen. Bei Restaurierungsarbeiten fand man Reste des Vorgängerbaus aus dem 10. Jh.

Kartentipp:

ADFC-Regionalkarte Altmühltal/Ingolstadt,
1:75.000, ISBN 978-3-96990-141-0, € 10,95
Digital für Smartphones und Tablets:
www.fahrrad-buecher-karten.de/rk-digital

60 Mittelalterliche Impressionen

Von Treuchtlingen über Weißenburg

Wellness-Touren Info

ca. 31 km ohne Abstecher, regionale Radweg-Beschilderung sowie teils Beschilderung als Altmühltal-Radweg. Keine größeren Steigungen. Die Route führt meist über separate Radwege, einige Passagen auf losem Untergrund.

Start / Ziel: Altmühltherme in Treuchtlingen, www.altmuehltherme.de

Weitere Wellness-Einrichtungen entlang der Strecke: Mogetissa-Therme in Weißenburg

Los geht's an der Altmühltherme, die wir geradeaus auf dem Altmühltal-Radweg zwischen Parkplätzen und Kurpark vorbei nach Graben verlassen. Hier zweigen wir rechts auf die Karlsgrabenstraße vom Fernradweg ab und folgen den Schildern parallel zu den Bahnschienen nach Weißenburg.

Saunieren in der Straßenbahn?

Ist es nun die perfekt erhaltene Stadtmauer mit 33 Türmen und Toren oder ist es der mittelalterliche Stadtkern, der sich dahinter verbirgt? Oder sind es doch die sensationellen Funde aus der Römerzeit, die uns begeistern? Egal – ein Ausflug nach Weißenburg ist begeisternde Geschichte zum Erleben!

In der Altmühltherme können wir nicht nur rasante Action in den **Röhren-Rutschen** erleben und uns in den Innen- und Außenbecken treiben lassen, sondern auch medizinische **Heilwasser-Anwendungen** erfahren. Die **Saunalandschaft** und **Wellnessangebote** wie Massagen, Rosenbad, Salzlounge oder Bierbad runden das Angebot ab.

Weißenburg hatte 1362 bereits eine eigene Münze und wurde die fünfte Reichsstadt im „Alten Reich". Bestes Zeugnis für den mittelalterlichen Charakter der Stadt ist die nahezu perfekt erhaltene **Stadtbefestigung** aus dem 14./15. Jh. mit ihren **33 (!) Türmen**, darunter das Wahrzeichen der Stadt, das **Ellinger Tor**. Durch das Tor kommen wir zur 1327 geweihten **Pfarrkirche St. Andreas**.

In der Altstadt liegen auch das **Apothekenmuseum** im Kellergewölbe der Einhorn-Apotheke, das **Gotische Rathaus**, der **Markt-**

platz mit einem **Brunnen**, das **Reichsstadtmuseum** mit Infos zur Stadtgeschichte, die ehemalige **Karmeliterkirche**, der **Kaiser-Ludwig-Brunnen** und die **Markthalle**, Schranne genannt.

In der Wülzburg hielt man einst Charles de Gaulles gefangen

Tipp: In aussichtsreicher Lage hoch über Weißenburg liegt die **Wülzburg** mit Wehranlagen, einer Schlosskirche und einem unglaublich tiefen Ziehbrunnen. Die Festung wurde in ihrer Geschichte nie zerstört, was auch am 7,5 m tiefen und 23 m breiten Graben lag. Im ersten Weltkrieg wurde hier ein junger französischer Offizier namens Charles de Gaulle gefangen gehalten.

Als ob diese erstklassigen Sehenswürdigkeiten nicht schon mehr als genug wären, entdeckte man 1977 bei Bauarbeiten das etwa 100 n. Chr. erbaute **Römerbad** und 1979 den **größten Römerschatz Deutschlands**. Um 90 n. Chr. waren hier bis zu 1.000 Mann starke römische Legionen im **Kastell Biriciana** stationiert, um den Limes zu verteidigen. Mehr über diese Historie erfahren wir im **Römermuseum** und im **Bayerischen Limes-Informationszentrum**.

Weiter geht´s in Weißenburg, das wir am Bahnhof verlassen, um die Gleise zu queren, dahinter geradeaus in die Gunzenhausener Straße zu fahren und schräg links in die Emetzheimer Straße abzuzweigen. Auf hügeliger Strecke radeln wir via Holzingen, Kattenhochstatt und Trommetsheim zur Altmühl, wo wir hinter dem Fluss wieder auf den Fernradweg treffen. Diesem folgen wir nach links über Graben zurück zur Altmühltherme.

793 war **Graben** „Mittelpunkt eines Weltreiches". Karl der Große wollte sein Reich schiffbar machen und mit dem **Karlsgraben** (Fossa Carolina) eine Verbindung zwischen Donau und Main schaffen. Es wäre sicherlich eines der neuen Weltwunder geworden. Doch das Projekt musste abgebrochen werden, weil die Erdwälle wegen schwerer Regenfälle einstürzten. Am Nagelberg, an dem wir hinter Graben vorbei radeln, liegt der **Römische Gutshof**. Er ist einer von ehemals acht römischen Gutshöfen, den „villae rusticale". Sie dienten einst dazu, die rund 30.000 Legionäre und Zivilisten am Grenzwall „Limes" mit Nahrung zu versorgen.

Kartentipp:
ADFC-Regionalkarte Altmühltal/Ingolstadt,
1:75.000, ISBN 978-3-96990-141-0, € 10,95
Digital für Smartphones und Tablets:
www.fahrrad-buecher-karten.de/rk-digital

61 Was ist denn ein Fünfknopfturm?

Von Bad Wörishofen über Kaufbeuren

Wellness-Touren Info

ca. 41 km ohne Abstecher, regionale Radweg-Beschilderung sowie teils Beschilderung als Radrunde Allgäu. Eine starke Steigung in der zweiten Hälfte, die vermieden werden kann. Die Route führt meist über separate Radwege, einige Passagen auf losem Untergrund.

Start / Ziel: Südsee-Therme in Bad Wörishofen, www.therme-badwoerishofen.de

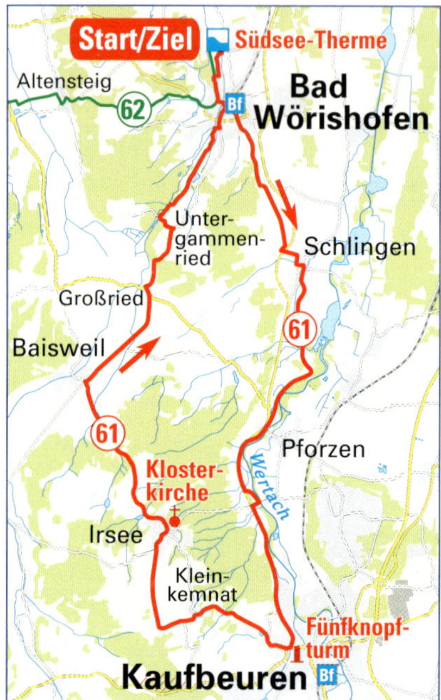

Die Wertach begleitet den ersten Teil unserer Tour, der recht naturverbunden und ohne größere Steigungen verläuft. Nachdem wir uns die vielen historischen Sehenswürdigkeiten Kaufbeurens angehen haben, steigen wir auf zum Kloster Irsee.

Wir werden nicht enttäuscht: Die „**Südsee-Therme**" von Bad Wörishofen entführt uns mit ihren riesigen Glasfronten, dem blauen Lagunenwasser und den hohen Palmen in weite Ferne. Vital-Parcours, Kräuterwarmbad, Salzstadl, Gesundheitsbecken und natürlich der Kneipp-Parcours sorgen für erstklassiges Wellness-Feeling.

Los geht's an der Südsee-Therme von Bad Wörishofen, die wir vom Parkplatz aus gesehen, nach links auf der Thermenallee verlassen, am Ende rechts und links in den Gärtnerweg. Rechts treffen wir auf den Zusam-Radweg, der uns nach links in die Innenstadt von Bad Wörishofen führt. Diese durchfahren wir einmal komplett, indem wir am Bahnhof vorbeirollen und die City auf der Kaufbeurer, dann am Kreisel geradeaus auf der Ganghofer Straße verlassen. Die Schilder der „Radrunde Allgäu" weisen uns den Weg durch Schlingen und Pforzen nach Kaufbeuren.

Wir rollen meist in der Nähe der Wertach, die in einem grünen Band verläuft – ab und an können wir direkt am Ufer radeln.

Kaufbeuren ist eine der ältesten und bekanntesten Städte im Allgäu. Schon 1240 erhielt Kaufbeuren die Stadtrechte, nur 46 Jahre später wurde sie zur freien Reichsstadt. Zu dieser Zeit entstanden auch die Stadtmauern, deren noch sichtbare Reste aber etwas jünger sind.

Als Wahrzeichen der Stadt gilt der **Fünfknopfturm**. Dass wir von hier oben eine herrliche Weitsicht genießen können, ist kein Zufall, denn Fünfknopftürme dienten in der Gotik als Brandwache und besaßen daher auch eine Glocke.

Andere „herausragende" Türme sind der **Blasius**-, der **Sywolln**-, der **Gerber**-, der **Münz**-, der **Pulver**- oder der **Hexenturm**. Eine

Kaufbeurens „Gute Stube“

der wichtigsten Anlaufstellen ist der ehemalige **Irseer Hof,** der heute Jörg-Lederer-Haus heißt. Es erinnert an den weltberühmten Bildhauer, der hier ab 1507 lebte, wirkte und heiratete. Von ihm stammt auch der Altar in der St. Blasius-Kirche.

Weiter geht´s in Kaufbeuren, das wir vom Kemptener Tor über die Kemptener Straße verlassen. Den Kreisel bei den Kliniken verlassen wir auf der Kemnater Straße, die bis Kleinkemnat etwas, dann sehr deutlich ansteigt. Das bleibt auch hinter Irsee so, bis wir ab Oggenried gemütlich begrab rollen und via Baisweil, rechts Großried und Untergammenried auf dem Zusam-Radweg wieder nach Bad Wörishofen fahren. Hier folgen wir den Schildern zur Therme, wo unsere Tour endet.

Auch ein **Kloster** gibt es in Kaufbeuren – dazu gehört die **Klosterkirche**, in dem der kostbare Reliquienschrein der Heiligen Crescentia zu sehen ist. Sakrale Kunst können wir auch in der **Dreifaltigkeitskirche** (1604) und in der **Pfarrkirche St. Martin** (1443) genießen. Die Stadtmitte markiert das im Stile der Neorenaissance erbaute alte **Rathaus**.

Tipp: Direkt am Stadtausgang von Kaufbeuren steigt die Strecke sehr stark an. Wer also keine strammen Waden oder einen Akku hat, sollte auf dem **Hinweg** wieder retour radeln.

Kartentipp:
ADFC-Regionalkarte Allgäu,
1:75.000, ISBN 978-3-87073-920-1, € 9,95
Digital für Smartphones und Tablets:
www.fahrrad-buecher-karten.de/rk-digital

Die Mühen der Steigung lohnen sich, denn der Ort Irsee wird vom ehemaligen **Benediktinerkloster** dominiert. Das strahlend weiße Gebäude mit seinen roten Dachziegeln erfährt in der beeindruckend ausgestalteten **Klosterkirche Maria Himmelfahrt** seinen Höhepunkt.

62 Kneipp-Tour

Von Bad Wörishofen nach Memmingen

Wellness-Touren Info

ca. 46 km ohne Abstecher, regionale Radweg-Beschilderung sowie teils Beschilderung als Kneipp-Radweg bzw. Radrunde Allgäu. Einige kurze, aber „knackige" Hügel, keine größeren Steigungen. Die Route führt meist über separate Radwege, einige Passagen auf losem Untergrund.

Start: Südsee-Therme in Bad Wörishofen, www.therme-badwoerishofen.de
Ziel: Memmingen, Bahnhof

Pfarrer Sebastian Kneipp hat die Region rund um Bad Wörishofen geprägt wie kaum ein anderer. Und so gehört es schon zum „guten Stil", wenn wir uns auf dem Kneipp-Radweg durch das Allgäu bewegen, um mehr über das Wirken dieses Mannes zu erfahren.

Die Südsee-Therme von Bad Wörishofen ist nicht nur der Start-Ort unserer Touren. Vielmehr baut sie auf eine lange Geschichte auf, die maßgeblich von **Pfarrer Sebastian Kneipp** geprägt wurde. Er führte Therapien ein, die auf der Anwendung von Wasser basierten und zur Linderung vieler Krankheiten dienten. Schnell wurde aus dem beschaulichen Ort ein beliebtet **Kurbetrieb**. Im Jahre 1920 wurde Wörishofen als „Bad" geadelt und die Gästezahlen vervielfachten sich bis in die 1970er Jahre auf fast 1,5 Millionen. In den 1990er Jahren wurde das Gesundheitswesen von einer Sparwelle betroffen, was einen katastrophalen Rückgang der Gästezahlen bewirkte. Erst mit der Eröffnung der Südsee-Therme kam 2004 wieder Schwung in die Stadt.

Los geht's an der Südsee-Therme von Bad Wörishofen, die wir im Uhrzeigersinn umrunden. Dabei treffen wir am Ende des Gärtnerwegs auf den Radweg, der uns links zur Hahnenfeldstraße und mit dieser in die Innenstadt von Bad Wörishofen führt. Hier rechts in die Viktoriastraße, die rechts als Mindelheimer Straße aus der Stadt ansteigend hinaus führt. Hier haben wir Anschluss an den Kneipp-Radweg. Die Schilder weisen uns den Weg auf hügeliger Strecke via Altensteig, Dirlewang, Köngetried, Hinterbuchenbrunn, Gottenau und Frechenrieden nach Ottobeuren.

Bei Hinterbuchenbrunn können wir vom Kneipp-Radweg abzweigen und durch den Ortskern von Markt Rettenbach radeln. Wenn wir von hier Richtung Gottnau lenken, treffen wir wieder auf unseren Themenradweg. Der

Gelebte Traditionen in Ottobeuren

kleine Schlenker lohnt sich, denn rund um den Marktplatz finden wir gleich mehrere schöne Gebäude, wie den ehemaligen **Meierhof**, den **Pfarrhof** und die **Pfarrkirche St. Jakobus.** Das ehemalige **Amtshaus** an der Ottobeurer Straße war einst im Besitz der Fugger, weshalb es auch als Schloss bezeichnet wird.

Ein gewisser Uot soll es gewesen sein, der um 550 an der Stelle des heutigen Ottobeuren eine Siedlung gründete, die Uotbeuren genannt wurde. Im 8. Jh. wurde Ottobeuren fränkischer Reichshof, ehe das Benediktinerkloster gegründet wurde. Staunen ist angesagt bei der 764 durch Gaugraf Silach gegründeten **Klosteranlage.** Lange Mauern schützen das Freigelände, hinter dem sich die strahlend weißen Klostergebäude erheben. Hier finden wir die **Benedictuskapelle** (18. Jh.), herausragende **Kunstsammlungen** und den ehemaligen **Bibliothekssaal.** Letzterer wäre sicherlich auch ohne die Bücher, darunter 16.000 Schweinslederbände, durch seine Marmorpfeiler, die Verzierungen und Deckengemälden eine Augenweide.

Mit der 89 m langen **Klosterkirche St. Alexander und Theodor** wird noch eins drauf gesetzt. Von 1736 bis 1766 wurde an der Barock-Basilika mit den 82 m hohen Doppeltürmen gebaut. Diese so genannte „Klosterkirche zur heiligen Dreifaltigkeit" dürfte ohne Frage eine der schönsten Kirchen Deutschlands sein.

Der rund 8.000 Einwohner zählende Ort Ottobeuren darf sich **Kneipp-Kurort** nennen. Zu Recht, denn im Ortsteil Stephansried wurde am 17. Mai 1821 Sebastian Kneipp geboren, der in Ottobeuren aufwuchs und hier die Sonn- und Feiertagsschule besuchte. Als sein Elternhaus abbrannte und die 70 Gulden, die er gespart hatte, verloren waren, verdingte er sich zunächst als Knecht in Grönenbach. Ein verwandter Kaplan, Dr. Matthias Merkle, nahm sich seiner an und brachte ihm Latein bei, was den Weg auf das Gymnasium ebnete. Ortspfarrer Koeberlin von Grönenbach weihte ihn in die Geheimnisse der Pflanzenheilkunde ein. Kneipp studierte ab 1848 Theologie in Dillingen. Als er selbst an Tuberkulose erkrankte, entdeckte er zufällig ein Buch über die Heilkraft des Wassers, badete immer wieder für kurze Zeit in der eiskalten Donau – und

Memmingen – mal italienisches Flair…

erlangte seine Gesundheit wieder. Die weiteren Heilversuche führte Kneipp heimlich mit anderen Studenten durch. In dieser Zeit stieß Kneipp stets auf Widerstände von Apothekern und Schulmedizinern, die ihn sogar wegen „Kurpfuscherei" verklagten. Kneipp gelangte 1855 als Beichtvater nach Bad Wörishofen. Die Kritik an seiner „Medizin" aber blieb, was ihn nicht daran hinderte, weiter zu praktizieren. Ab 1890 war der Siegeszug der Kneipp´schen Anwendungen nicht mehr zu bremsen – die Methoden bewähren sich noch heute.

Weiter geht´s in Ottobeuren, von wo aus wir durch Benningen rasch nach Memmingen gelangen. Hier steuern wir den Bahnhof an, steigen in den Zug und lassen uns in rund 1 ¼ Stunden mit Umsteigen in Buchlohe zurück nach Bad Wörishofen fahren. Von hier ist es nur eine kurze, beschilderte Strecke zurück zur Therme.

Wegen der guten Lage an der Kreuzung bedeutender Handelsstraßen entstand ein schmuckes Städtchen namens Memmingen, das mit einer Stadtmauer gesichert wurde. Noch heute sind davon rund 2 ½ km und 5 Tore der ehemals 32Türme und Tore erhalten. Die rund 40.000 Einwohner können stolz sein auf eine **Altstadt**, die als eine der schönsten Süddeutschlands gilt. So finden wir am Weinmarkt schöne **Zunfthäuser** und rund um den Marktplatz historische Bauten wie das reich verzierte **Rathaus** (1765), das **Steuerhaus** (1495, 1708 vergrößert) und die **Großzunft** von 1718. Es repräsentiert jenen Abschnitt der Geschichte, in dem die Zünfte das Sagen in Memmingen hatten. Vom Markt aus führt die Ulmer Straße vorbei am Rokokopalais namens **Parishaus** (1736, mit einer Ausstellung des Memminger Künstlers Max Unhold) und dem **Grimmelhaus** (15./16. Jh.) zum 1445 erbauten **Ulmer Tor**. Auf dem Weg zur **Stadtpfarrkirche St. Martin** kommen wir am **Hermansbau** vorbei. Das leuchtende, vierflügelige Palais wurde 1766 durch Benedikt von Hermann in Auftrag gegeben, der als Kaufmann in Venedig sein Geld machte. Kein Wun-

...mal typisch bayerische Impressionen

der, dass sein „Eigenheim" im Stile Venedigs erbaut wurde.

Am Martin-Luther-Platz stehen die **Klosterkirche St. Antonius Eremita** (ab 1378), der **Fuggerbau** (1581 als Wohn- und Lagerhaus für Jakob Fugger errichtet, heute Stadtmuseum) und das vierflügelige **Antonierhaus** (15. Jh.). Nur wenige Meter entfernt finden wir mit dem **Westertor** das älteste Tor der Stadt.

Tipp: Vom Westertor erreichen wir über die Buxheimer Straße den gleichnamigen Ort mit seinem **ehemaligen Kartäuserkloster**. Das Kloster gilt als eines der schönsten Deutschlands. Die Historie der Anlage geht bis in das 11. Jh. zurück. In der **Kartausenkirche** finden wir ein barockes Chorgestühl, das 1883 nach England verkauft wurde und erst 1980 von dort zurückkam. Der Bezirk Schwaben ließ sich das rund 1 Mio. Euro kosten. Die St. Anna-Kapelle ist der Höhepunkt der Anlage. 1739-40 wurde sie im Rokoko-Stil umgebaut.

In Memmingen widmen wir uns noch dem **Siebendächerhaus**. 1601 in Auftrag gegeben, nutzte es die Weberzunft zum Trocknen der Felle. Nach einem schweren Bombentreffer im Zweiten Weltkrieg stand nur noch das Fachwerkgerippe. Die Memminger Bürger gaben sich daran, das Haus abzustützen, mit Seilzügen wieder aufzurichten und mit Originalteilen wieder aufzubauen.

Kartentipp:
ADFC-Regionalkarte Allgäu, 1:75.000, ISBN 978-3-87073-920-1, € 9,95
Digital für Smartphones und Tablets:
www.fahrrad-buecher-karten.de/rk-digital

63 Surferparadies München?

Von Erding nach München

Wellness-Touren Info

ca. 44 km ohne Abstecher, regionale Radweg-Beschilderung sowie teils Beschilderung als Sempt-Isen- bzw. Isar-Radweg. Zu Beginn zwei Hügel, im zweiten Teil stetig ansteigend, aber keine größeren Steigungen. Die Route führt meist über separate Radwege, einige Passagen auf losem Untergrund.

Start: Therme Erding, www.therme-erding.de

Ziel: München, Bahnhof

Weitere Wellness-Einrichtungen entlang der Strecke: Müllersches Volksbad sowie weitere Wellness- und Spa-Einrichtungen in München

Keine Frage: Die **Therme Erding** gehört unbedingt zu den Orten, die man erlebt haben muss, denn sie ist **die größte Therme der Welt**! Als man 1983 nach Erdöl bzw. -gas bohrte, stieß man auf Wasser mit einem hohen Schwefel- und Fluoridgehalt. Seitdem wird das 65 °C heiße Wasser aus 2.350 m Tiefe gefördert, um die riesige Anlage zu versorgen. Sagenhafte 430.000 qm bedeckt die gesamte Therme, was für rund 1,85 Millionen Gästen pro Jahr Wellness pur bedeutet.

Bei schönem Wetter wird die Therme zum Cabrio

Die Surferwelle am Eisbach ist mitten in München eine echte Attraktion. Doch die bayerische Landeshauptstadt hat freilich noch sehr viel mehr zu bieten! Grund genug also für eine traumhafte Tour entlang der Isar – der Radweg geleitet uns nahezu autofrei ins Herz der Millionenstadt.

In München besuchen wir weltberühmte Sehenswürdkigkeiten

Für Actionfans sorgt die **Galaxy Rutschenwelt** für den nötigen Adrenalinkick, dabei ist sie auch mit 365 m die längste Röhrenrutsche der Welt. Von hier gehen wir ins Wellenbad und lassen uns auf den 2 m hohen Wellen treiben, während uns die Palmen und Lagunen mit den Gedanken in die Karibik schweifen lassen. Zur Entspannung geht's dann in den textilen Spa-Bereich der **VitalOase** oder in die textilfreien **Vitalthermen**, Dampfbäder und **Saunen**. Im **Royal Day Spa** besteht sogar die Möglichkeit, für einige Stunden ganz unter sich Wellness zu genießen.

Wer länger bleibt, bucht sich ein im **Hotel Victory Therme Erding**. Je nach Wahl nächtigen wir hier im Ambiente eines historischen Großseglers, einer modernen Yacht oder im venedischen Stil. Gefrühstückt wird dann ebenso stilecht im Hafen Restaurant, während tagsüber die kulinarischen Genüsse im Restaurant Empire bereitet werden.

Los geht's an der Therme Erding, die wir vom Kreisel nach links verlassen. Beim Bauernhof rechts in den Schlotgraben, geradeaus unter dem Flughafenzubringer her, in Stammham links, über den Kanal, hinter Kempfing rechts parallel zur Freisinger Straße, in Notzing links in die Erdingermoos Straße und dann immer geradeaus, bis wir die Isar überqueren. Danach direkt links und flussaufwärts am Ufer entlang. So radeln wir auf dem Isar-Radweg vorbei an Dietersheim und Garching.

Aus einer alten Bajuwarensiedlung entwickelte sich die Stadt Garching, die schon fast mit der Landeshauptstadt München verschmolzen ist. Rund um die strahlend weiße **Alte Pfarrkirche St. Katharina** entdecken wir einen Wasserturm und eine zur Rast einladende Innenstadt.

Weiter geht´s auf dem Isar-Radweg bei Garching, dem wir je nach Lust und Laune

63

Nachdem wir am Bahnhof Altenerding ausgestiegen sind, müssen wir nur noch 5 Minuten zurück zur Therme radeln.

Langsam wird es „Ernst" – der Isar-Radweg geleitet uns sehr elegant in die City von München. Auf der anderen Uferseite erstreckt sich der berühmte **Englische Garten**. Er wurde im 18. Jh. angelegt und bietet den Münchnern echte Naherholung mit 78 km Rad- bzw. Fußwegen. 375 ha umfasst die grüne Lunge Münchens – es ist damit einer der größten Parks. Bis zu 3 Millionen Besucher aus aller Welt werden jedes Jahr angelockt vom **Chinesischen Turm**, Japanischen Teehaus, Kleinhesseloher See, Rumfordhaus und herrlichen Weitblicken von den Hügeln.

Tipp: An der Stelle, wo links neben uns der goldene **Friedensengel** auftaucht, können wir über die Luitpoldbrücke auf das andere Isar-Ufer radeln. Nur wenige Pedalumdrehungen weiter wundern wir uns über die vielen Menschen auf der Brücke: Sie blicken hinunter auf den Eisbach, der hier die berühmte „**Surferwelle**" bildet. Es ist sehr unterhaltsam, den Mutigen auf ihren Brettern zuzusehen.

Der Marienplatz ist immer gut besucht

auf dem linken oder rechten Ufer folgen. So passieren wir Ismaning, Unterföhring, Oberföhring, Bogenhausen und Haidhausen, um in die City zu gelangen. Hier queren wir die Isar mit der Ludwigsbrücke und halten uns stets in grober Richtung geradeaus. Durch die Fußgängerzone bitte geradeaus schieben! So erreichen wir den Hauptbahnhof von München. Mit der S-Bahn fahren wir in einer guten Stunde wieder zurück nach Erding.

Die Surferwelle ist nur etwas für Könner

Die Münchner Museen sorgen für reichlich Kultur bei unserer Tour

Wir radeln an der beliebten Praterinsel vorbei – links neben uns liegt das **Maximilianeum**, in dem der Bayerische Landtag hier seit 1949 tagt.

An der **Museumsinsel** zweigen wir ab Richtung Innenstadt. Hier liegt das Deutsche Museum mit dem größten Wissenschafts- und Technikmuseum der Welt. Rund 28.000 Exponaten ziehen jedes Jahr rund 1 ½ Millionen Gäste an.

An unserer Route reihen sich die Top-Attraktionen zu beiden Seiten dicht aneinander: Der Viktualienmarkt etwas links versetzt, das **Hofbräuhaus** etwas rechts, dann die Peterskirche, das neugotische **Rathaus** mit seinem 85 m hohen Turm, die Frauenkirche mit ihren berühmten Doppeltürmen, etwas weiter rechts der Alte Hof, das Residenzmuseum, die reich ausgestaltete **Residenz** und dahinter der feine und weitläufige **Hofgarten.** Kurz bevor wir den Hauptbahnhof erreichen, kehren wir noch am beliebten „**Stachus**" ein und genießen die Szenerie.

Freilich gibt es in München noch unendlich viel zu entdecken. Dass wir die Fahrräder dabei haben, ist ideal, denn so kommen wir staufrei zu weiteren Highlights wie dem Olympiapark, an dem sich die kühne Glasfassade des Olympiastadions aufschwingt. Von hier blicken wir auf die Türme von BMW und bekommen Lust, das **BWM-Museum** zu besuchen. Oder bilden wir uns doch lieber im **Bayerischen Nationalmuseum**, in der neu gestalteten Städtischen Galerie, in der Alten Pinakothek im Feuerwehrmuseum oder im Filmmuseum weiter? Eines ist gewiss: Museumsfreunde kommen in München mit Sicherheit auf ihre Kosten. Spannend ist zu jeder Jahreszeit ein Besuch der **Theresienwiese.** Hier findet jedes Jahr mit dem **Oktoberfest** das mit über 6 Millionen Besuchern größte Volksfest der Welt statt. Auch wenn gerade kein Fest hier stattfindet: Die Dimensionen des 42 ha großen Festplatzes sind beeindruckend und der Aufstieg zur **Bavaria** ist immer einen Besuch wert. Die Bavaria steht vor der Ruhmeshalle. Zu ihren Füßen begann 1918 die Bayerische Novemberrevolution.

Kartentipp:

ADFC-Regionalkarte München u. Umgebung,
1:75.000, ISBN 978-3-87073-887-7, € 8,95
Digital für Smartphones und Tablets:
www.fahrrad-buecher-karten.de/rk-digital

64 Alt und neu an der Isar

Von Erding über Freising

Wellness-Touren Info

ca. 57 km ohne Abstecher, regionale Radweg-Beschilderung sowie teils Beschilderung als Isar-Radweg. Einige Hügel, zum Ende hin merkliche, aber keine größeren Steigungen. Die Route führt meist über separate Radwege, einige Passagen auf losem Untergrund.

Start / Ziel: Therme Erding, www.therme-erding.de

Weitere Wellness-Einrichtungen entlang der Strecke: Verschiedene private Wellness- und Spa-Einrichtungen in Freising

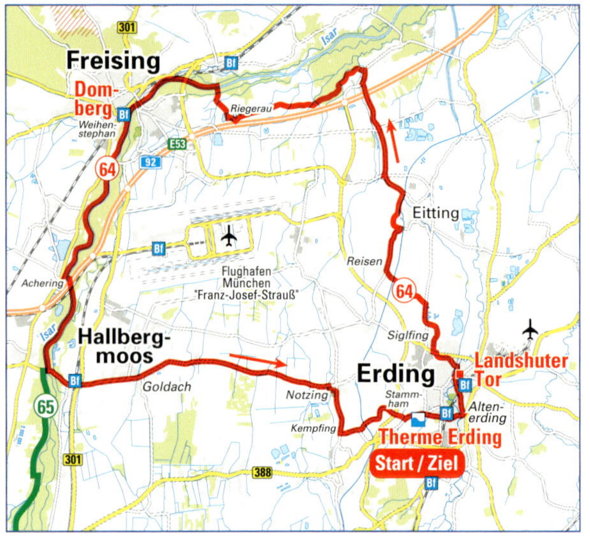

Bei einer großen Runde um den Münchner Flughafen entdecken wir viele sehenswerte Ortschaften, darunter Erding und Freising. Der Isar-Radweg sorgt zwischendurch für ungetrübten Radel-Genuss.

In der **Therme Erding** können wir uns tagelang aufhalten, ohne dass es langweilig wird. Wer nicht im Hotel Victory Therme Erding übernachtet, parkt vielleicht sein Wohnmobil auf dem Stellplatz vor den Toren. Im Innern sorgen Wellenbad, Rutschenparadies, Saunen, VitalTherme, VitalOase und freilich die Therme selbst mit ihrem Garten für ungeahnte Wellness-Erlebnisse.

Gar nicht weit entfernt Richtung Norden liegt die **Weißbierbrauerei** von „Erdinger", die seinerzeit die erste Brauerei war, deren Bier auch außerhalb Bayerns verkauft wurde.

Los geht's an der Therme Erding, die wir vom Kreisel nach rechts über „Ziegelstatt" und „Am Wasserwerk" nach Altenerding verlassen. Dort jeweils geradeaus auf Bahnhofstraße, Hofmarkplatz und Ardeostraße. Am Kreisel links auf Haager Straße und geradeaus durch Erding hindurch. Am Ende der City links in die Freisinger Straße, der abknickenden Straße nach rechts folgen und an deren Ende als Weg auf die Anton-Brucker-Straße treffen. Hier links und gleich wieder rechts in die Dorfstraße. Nun geht's über die Dörfer Siglfing, Reisen, rechts Eitting, hinter der A92 links in die Forststraße und Riegerau rechts-links an der Isar nach Freising.

Den Mittelpunkt der altbayerischen Herzogstadt Erding markiert der **Schrannenplatz**, um den herum sich eine sehenswerte **Altstadt** erstreckt. Zu dieser zählen das **Landshuter Tor**, die Stadtpfarrkirche Sankt Johann mit ihrem **Turm**, das Rivera-Palais und das **Rathaus**, das einst die ehemalige **Stadtresidenz** der Grafen

Buntes mitten in Erding

von Preysing war. Das **Museum Erding** erzählt uns mehr über die Historie der Stadt.

Tipp: Unweit unseres Weges liegt der **Münchner Flughafen „Franz-Josef-Strauß“**. 1992 eröffnet und später erweitert zählt er immer noch zu den modernsten und am meisten frequentierten Flughäfen Europas. Mit vielen Glasfronten wurde er auch optisch sehr ansprechend gestaltet. Ein echtes Highlight wurde den Münchnern verwehrt: Ein **Transrapid** zeugt im Infozentrum davon, dass hier einst modernste Eisenbahntechnik entstehen sollte – leider wurde sie nie realisiert.

Ganz anders ist das Bild, wenn wir auf Freising zuradeln, denn auf dem Domberg thront unübersehbar die **ehemalige fürstbischöfliche Residenz**, die von den beiden Türmen des **Doms St. Maria und St. Korbinian** überragt werden – herrlich! Und die Pracht setzt sich zu seinen Füßen fort, denn rund um den **Marienplatz** gibt es mit der Mariensäule, der Pfarrkirche und dem **Rathaus** weitere tolle Fotomotive.

Klein, aber auch schön: Freisings Marienplatz

Weiter geht´s in Freising, das wir auf dem Isar-Radweg flussaufwärts verlassen, um bei Achering auf die linke Uferseite zu wechseln. Bei Hallbergmoos verlassen wir den Isar-Radweg und radeln via Goldach, Notzing, rechts Kempfing und links Stammham zurück zur Therme Erding.

Am Wegesrand liegt die **Bayerische Staatsbrauerei Weihenstephan** im gleichnamigen Freisinger Ortsteil. Sie wurde vermutlich um 1040 gegründet und gilt als älteste Brauerei der Welt. Ob die Urkunden echt sind, kann uns egal sein, denn das Brauereigebäude ist beeindruckend, der biertragende Bär am Eingang drollig und das Bier exzellent. Rund um das hiesige **Kloster** gibt es mehrere Landesanstalten, Hochschulen und Forschungszentren, die sich mit Ernährung und Landwirtschaft beschäftigen.

Kartentipp:
ADFC-Regionalkarte München u. Umgebung, 1:75.000, ISBN 978-3-87073-887-7, € 8,95
Digital für Smartphones und Tablets:
www.fahrrad-buecher-karten.de/rk-digital

65 Thermentour im Bäderdreieck

Von Bad Füssing über Bad Birnbach

Wellness-Touren Info

ca. 56 km ohne Abstecher. Regionale Radweg-Beschilderung sowie teils als Rottal-Radweg sowie als Römer-Weg. Hügelige Tour mit drei kräftigen Steigungen. Die Route führt meist über separate Radwege, einige Passagen auf losem Untergrund.

Start / Ziel: Europa Therme in Bad Füssing, www.europatherme.de

Weitere Wellness-Einrichtungen entlang der Strecke: Therme 1 und Johannesbad Therme in Bad Füssing, Rottal-Therme in Bad Birnbach, Wohlfühl-Therme in Bad Griesbach

Die „**Europa Therme**" von Bad Füssing beeindruckt uns schon mit den blanken Fakten: Unsere Körper schweben in 17 unterschiedlichen, mit Heilwasser gefüllten Becken, die sich auf eine 3.000 qm große Thermenlandschaft verteilen. In unserer hektischen Zeit ist sicherlich ein Besuch des „**Entschleunigungsbeckens**" die erste Wahl: Eine Unterwassermusikanlage, ein Licht- und Design-Konzept und ein 56 qm großes „Sonnensegel" machen das

In der Europa Therme lassen wir den Tag ausklinge

180 qm große Außenbecken zu einem besonderen Erlebnis. Ebenfalls sehr außergewöhnlich ist das **AeroSalzum**: Das Gebäude ist einer

Diese Rundtour führt uns durch eine erstklassige Region für alle Wellness-Freunde – nicht umsonst wird die Gegend als „niederbayerisches Bäderdreieck" bezeichnet. Wir starten in Bad Füssing, wo wir es uns in gleich drei Thermen gut gehen lassen können. Auch in Bad Birnbach und in Bad Griesbach warten Thermalbäder der Spitzenklasse auf uns. Die Strecken dazwischen sind gespickt mit Sehenswertem, aber auch mit einigen Anstiegen. Ein E-Bike oder eine gewisse Grundkondition sind also durchaus ratsam. Gut zu wissen, dass nach der Tour ein Wellness-Programm auf uns wartet.

Bad Birnbach pflegt seinen ländlichen Charakter

Almhütte nachempfunden und wurde im Innern mit einem beleuchteten Gradierwerk ausgestattet. Über feine Düsen wird Salzwasser über Schwarzdornreisig versprüht, was in

Entschleunigung vom hektischen Alltag

dem Raum für ein echtes Nordsee-Heilklima sorgt. Saunafreunde haben in der 1.000 qm großen Saunalandschaft die Qual der Wahl. Das gilt auch für unsere Erholung nach dem Radeln im Vital-Massage-Studio, wo es eine reichhaltige Auswahl unterschiedlicher Techniken gibt. Als besonders entspannend gilt die Bowtech-Behandlung, bei der es sich genau genommen nicht um eine Massage, sondern um eine dynamische Muskel- und Bindegewebetechnik handelt.

Los geht's an der Europa Therme, die wir nach rechts über Kurallee und nochmals rechts Promenade verlassen. An den nächsten beiden Kreiseln jeweils geradeaus. Dann entdecken wir die Schilder des Römer- und später auch die des Rottal-Radwegs. Diese geleiten uns durch Pocking, Karpfham, Singham, Schwaim und rechts Kindlbach nach Bad Birnbach.

Bad Füssing ist etwas ganz Besonderes unter den deutschen Kurorten: Aus dem Boden wird bis zu **56 °C heißes Thermalwasser** gefördert, was zur Behandlung von vielen unterschiedlichen Krankheiten nachgewiesenen Erfolg zeigt. Das Heilwasser fließt durch eine **Ringleitung**, an die die Europa Therme, die Therme 1, der Saunahof, das Johannesbad und verschiedene Hotels angeschlossen sind.

Fünf eigenständige Gemeinden wurden im Jahr 1971 zum Kurort Bad Füssing zusammengeschlossen. Rund um den weitläufigen **Kurpark** finden wir diverse Kureinrichtungen, eine Spielbank, einige sehenswerte historische Gebäude und Einkehrmöglichkeiten.

Schon von weitem entdecken wir den Zwiebelturm der **Pfarrkirche St. Ulrich** von

Bad Griesbach lädt uns ein zu einem lohnenswerten Abstecher

Pocking. Wer bereits zu diesem frühen Zeitpunkt Lust auf eine Abkühlung verspürt, findet diese im **Pockinger Badesee**.

Farbenfroh empfängt uns der Ortskern von Karpfham mit der 1476 fertiggestellten **Pfarrkirche St. Himmelfahrt** und den umliegenden Gebäuden. Noch bunter geht es bei dem Karpfhamer Fest zu, das sich zu einem der größten Volksfeste Bayerns entwickelt hat.

Tipp: Ein kleiner, aber wegen der Steigung etwas anstrengender Abstecher führt nach Bad Griesbach. Die Mühen lohnen sich, denn auf uns warten zahlreiche Sehenswürdigkeiten, wie die **Stadtpfarrkirche** Heilige Familie, die **Emmauskirche**, Kloster und Klosterkirche St. Salvador, die Friedhofskirche St. Michael und auf dem Kronberg die **Wallfahrtskirche Maria Schutz**. Rund um den Stadtplatz, der die Mitte der Altstadt markiert, können wir einkehren und wenn wir Glück haben, findet auf dem Kurplatz gerade ein Open-Air-Konzert statt. Überregional bekannt ist die Wohlfühl-Therme von Bad Griesbach, ein weiteres Thermalbad in dieser Region.

Und nur wenige Minuten später erreichen wir mit Bad Birnbach den nächsten Kurort – dieses Mal mit einer außergewöhnlichen Geschichte. 1939 bohrte man nach Erdöl, fand aber „nur" **Thermalwasser**. Nach der großen Enttäuschung wurde das Loch einfach wieder verfüllt. Als 1973 die Nachfrage nach der heilenden Wirkung eines Thermalwassers stieg, wurde erneut gebohrt – dieses Mal bis in 1.700 m Tiefe. Die dort angezapfte Thermalquelle versorgt heute die **Rottal-Therme**. Inzwischen werden hier nicht nur Patienten von ihren Leiden geheilt – es gibt auch ein breites Wellness-Angebot, das Besucher aus Nah und Fern anlockt. Natürlich bietet uns Bad Birnbach auch ein Kurmittelhaus, aber auch den Stadtkern mit dem **Bräunlbrunnen** und der **Kirche St. Maria Himmelfahrt** müssen wir uns ansehen.

Weiter geht´s von Bad Birnbach wieder auf derselben Strecke Richtung Schwaim zurück, auf der wir herkamen. Dort biegen wir rechts ab, überqueren die Rott und kurbeln von Maierhof hinauf nach Altasbach und rollen wieder hinunter nach Pattenham und Rotthalmünster. Von hier ist es durch Tutting und Kirchham nicht mehr weit nach Bad Füssing, wo unsere Tour an der Europa Therme endet.

Im Jahre 1091 gründete die Witwe des Grafen Gerold von Frauenstein und Ering ein Kloster. Damit legte die gute Christina den Grundstein für die 1780 fertiggestellte und noch heute existente **Klosterkirche St. Matthäus,** die wir uns unbedingt näher ansehen müssen: Bei der prunkvollen Ausstattung sind vor allem die Altäre und das Deckengemälde zu beachten. Das seinerzeit gegründete Kloster Asbach

Rottalmünster ist wie geschaffen für eine Einkehr

wurde 1803 aufgelöst, die Gebäude blieben aber zum Glück bis heute erhalten. Sie gruppieren sich um zwei Innenhöfe und sind mit Gewölbegängen verbunden.

Unsere nächste Station auf der Rad-Runde ist der Markt Rotthalmünster, wo wir zunächst den **Marktplatz** ansteuern, um uns der Farbenvielfalt der umliegenden Gebäude zu ergeben. Der Platz selbst wird mit dem „Portalstöckl" genannten Torturm sowie mit Treppen, Wasserfall und Blumenschmuck verziert. Von hier bietet sich ein besonders schöner Blick auf die alten Häuser und die **Pfarrkirche St. Maria Himmelfahrt.** Sie verbirgt im Innern einen schwarz polierten und mit Gold verfeinerten Hochaltar, der vermutlich um 1700 herum entstand.

Wem einmal der Sinn nach etwas anderem als sakraler Kunst steht, besucht das Museum Alte Mühle in Tutting. Hier, am Kößlarner Bach, gab es einst eine ganze Reihe von Mühlen, die vor allem Sägewerke und Mühlen antrieben.

Der letzte größere Ort auf unserer Tour ist Kirchham mit seinen rund 2.500 Einwohnern. Kirchham ist touristisch bestens erschlossen und trägt den Titel eines **Erholungsortes.** Doch auch das Ortsbild kann sich sehen lassen, denn dazu gehören das **Schloss Kirchham**, mehrere alte Bauernhäuser und die neubarocke **Pfarrkirche St. Martin**. Im **Schnapsmuseum Hofgarten Destille** können wir uns dann noch für den Abend mit Hochprozentigem eindecken. Schon seit über 100 Jahren gibt es die **Hausbrennerei Penninger**, die in einem Schau-Fasslager 40 Whiskey-Fässer präsentiert und uns im Kräuterlabor zum Selbsttest animiert – den können wir aber auch im Museumsladen durchführen – doch bitte immer daran denken, dass noch ein paar Kilometer zu radeln sind!

Kartentipp:
ADFC-Regionalkarte Niederbayern,
1:75.000, ISBN 978-3-96990-083-3, € 9,95
Digital für Smartphones und Tablets:
www.fahrrad-buecher-karten.de/rk-digital

66 Entlang des Inn zur Dreiflüssestadt

Von Bad Füssing nach Passau

Wellness-Touren Info

ca. 39 plus 8, 14 oder 23 km für den Rückweg vom Bahnhof zur Therme. Regionale Radweg-Beschilderung sowie teils als Inn-, Tauern- bzw. als Römer-Radweg. Keine größeren Steigungen. Die Route führt meist über separate Radwege, einige Passagen auf losem Untergrund.

Start: Europa Therme in Bad Füssing, www.europatherme.de

Ziel: Passau, Hauptbahnhof

Weitere Wellness-Einrichtungen entlang der Strecke: Therme 1 und Johannesbad Therme in Bad Füssing

Der Inn-Radweg begleitet uns mit teils spektakulären Ausblicken durch das oft enge Tal, das hier die Grenze zwischen Österreich und Deutschland bildet. Beiderseits des Inns entdecken wir wundervolle historische Ortschaften und haben immer wieder Gelegenheit zur zünftigen Einkehr. Am Ende des Weges wartet Passau, die Perle an den Ufern von Donau, Inn und Ilz. Wir bestaunen die größte Kirchenorgel der Welt, schlendern durch enge Gassen und sind fasziniert von den Farberlebnissen im Wasser. Zugegeben: Der Rückweg gestaltet sich ggf. etwas kompliziert. Die recht „übersichtliche" Strecke von nur 39 km verleitet E-Biker sicherlich zur Rückfahrt mit dem Rad, andere werden ein Stück davon mit der Bahn zurücklegen.

Neben der Europa Therme gibt es in Bad Füssing weitere erstklassige Thermen: Die „**Therme 1**" bietet feinstes Thermalwasser in 12 verschiedenen Becken und einen riesigen, 3.000 qm großen Saunahof. Hier gibt es nicht nur eine große Auswahl unterschiedlicher Saunen sondern auch eine „Private Lounge". Hier haben wir 24 qm mit Kamin, Terrasse, Minibar und Queensize-Bett ganz für uns allein.

Wunderschön ist auch das „**Johannesbad**" von Bad Füssing. Hier können wir direkt in der Thermenanlage übernachten. Das bedeutet kürzeste Wege zum Wellnessbereich mit XXL-Bädern, Saunen, Massagen und Beauty-

Schloss Neuhaus blickt über die Donau nach Österreich

Anwendungen. Besonders gelungen sind die Kneippbecken, die Salzwasser-Felsenlagune und die Außenbäder mit Whirlpools und Strömungskanal.

Los geht's an der Europa Therme, die wir nach links über Kurallee und später rechts Ludwig-Thoma-Weg verlassen. Am Ende des Parks links, an der querenden Inntalstraße rechts, wenig später schräg links in den Erlbachweg und dann parallel zu Innbruckstraße geradeaus über den Kreisel und bis kurz vor die Inn-Brücke. Hier zweigen wir links ab und folgen dem Inn-Radweg flussabwärts bis Neuhaus am Inn.

Nach wenigen Radel-Minuten treffen wir auf den Inn und haben die Möglichkeit, ein paar Meter über die Brücke hinweg nach Obernberg zu radeln. Rund um den **Marktplatz** entdecken wir mehrere Hausfassaden mit Rokoko-Elementen. Johann Baptist Modler aus Bayern schuf seinerzeit diese filigranen Stuck-Arbeiten.

Weite Teile unserer Radtour verlaufen durch das **Umweltschutzgebiet Unterer Inn.** Der Fluss wurde über lange Zeit als bedeutender Handelsweg für Salz genutzt, obwohl er immer wieder über die Ufer trat und für schwere Überschwemmungen sorgte. Die Innwerke AG ließen bis 1965 mehrere Wasserkraftwerke errichten, wodurch insgesamt fünf **Stauseen** entstanden, in denen auch Maßnahmen für den Hochwasserschutz integriert wurden. So entstanden neue Seitenarme, Buchten, **Altwässer** und drum herum **Auwälder**. Es entwickelte sich ein echtes Refugium für **Wasservögel**, andere seltene Tiere und Pflanzen, so dass alles unter Naturschutz gestellt wurde.

Unser Radweg am Inn geleitet uns am Fluss entlang nach Neuhaus, wo das prachtvolle **Schloss Neuhaus** auf uns wartet. Im 14. Jh. entstand hier der erste, geschützte Bau auf einem Felsen. Die Umgestaltung im Stile des Rokoko wurde um 1752 vorgenommen. Gar nicht weit entfernt vom Schloss liegt die Innenstadt, über die das etwas erhöht stehende Rathaus wacht.

Auf der oberösterreichischen Uferseite liegt die 5.000-Einwohner-Stadt Schärding mit seiner „Silberzeile". So wird gerne das

Passau empfängt uns mit prachtvollen Gebäuden…

sehenswerte, bunte Ensemble der **historischen Bürgerhäuser** bezeichnet. Auch die Stadtpfarrkirche mit ihren barocken Elementen, und die Einkehrmöglichkeiten rund um den **Oberen Marktplatz** locken zu einem Aufenthalt. Beschützt wird Schärding bis heute von einer bestens erhaltenen Stadtmauer.

Weiter geht´s von Neuhaus am Inn über den tollen Inn-Radweg, der sogar eine kleine Bergwertung bietet, durch Vornbach nach Neuburg am Inn. Nach etwa fünf entspannten Kilometern wird die Bebauung enger und wir rollen in die Innenstadt von Passau. Hier steuern wir links den Hauptbahnhof an und steigen in die Bahn, um Richtung Bad Füssing zu starten und den Rest des Weges mit dem Fahrrad zurückzulegen,

In Vornbach wartet schon wieder eindrucksvolle sakrale Kunst auf uns: Stattliche Ausmaße hat die ehemalige Benediktinerabtei und die **Abteikirche** ist mit ihren Doppeltürmen schon von weitem erkennbar.

Direkt hinter dem Kloster beginnt die **Vornbacher Enge**, wo sich der Inn ein Enges Tal in die Landschaft gegraben hat.

Vor dem großen Finale beeindruckt uns noch **Schloss Neuburg** am Inn, das als Höhenburg über dem Tal gelegen ist. Alle Elemente wie Vor- und Hauptburg sind noch heute bestens erhalten.

Tipp: Für die Rückkehr von Passau nach Bad Füssing bieten sich eine ganze Reihe von Möglichkeiten an: Mit der Bahn in 52 Minuten mit einmal umsteigen in Fürstenzell nach Pocking, von dort 7,2 km nach Bad Füssing Europa Therme – oder mit der Bahn in 59 Minuten mit einmal umsteigen in Schärding nach Antiesenhofen und von dort 14 km bis zum Startpunkt unserer Tour – oder mit der Bahn in gut 10 Minuten nur bis Schärding und von dort 23 km mit dem Fahrrad zurück zur Europa Therme.

Unser Besuch von Passau wird zu einem absoluten Highlight, denn es gibt unglaublich viel zu sehen! Schon die Kelten nutzten um 450 v.Chr. den Berg, auf dem heute die **Veste Oberhaus** steht, als Naturfestung. Noch vielmehr Spuren hinterließen die Römer, was uns im Römermuseum im Kastel Lederergasse näher erläutert wird. Als Keimzelle später

...wohin man auch schaut!

wurde ein Bistum eingerichtet und es entstanden die unübersehbare Veste Oberhaus und darunter **Veste Unterhaus**.

Die stehen auch auf unserem Besuchsplan, doch die wichtigste Anlaufstation ist der **Dom St. Stephan**, der mit einer Länge von 101 m und einer Breite von 48 m nicht nur einer der größten, sondern mit seiner barocken Gestaltung auch eine der schönsten Gotteshäuser Deutschlands ist. Im Innern werden wir überwältigt von der **größten Orgel der Welt**. 232 Register und mehr als 17.000 Orgelpfeifen locken täglich viele Menschen aus aller Welt an, um um 12 Uhr mittags den einzigartigen Klängen zu lauschen.

Rund um den Domplatz gibt es noch mehr zu sehen, wie das **Domschatz- und Diözesanmuseum**, das Lambergpalais und reich verzierte Patrtizierhäuser und gleich um die Ecke winkt die Kirche St. Paul mit barocker Pracht.

Um dem noch heute sichtbaren Einfluss der Bischöfe etwas entgegen zu setzen, wurde schon früh ein **Rathaus** errichtet. Dies wurde von den Bischöfen mit Argwohn beobachtet – vermutlich dauerte der Bau deshalb mehr als 100 Jahre. Ob es einen Zusammenhang mit der Kirche gab, als das erste Rathaus im 17. Jh. ein Opfer der Flammen wurde, ist nicht belegt.

Rund um das Rathaus postieren sich in teils engen Gassen die Gebäude der **Altstadt**, die uns immer wieder zu Fotoshootings anmieren. Was wir keinesfalls verpassen dürfen, ist ein Besuch der „**Ortsspitze**". Genau an dieser Stelle lassen wir uns auf einer der Bänke nieder und sind fasziniert vom Zusammenfluss von Inn und Donau – herrlich zu sehen, wie sich die unterschiedlich gefärbten Fluten langsam ineinander vermischen. Nur wenige Meter entfernt liegt auch der Zufluss der Ilz – wir sind ja schließlich in der „Dreiflüssestadt Passau"!

Kartentipp:
ADFC-Regionalkarte Niederbayern, 1:75.000, ISBN 978-3-96990-083-3, € 9,95
Digital für Smartphones und Tablets:
www.fahrrad-buecher-karten.de/rk-digital